ENCUENTROS

EDICIÓN 3000   MÉTODO DE ESPAÑOL

Handreichungen für den Unterricht mit Kopiervorlagen

PASO AL BACHILLERATO

Encuentros Paso al bachillerato Edición 3000

Lehrwerk für Spanisch als dritte Fremdsprache
Handreichungen für den Unterricht

Im Auftrag des Verlages erarbeitet von: Nadine Hassan
und der Redaktion Fremdsprachen in der Schule: Yvonne Miller

Projektleitung: Heike Malinowski

Gesamtgestaltung und technische Umsetzung: graphitecture book & edition
Umschlaggestaltung: werkstatt für gebrauchsgrafik, Berlin
Illustration: Rafael Broseta
Karten: Dr. Volkhard Binder
Umschlagfoto: © Matthias Höppener-Fidus

Begleitmaterialien zu Encuentros Paso al bachillerato Edición 3000:

für Schüler/innen
ISBN 978-3-06-520335-7 Schülerbuch
ISBN 978-3-06-520338-8 Cuaderno de ejercicios inkl. CD
ISBN 978-3-06-520362-3 Cuaderno de ejercicios inkl. CD-Extra
ISBN 978-3-06-520368-5 Vokabeltaschenbuch
ISBN 978-3-06-520353-1 Grammatikheft

für Lehrer/innen
ISBN 978-3-06-023320-5 Schülerbuch – Lehrerfassung
ISBN 978-3-06-520341-8 Cuaderno de ejercicios – Lehrerfassung inkl. CD
ISBN 978-3-06-520347-0 Folien für den Unterricht
ISBN 978-3-06-520350-0 Audio-CDs
ISBN 978-3-06-520365-4 Video-DVD
ISBN 978-3-06-520356-2 Vorschläge zur Leistungsmessung CD-Extra
ISBN 978-3-06-520359-3 Caja útil – CD-Extra
ISBN 978-3-06-023318-2 Whiteboard

www.cornelsen.de

1. Auflage, 1. Druck 2013

Alle Drucke dieser Auflage sind inhaltlich unverändert
und können im Unterricht nebeneinander verwendet werden.

© 2013 Cornelsen Schulverlage GmbH, Berlin

Das Werk und seine Teile sind urheberrechtlich geschützt.
Jede Nutzung in anderen als den gesetzlich zugelassenen Fällen bedarf
der vorherigen schriftlichen Einwilligung des Verlages.
Hinweis zu den §§ 46, 52a UrhG: Weder das Werk noch seine Teile dürfen ohne eine
solche Einwilligung eingescannt und in ein Netzwerk eingestellt oder sonst öffentlich
zugänglich gemacht werden.
Dies gilt auch für Intranets von Schulen und sonstigen Bildungseinrichtungen.
Die Kopiervorlagen dürfen für den eigenen Unterrichtsgebrauch in der jeweils
benötigten Anzahl vervielfältigt werden.

Druck: H. Heenemann, Berlin

ISBN 978-3-06-520344-9

 Inhalt gedruckt auf säurefreiem Papier aus nachhaltiger Forstwirtschaft.

INHALT

VORWORT 5

1 ¡DESCUBRE ARGENTINA! 11
   ¡Acércate! 14
   1A Así nos vemos 19
   1B Buenos Aires en 48 horas 28
   Algo más 37
   Repasar la lengua 1 40

2 EL NUEVO MUNDO 42
   ¡Acércate! 45
   2A Los «primeros americanos» 49
   2B La conquista de Tenochtitlan 56
   Algo más 63
   Repasar la lengua 2 67

BALANCE 1 70

3 CONTRASTES ANDALUCES 73
   ¡Acércate! 75
   3A Ni blanco ni negro 79
   3B Las corridas: ¿arte o violencia? 86
   Algo más 94
   Repasar la lengua 3 96

4 DESAFÍOS GLOBALES 98
   ¡Acércate! 101
   4A ¡El agua es vida!. 103
   4B Una ciudad para todos 110
   Algo más 118
   Repasar la lengua 4 120

BALANCE 2 122

EL EXAMEN DE DELE 125

EL PLACER DE LEER 127
   Poemas 127
   Zacarías y Jeremías 130
   La abuela de Fede 137

ANHANG ... 141

Methodenpool ... 141
Transkript der Hörtexte im Cuaderno de ejercicios ... 147
Lösungen der offenen Aufgaben im Cuaderno de ejercicios ... 158
Evaluierungsbögen zur individuellen Förderung ... 159
Kopiervorlagen für das Schülerbuch ... 163
Lösungen der Kopiervorlagen für das Schülerbuch ... 205
Kopiervorlagen für die DVD ... 211
Lösungen der Kopiervorlagen für die DVD ... 223
Transkript der DVD-Sequenzen ... 227

VORWORT

LEHRWERK UND ZIELGRUPPE

Encuentros Edición 3000 ist als Lehrwerksreihe für Spanisch als 3. Fremdsprache an allgemeinbildenden Schulen konzipiert. Die Lehrwerksreihe zeichnet sich durch ihre **Transparenz**, ihre **Kompetenz- und Anwendungsorientierung**, ihre **Flexibilität** und ihre zahlreichen **Evaluierungsangebote** aus.

ÜBERGANG IN DIE OBERSTUFE

Der Abschlussband Encuentros Paso al bachillerato dient einem perfekten Übergang in die Oberstufe und verbindet dazu Lehrbucharbeit mit Arbeitsformen der Oberstufe. Themen wie Migration, soziale Probleme und globale Herausforderungen im 21. Jahrhundert sind an der Oberstufe orientiert. Ebenso werden in den Übungsanweisungen **Operatoren** eingeführt, wie sie in der Oberstufenarbeit verwendet werden. Eine Auflistung aller verwendeter Operatoren mit Erklärungen finden die Lernenden bei Zweifeln im Anhang (SB, S. 167). Auch die Rubrikentitel des Abschlussbandes sind oberstufengemäß: vielfältige Übungen zu *comprensión lectora, comprensión auditiva, comprensión audiovisual, expresión oral, expresión escrita* und *mediación* schulen die Lernenden in den jeweiligen Kompetenzen. Übungen zu sprachlichen Mitteln (Grammatik und Wortschatz) sind unter der Rubrik *La lengua* zusammengefasst. Im **Methodenanhang** finden sich Hinweise zu allen geforderten Arbeitstechniken mit Beispielen (z. B. zur Bildbeschreibung, zum Verfassen eines Lebenslaufs, zum Präsentieren und Evaluieren usw.). Verweise auf den Methodenanhang sowie auf Themenvokabular- und Redemittel-Seiten erleichtern den Lernenden ein eigenständiges Nachschlagen.
Um die Kompetenz Leseverstehen zu fördern, ohne die Lernenden zu überfordern, sind alle Texte im Schülerbuch mit **Annotationen** versehen, sodass ein globales Verstehen möglich ist. Bei dem annotierten Vokabular handelt es sich jedoch nur um rezeptiven Wortschatz, der ein erstes Textverstehen ermöglichen soll. Der **Lernwortschatz** bzw. der produktive Wortschatz befindet sich in der chronologischen Vokabelliste im Anhang des Schülerbuches. Alle unbekannten Wörter sind entweder annotiert und/oder in der Vokabelliste enthalten.
Neben den Lehrbuchtexten findet sich im Anschluss an die Lektionen ein Lektüremodul mit **authentischen Lesetexten** (drei Gedichte, eine Kurzgeschichte, eine Szene aus einem Theaterstück), anhand derer die Lernenden systematisch an die typischen Aufgaben der Textarbeit in der Oberstufe herangeführt werden: Lied-/Gedichtanalyse und -interpretation, Textzusammenfassung und Personencharakterisierung. Zusätzlich ermöglichen freiere Aufgaben eine kreative Herangehensweise an die Textarbeit.
Die **systematische Wiederholung** von bereits bekannten Strukturen zieht sich durch die Spracharbeit des gesamten Schülerbuches sowie der Begleitmaterialien.

TRANSPARENZ, KOMPETENZORIENTIERUNG, FLEXIBILITÄT

Die Angaben zu den **Lernzielen** am Anfang jedes Lektionsteils, eindeutige Rubrikenbezeichnungen und Symbole in der Randspalte mit Verweisen auf Teile des Schülerbuches oder Begleitmaterialien sorgen für Transparenz bei Lernenden und Lehrenden.
Am Ende jeder Lektion bearbeiten die Schüler/innen eine abschließende komplexe **Lernaufgabe** (Punto final), bei der sie sich kreativ mit einem der Themen aus der jeweiligen Lektion auseinandersetzen und das Gelernte anwenden. Die Lernaufgaben werden kleinschrittig angeleitet, von den Lernenden durchgeführt, präsentiert und gegenseitig evaluiert.
Encuentros Edición 3000 begegnet den unterschiedlichen Voraussetzungen der Schüler/innen mit Aufgaben zur **Binnendifferenzierung**, die auf unterschiedlichen Komplexitätsstufen zum gleichen Ergebnis führen. Es werden diverse **fakultative Übungen** angeboten, die zum Erreichen

der Lernziele nicht zwingend erforderlich sind, die aber z. B. von schnelleren Schüler/innen bearbeitet werden können, während der Rest der Klasse noch mit einer anderen Übung beschäftigt ist. Zahlreiche **Wiederholungsübungen** (Repasar la lengua, Repaso de gramática) bieten den Schüler/innen die Möglichkeit zur eigenständigen Wiederholung.

EVALUIERUNG

Encuentros Edición 3000 liefert Leistungsbewertungsangebote sowohl für Lehrkräfte als auch für Schüler/innen, die entweder als Diagnoseinstrument eingesetzt werden können (Feedback über Lernfortschritte/Lernstand während des Lernprozesses und über vorzunehmende Interventionsmaßnahmen) oder zur abschließenden Überprüfung des Lernstands.

für Lehrer/innen	Balance 1+2 (im Schülerbuch)	kompetenzorientierte Überprüfung des Lernfortschritts/Lernstands (Mitte und Ende des Schülerbuches)
	Vorschläge zur Leistungsmessung (Begleitmaterial)	Vorschläge zur kompetenzorientierten Leistungsmessung zu jeder *Unidad*
für Schüler/innen	Autoevaluación (Evaluierungsbögen mit Lösungen zur individuellen Förderung in den Handreichungen)	– individuellen Lernstand bzgl. der Lernziele jeder *Unidad* selbstständig diagnostizieren – mit einem auf die eigenen Bedürfnisse zugeschnittenen Förderprogramm arbeiten und – den Erfolg der Förderung selbstständig überprüfen
	Teste deine Grammatikkenntnisse (TdG) (Übungen im Schülerbuch mit Lösungen)	individuellen Lernstand bzgl. sprachlicher Mittel selbstständig überprüfen
	Das kann ich jetzt! (im Schülerbuch)	individuellen Lernstand der festgelegten Lernziele selbstständig überprüfen
	Balance 1+2 (im Cuaderno de ejercicios mit Lösungen per Webcode)	kompetenzorientierte Überprüfung des Lernstands (Mitte und Ende des Cuaderno)
	Autocontrol (im Cuaderno mit Lösungen und Förderprogramm)	individuellen Lernstand bzgl. der sprachlichen Mittel selbstständig überprüfen
	Tándem (im Cuaderno)	individuellen Lernstand der festgelegten Lernziele selbstständig / zu zweit überprüfen
	Mi portafolio de Español (im Cuaderno)	– individuelle Selbsteinschätzung und Dokumentation des Lernprozesses – Möglichkeiten zum eigenständigen Üben

DIE BEGLEITMATERIALIEN

DIGITALES SCHÜLERBUCH UND UNTERRICHTSMANAGER

Mit dem digitalen Schülerbuch können Sie und Ihre Schüler/innen Encuentros Edición 3000 auch auf Ihren Computern und Tablets nutzen und digital auf das Buch zugreifen. Der Unterrichtsmanager vereinfacht die Unterrichtsvorbereitung: Sie haben digital Zugriff auf sämtliche Bestandteile des Lehrwerks. Das Angebot umfasst eine kostenlose Basisversion, die Sie nach Ihren Wünschen mit Zusatzmodulen aufstocken können.

SCHÜLERBUCH – LEHRERFASSUNG

In der Lehrerfassung des Schülerbuches sind die **neuen Vokabeln und sprachlichen Mittel farbig markiert**. Darüber hinaus bietet die Lehrerfassung **Verweise auf die methodischen Schwerpunkte jeder** Unidad sowie auf die Zusatzmaterialien (**Folien, Kopiervorlagen, Kopiervorlagen für die DVD, Grammatikheft**) an Stellen, an denen sie verwendet werden können.

CUADERNO DE EJERCICIOS – LEHRERFASSUNG INKL. CD

Das vierfarbige Heft enthält eine Audio-CD mit allen Hörverstehensübungen des Cuaderno. Der Übungsapparat ist abwechslungsreich gestaltet: **Differenzierungsaufgaben**, Aufgaben zur **Weiterentwicklung der Kompetenzen**, der **sprachlichen Mittel**, des **Methodenlernens** (z. B. Umgang mit dem Wörterbuch) sowie **DELE-Übungsformate, Partneraufgaben mit Rollenkarten** und **Tandembögen** sind im Cuaderno zu finden. In Balance 1 und 2 können die Lernenden ihr sprachliches Können selbst überprüfen und auch „**Mi portafolio de Español**" am Ende des Cuaderno ermöglicht ihnen, ihre Lernfortschritte selbst einzuschätzen, zu dokumentieren und darüber zu reflektieren. Jede Unidad endet zudem mit **Autocontrol**-Seiten zur Selbstevaluation mit Lösungen und Verweisen auf Nachschlagestellen bzw. Übungen zur Wiederholung.
Im Abschlussband findet sich außerdem ein Repaso de gramática zur Wiederholung von grammatischen Themen der Bände 1 und 2. Neu sind auch das Taller de escritura und Taller de mediación, in denen die jeweilige Kompetenz kleinschrittig geschult wird.
Neben der Lehrerfassung des Cuaderno mit den Lösungen bzw. Lösungsvorschlägen zu den Übungen liegen auch zwei Varianten für Schüler/innen vor: inkl. CD (Audio-CD) sowie inkl. CD-Extra (CD-ROM) mit Audio-Dateien und zusätzlichen Übungsangeboten zu den sprachlichen Mitteln.

VOKABELTASCHENBUCH

Im Vokabeltaschenbuch finden sich die nach Unidades geordneten **dreispaltigen chronologischen Vokabellisten** des Schülerbuches. Die Kästchen enthalten **Wortfelder** und **Hinweise auf den unterschiedlichen Gebrauch / auf die unterschiedlichen Bedeutungen** eines Wortes.
Die **Para comunicarse**-Kästen am Ende jeder Unidad listen Redemittel auf, die nach den kommunikativen Lernzielen der jeweiligen Lektion geordnet sind.
So können Ihre Schüler/innen auch unterwegs leichter Vokabeln lernen, beispielsweise in der U-Bahn.

GRAMMATIKHEFT

Das Grammatikheft enthält den gesamten Grammatikstoff des Abschlussbandes des Schülerbuches sowie einen Wiederholungsteil. Am Ende des Heftes gibt es bei **Aprender mejor la gramática** Tipps zum besseren und effektiveren Grammatiklernen. Zusätzlich finden sich Kästen mit **Lerntipps** (zur besseren Einprägung) und **Hinweisen: Denk daran!** (mit Merksprüchen oder

Regeln). Ein Evaluationskapitel ermöglicht den Schülern und Schülerinnen die eigenständige Überprüfung ihres Lernstands. Der Anhang enthält außerdem ein Kapitel zu **Aussprache und Betonung**, eine **Übersicht der Verbkonjugationen** sowie einen **Index mit grammatischen Begriffen**.

FOLIEN FÜR DEN UNTERRICHT

Die Folien bieten vor allem **kommunikative und anwendungsorientierte Anlässe** und können sowohl zur kontextbezogenen Einführung als auch zur Festigung und zum Transfer der Inhalte des Schülerbuches verwendet werden.

Sechs der 18 Folien dienen explizit der Wiederholung bekannter Redemittel, Strukturen und kommunikativer Kompetenzen.

Die Handreichungen zur Unterrichtsgestaltung erleichtern einen zielorientierten Einsatz der Folien. Sie enthalten **Lernziel(e)**, **Hinweise auf unbekannten Wortschatz**, **Vorschläge für die Durchführung mit Alternativen bzw. Differenzierungsmöglichkeiten** und **Lösungen**.

AUDIO-CDS

Auf den beiden CDs finden sich alle **Texte der** *Unidades*, die mit dem entsprechenden Hörsymbol gekennzeichnet sind. Ebenso sind alle **Hörverstehenstexte** des Schülerbuches auf den CDs enthalten. Die Schüler/innen erleben authentische Sprechsituationen und begegnen unterschiedlichen **Aussprachevarietäten** von Muttersprachlern aus Spanien und aus dem lateinamerikanischen Raum.

VIDEO-DVD

Die Video-DVD bietet eine gute Möglichkeit, neben dem Hörverstehen auch das **Hör-Sehverstehen** zu schulen. Die DVD enthält 13 ausschließlich authentische Szenen, u. a. aus dem Spielfilm *También la lluvia* sowie zu den Themen Emigration, Jugendarbeitslosigkeit in Spanien, archäologische Funde in Mexiko, soziale Projekte in Kolumbien usw. Die Videos können wahlweise mit **Untertiteln** abgespielt werden.

VORSCHLÄGE ZUR LEISTUNGSMESSUNG CD-EXTRA

Auf dieser CD-ROM sind **Vorschläge zur kompetenzorientierten Leistungsmessung** zu jeder *Unidad* zu finden, die genau auf Encuentros Paso el bachillerato Edición 3000 abgestimmt sind. Es werden editierbare Aufgaben als Word®-Dateien zu den Kompetenzen Hör- und Leseverstehen, schriftlicher Ausdruck, Sprachmittlung, zu Wortschatz und Grammatik sowie Vorschläge für mündliche Prüfungen angeboten.

HANDREICHUNGEN FÜR DEN UNTERRICHT

Die vorliegenden Handreichungen für den Unterricht bieten den Lehrenden eine detaillierte Besprechung der Texte und Aufgaben des Schülerbuches und des Cuaderno mit Lösungen bzw. Lösungsvorschlägen pro *Unidad* sowie zahlreiches Material im Anhang:

Vor jeder Unidad	kurze Beschreibung des Inhalts in der *Unidad*	
	allgemeine Übersicht	Gliederung der *Unidad*, Lernziele, methodische Schwerpunkte, Grammatik, Zusatzmaterialien: Folien, Kopiervorlagen (Schülerbuch und DVD), landeskundliche Zusatzinformationen
	kompetenz- und lernzielorientierte Übungsübersicht jeder *Unidad*	Leseverstehen, Hörverstehen, Schreiben, Sprechen, Sprachmittlung, sprachliche Mittel, Methodentraining, Landeskunde
In jeder Unidad	kurze Beschreibung des Inhalts des jeweiligen Lektionsteils	
	Übersicht neuer sprachlicher Mittel	neue Grammatik und neuer Wortschatz (unbekannt, fakultativ und transparent)
	Randspalte	Verweise auf – Zusatzmaterialien (Folien, Kopiervorlagen, Kopiervorlagen für die DVD), – Medien (Audio-CD), – Aufgaben (fakultative Aufgaben, Differenzierungsaufgaben)
	Vorschlag für die Texterarbeitung	Vorschlag zur Einführung des Lektionstextes und der neuen Redemittel / des neuen Wortschatzes
	Vorschläge zum Unterrichtsverlauf und zur Durchführung der Übungen mit entsprechenden Lösungen und Hörtexten	– mit Hinweisen (was Lehrer/innen berücksichtigen können) – mit Alternativen (Variante oder Weiterführung der Übung) – mit Tipps (Ideen, die sich auf andere Übungen übertragen lassen) – mit möglichen Tafelbildern
Im Anhang	– Methodenpool – Transkript der Hörtexte im *Cuaderno de ejercicios* – Lösungen der offenen Aufgaben im *Cuaderno de Ejercicios* – Evaluierungsbögen zur individuellen Förderung* – Kopiervorlagen für das Schülerbuch mit Lösungen – Kopiervorlagen für die DVD mit Lösungen – Transkript der DVD-Sequenzen	

*Evaluierungsbögen zur individuellen Förderung:
Die Kopien der Evaluierungsbögen werden vor dem Einsatz im Unterricht in der Mitte geknickt oder aber durchgeschnitten. Die Bögen sind in Form einer Tabelle mit vier Spalten angelegt:

1. Diagnose
In **Spalte 1** wird das Pensum einer *Unidad* nach **kommunikativen Lernzielen** aufgeschlüsselt. In **Spalte 2** sind kurze **Kontrollübungen**, die sich diesen Lernzielen zuordnen lassen und die die Schüler/innen (im Normalfall schriftlich) bearbeiten. Danach klappen sie die zweite Hälfte des Bogens wieder nach vorne (bzw. erhalten den zuvor abgeschnittenen Teil) und überprüfen anhand der **Lösungen** in **Spalte 3**, ob sie die Kontrollübungen mit Erfolg bearbeitet haben.

2. Förderprogramm
In der **Spalte 4** sind nur Übungen aufgeführt, bei denen die Schüler/innen ihren Lernerfolg selbstständig kontrollieren können, also **Übungen mit Lösungen**: Autocontrol, Tándem (Cuaderno), Teste deine Grammatikkenntnisse (Schülerbuch); zudem sind **zum Nachschlagen Verweise**

auf die entsprechenden Teile des Grammatikhefts oder des Schülerbuches angegeben. Außerdem sind hier Freizeilen verzeichnet, auf denen Lehrer/innen vor dem Kopieren des Bogens weitere Verweise auf (selbst erstellte) Übungen eintragen können. Wichtig wäre in diesem Fall, dass während der Förderphase die Lösungen dazu (z. B. Lehrerfassung des Cuaderno) ausgelegt werden.

Dieses Vorgehen erlaubt es jedem Lernenden, die eigenen **Wissenslücken** zu **diagnostizieren** und gezielt ein **Förderprogramm** für die Bereiche **zusammenzustellen**, in denen er/sie in der Diagnosephase Fehler gemacht hat. Das Lerntempo und die Anzahl der Übungen, die für den Lernerfolg für nötig erachtet werden, bestimmen die Schüler/innen selbst.

3. Überprüfung des Lernerfolgs

Abschließend können die Schüler/innen durch erneute Bearbeitung der Kontrollübungen der Spalte 2 **selbstständig den eigenen Lernerfolg überprüfen**.

VERWENDETE SYMBOLE

🎧 3	Verweis auf Audio-CD/Tracknummer (Schülerbuch)
🎧 3	Verweis auf Audio-CD/Tracknummer (Cuaderno)
//○	Differenzierungsaufgabe (leicht)
//●	Differenzierungsaufgabe (schwer)
fakultativ	fakultative Übung
📄 2	Verweis auf Kopiervorlage/Nummer
⊚ KV DVD1, 2	Verweis auf Kopiervorlage für die DVD/Nummer
F 1	Verweis auf Folie/Nummer
S. 8/1	Verweis auf das Schülerbuch / Cuaderno: Seite/Übung

VERWENDETE ABKÜRZUNGEN

C	Cuaderno
CD	Compact Disc
EA	Einzelarbeit
F	Folie
FS	Fremdsprache
GA	Gruppenarbeit
HA	Hausaufgabe
HRU	Handreichungen für den Unterricht
HV	Hörverstehen
KV	Kopiervorlage für das SB
KV DVD	Kopiervorlage für die DVD
L	Lehrer/in bzw. Lehrer/innen
LV	Leseverstehen
MS	Mitschüler/in bzw. Mitschüler/innen
PA	Partnerarbeit
S	Schüler/in bzw. Schüler/innen
SB	Schülerbuch
U	Unidad

1 ¡DESCUBRE ARGENTINA! S. 8–27

Diese *Unidad* legt den Fokus auf das lateinamerikanische Land Argentinien. Die S erhalten einen Einblick in die vielseitigen Facetten des Landes sowie in das Leben in der Hauptstadt Buenos Aires und lernen die Besonderheiten des argentinischen Spanisch kennen. Die abschließende Lernaufgabe (Punto final 1) besteht darin, einen Audioguide zu erstellen, in dem S spanischsprachigen Touristen ihren Ort bzw. ihre Stadt vorstellen.

ÜBERSICHT

Gliederung	¡Acércate! Text A: Así nos vemos Text B: Buenos Aires en 48 horas Algo más Resumen Repasar la lengua 1 (fak.)
Lernziele	Ein Land vorstellen: informieren, Empfehlungen und Ratschläge geben (Wh. und Erweiterung) Sein Leben beschreiben Sagen, was man (nicht) tun würde Seinen Stil verbessern Etwas lebhaft schildern
Methodentraining	Methoden: einen Artikel schreiben, Texte für einen Audioguide vorbereiten Methodische Schwerpunkte: Hören, Schreiben
Grammatik	*me/te gustaría, podrías/podríamos, si tienes ganas,* … (Wh. und Erweiterung) der Konditional *tal vez* + *subj.* *hasta que* + *subj.* Relativsatz + *subj.* *quedarse* + *gerundio* Relativsätze mit *el que / la que, cuyo/-a* Nebensatzverkürzung mit *gerundio* *al* + *inf.* der *presente de subjuntivo* (Wh.) der *presente de subjuntivo* und der Indikativ (Wh.) das *futuro simple* (Wh.) die Relativpronomen *que* und *lo que* (Wh.)
Folien	F1: *¿Qué sabes ya sobre Argentina?* F2: *Lo más especial de Alemania* F3: *De vacaciones en Argentina* F4: *Las perífrasis verbales con gerundio* F5: *Movimientos migratorios en Argentina*
Kopiervorlagen	KV1: *Atracciones turísticas de Argentina* KV2: *Para hablar de una región* KV3: *Charla de un minuto: Argentina* KV4: *Evaluación de una breve presentación* KV5: *Así nos vemos*

	KV6: *Búsqueda de información: ciudades argentinas*
	KV7: *El español argentino*
	KV8: *El condicional*
	KV9: *El subjuntivo en frases relativas*
	KV10: *Mejorar tu estilo con el gerundio*
	KV11: *Para hablar de estadísticas*
	KV12: *«Serás feliz»*
	KV13: *Prueba de vocabulario 1*
	KV DVD1: *Escena 1*
	KV DVD2: *Escena 2*
	KV DVD3: *Escena 3, Escena 4*
Landeskunde	**Argentinien**
	Die Republik Argentinien liegt im Süden von Südamerika und ist nach Brasilien das zweitgrößte Land Lateinamerikas. Wegen seiner großen Nord-Süd-Ausdehnung (3 694 km) umfasst das Land mehrere Klima- und Vegetationszonen und ist landschaftlich sehr vielfältig.
	Die Hauptstadt ist Buenos Aires, in deren Großraum ca. 13,5 Millionen der insgesamt 40,1 Millionen Einwohner leben.
	Das argentinische Spanisch zeigt einige Besonderheiten in Grammatik (v. a. in der Verbmorphologie) und in der Lexik, wobei die größte Besonderheit die Verwendung von *vos* statt *tú* mit einer vom *castellano* abweichenden Konjugationsform ist (z. B. *vos podés*).
	Reist man nach Argentinien, so hat man oft den Eindruck, sich in einem sehr europäischen Land zu befinden. Das liegt zu großen Teil daran, dass ca. 90% der Bevölkerung von Europäern (v. a. von Italienern und Spaniern) abstammen und die indigene Bevölkerung im Gegensatz zu anderen lateinamerikanischen Ländern eine deutliche Minderheit darstellt. Den größten Anteil indigener Bevölkerung findet man in der Provinz Jujuy um die Stadt Salta herum.

ÜBUNGEN IM SCHÜLERBUCH (SB) UND IM CUADERNO (C)

Leseverstehen	selektiv	Text B (SB, S. 17/2)
		Mi rincón de lectura (C, S. 16/2)
	detailliert	Text A (C, S. 5/1)
		Text B (SB, S. 17/3) fak.
	selektiv und detailliert	Text A (SB, S. 12/3a)
		Text B (C, S. 10/1)
Hörverstehen	global	¡Acércate! (SB, S. 10/2a)
		Text A (SB, S. 11/2)
		Register erkennen (SB, S. 13/6c)
		Hör-Sehverstehen (SB, S. 18/5a)
	selektiv	¡Acércate! (SB, S. 10/2b)
		Ein soziales Projekt (SB, S. 15/10a, b)
		Reiseziele in Argentinien (C, S. 3/2)
	detailliert	Informationen zu Orten (SB, S. 18/5b; C, S. 3/1)

	global und selektiv	Orte in Argentinien (C, S. 6/3b) Übung zum Hör-Sehverstehen (C, S. 13/8)
	selektiv und detailliert	Probleme von Jugendlichen (C, S. 8/8a)
	global, selektiv und detailliert	Übung zum Hör-Sehverstehen (SB, S. 10/6)
Schreiben	gelenkt	Den Schreibstil verbessern (C, S. 15/1, 2)
	frei	Einen Artikel über das Leben in Deutschland schreiben (SB, S. 15/11b) Einen Blogeintrag schreiben (SB, S. 19/11b) fak. Einen Artikel über den eigenen Heimatort schreiben (SB, S. 19/12) Eine Liedstrophe schreiben (SB, S. 22/5) fak. Einen Audioguide erstellen (SB, S. 23/Punto final 1a, b) Drei Orte in Deutschland empfehlen (C, S. 4/5) Ratschläge geben (C, S. 9/9) Eine ideale Stadt beschreiben (C, S. 9/10) Eine Szene aus einer anderen Perspektive erzählen (C, S. 16/3)
Sprechen	gelenkt	Reiseinteressen äußern (SB, S. 10/3) Aussagen von Jugendlichen kommentieren (SB, S. 13/4) Rollenspiel (SB, S. 14/9; C, S. 10/2)
	frei	Sich über Fotos austauschen (SB, S. 8/1) *Charla de un minuto* (SB, S. 10/5a) Das eigene Leben beschreiben und Lebenswirklichkeiten vergleichen (SB, S. 15/11a) Sich über Städtereisen austauschen (SB, S. 16/1) Sagen, was man in Buenos Aires unternehmen würde (SB, S. 17/4) Eine Statistik präsentieren (SB, S. 22/2)
Sprachmittlung	Spanisch-Deutsch	Einen Bericht zusammenfassen (SB, S. 15/10c) *El pasaje Carlos Gardel* (SB, S. 18/6) Die Band Che Sudaka (SB, S. 23/6)
	Deutsch-Spanisch	Fragen zu einem Zeitungsartikel beantworten (C, S. 14/9)
Sprachliche Mittel	Wortschatz	Falsche Freunde (C, S. 5–6/2) Adjektiv-Kreuzworträtsel (C, S. 10/3)
	Redemittel	Geographie / über eine Region sprechen (SB, S. 10/2c; SB, S. 10/4; C, S. 4/4) Eindrücke beschreiben (SB, S. 19/11a) Über ein Lied sprechen (SB, S. 22/4a, c)
	Verben	Der Konditional (SB, S. 14/7; SB, S. 14/8a, b fak.; C, S. 8/6; C, S. 8/7; C, S. 8/8b) Der *subjuntivo* nach verneinter Meinungsäußerung (SB, S. 26/1) fak.

		Der *subjuntivo* nach *cuando / mientras / aunque / hasta que* (SB, S. 26/2; SB, S. 27/6) fak. Der *subjuntivo* nach *cuando* (SB, S. 26/3) fak. Der *subjuntivo* im Relativsatz (SB, S. 26/4) fak. *subjuntivo* versus Indikativ im Relativsatz (SB, S. 27/5) fak. Der *subjuntivo* nach bekannten und neuen Auslösern (C, S. 7/4; C, S. 7–8/5) *estar/seguir/llevar/quedarse* + *gerundio* (C, S. 11/4)
	Nebensatzverkürzung	Nebensatzverkürzung mit *gerundio* (SB, S. 18/7; C, S. 11/5a) Nebensatzverkürzung mit *al* + *inf.* (SB, S. 19/9) Nebensatzverkürzung mit *gerundio* und *al* + *inf.* (S. 12/5b)
	Relativsätze	Relativsätze mit *cuyo/-a* (SB, S. 18/8a, b fak.; C, S. 12/6) Relativsätze mit *el/la/los/las que* (SB, S. 19/10; C, S. 13/7) Relativsätze mit *que*, *lo que*, *el/la que* (SB, S. 27/7) fak.
	Der Superlativ	Übung zur Wiederholung (C, S. 3–4/3)
	Autocontrol	Übungen zur Selbstkontrolle (C, S. 17–18)
Methodentraining	Evaluation	Vorträge bewerten (SB, S. 10/5b; SB, S. 23 / Punto final 1c) Texte bewerten (SB, S. 15/11c)
	Informationen recherchieren und präsentieren	Informationsrecherche zu landeskundlichen Themen (SB, S. 11/1) Informationsrecherche zu argentinischen Städten (SB, S. 13/5)
	Inhalte visuell darstellen und präsentieren	Textinhalte (SB, S. 12/3b, c) Statistik (SB, S. 22/3) fak.
	Ideen sammeln	Brainstorming zum Thema Migration (SB, S. 22/1)
	Worterschließung und Wörterbucharbeit	Einen Liedtext erarbeiten (SB, S. 22/4b) Worterschließung mithilfe des Kontextes und anderer Sprachen (C, S. 16/1)
Landeskunde	Das argentinische Spanisch	Die argentinische Varietät erkennen (SB, S. 13/6a, b; C, S. 6/3a)

S. 8–10 ¡ACÉRCATE!

S erhalten über einen Werbetext für eine Rundreise einen ersten Eindruck von Argentinien.

Sprachliche Mittel	*me/te gustaría*, *podrías/podríamos*, *si tienes ganas* (Wh. und Erweiterung), Themenvokabular Geografie (Wh.)

Wortschatz	*la moneda nacional, el peso, (ser) maravilloso/-a, llevar a, el corazón / los corazones, (ser) imprescindible, la Avenida 9 de Julio, ancho/-a, el obelisco, hacia, el/la próximo/-a + sust., la altitud, disfrutar de, (estar) equivocado/-a, el glaciar, la luz / las luces* **transparent:** *la forma, la república federal, (ser) nacional, invitar, la aventura, la provincia, el tango, el símbolo, continuar, el espectáculo, la naturaleza, el imperio, (ser) inca, recomendar a alguien que + subj., subir, aconsejar a alguien que + subj., el resto, América, proponer a alguien que + subj., el fin, más al sur, venir a + inf.*

Lösungen, Hörtexte und Vorschläge für den Unterricht

VORSCHLAG FÜR DEN EINSTIEG

F 1 **1. Vorkenntnisse über Argentinien**

S tauschen sich in Kleingruppen darüber aus, was sie bereits über Argentinien wissen bzw. was sie von Argentinien kennen. Die Folie dient ihnen dabei als Anregung.

> **Tipp: Gruppeneinteilung**
> Je nach Übung bietet es sich an, dass die Gruppen möglichst homogen oder möglichst heterogen bzgl. des Leistungsstandes sind. Bei heterogenen Gruppen können S sich gegenseitig helfen, homogene Gruppen bieten sich an, wenn die Gruppen unterschiedlich schwere Aufgaben bearbeiten sollen. Möglichkeiten zur Gruppeneinteilung finden sich im Methodenpool auf S. 146.

VORSCHLAG FÜR DIE TEXTERARBEITUNG

ACTIVIDAD DE PREAUDICIÓN

S. 8/1 **1. Visueller Einstieg und Vorentlastung des Hörtextes**

Durch die verschiedenen Fotos wird ein bildhafter und affektiver Zugang zum Hörtext geschaffen. S bekommen ca. eine Minute Zeit, um sich zwei Fotos auszusuchen, die sie ansprechen und sich eine kurze Begründung auf Spanisch zurechtzulegen. Anschließend werden die Tische und Stühle an den Rand geschoben und S gehen im Klassenraum umher, wobei L Tangomusik spielt. Wenn L die Musik anhält, bleiben sie stehen und tauschen sie sich mit dem/der am nächsten stehenden MS über die jeweils ausgewählten Fotos aus. Das kann mehrmals wiederholt werden. Das Buch können sie mitnehmen, da sie sich die Namen der Orte vermutlich noch nicht merken können. Alternativ tauschen sie sich mit dem Sitznachbarn / der Sitznachbarin aus oder L teilt die Partner zu (s. Methodenpool, S. 146).

🎧 2 **2. Globales Hörverstehen**

Bevor S den Text nun ein erstes Mal hören, lesen sie sich zunächst die Aufgabenstellung 2a (SB, S. 10) und die Antwortmöglichkeiten durch. Dann hören sie den Text und können, wenn er global verstanden wurde, Textsorte und Adressaten benennen.

🎧 2 **3. Selektives Hörverstehen**

📄 1 Nachdem sie sich verdeutlicht haben, dass es sich um einen Werbetext handelt, der sich an Touristen in Argentinien richtet, hören S den Text ein weiteres Mal (SB, S. 10/2b). Diesmal konzentrieren sie sich im Sinne des selektiven Hörverstehens auf die Informationen zu den beiden Fotos, welche sie in der Vorentlastung ausgewählt haben. L fordert sie auf, sich während des Hörens Notizen zu machen. Besonders in schwächeren Gruppen bietet es sich an, konkrete Fragen vorzugeben, auf die sie sich konzentrieren sollen, z. B. *¿Dónde en Argentina está lo que vemos en la foto? ¿Qué más dice el texto sobre los lugares de las fotos?* Die S werden nicht alle Informationen zu den Fotos verstehen, da der Hörtext neues Vokabular beinhaltet. Sie sollten daher zunächst nur die Informationen mitschreiben, die sie verstehen (viele neue Vokabeln sind transparent und können von S leicht verstanden werden). Alternativ kann mit der Kopiervorlage gearbeitet werden.

4. Gruppenarbeit und Kurzpräsentation

Anschließend lesen sie den transkribierten Text auf S. 119 nach, überprüfen und ergänzen die Informationen zu ihren Fotos. Dabei erarbeiten sie sich auch das neue Vokabular, indem sie es entweder aus dem Kontext erschließen oder in der Wortliste nachschlagen. Außerdem suchen sie die Orte auf der Argentinienkarte in der Umschlagseite des SB.

Nun finden sich S in Expertengruppen zusammen (s. Methodenpool, S. 145), sodass in jeder Gruppe möglichst viele verschiedene Fotos vertreten sind. Mithilfe der Informationen aus dem Hörtext beschreiben die S ihren MS nun genauer, was auf ihren Fotos zu sehen ist – ggf. erklären sie unbekanntes Vokabular – und zeigen ihnen auch auf der Argentinienkarte, wo in Argentinien sich die beschriebenen Orte befinden (SB, S. 10/2c). Bei der Vorbereitung können v. a. schwächeren S die Redemittel auf S. 183 helfen. Die MS machen sich Stichpunkte zu jedem beschriebenen Foto.

Hinweis 1 In leistungsschwachen Gruppen bzw. für einzelne S kann für die Übungen 2b und 2c die Kopiervorlage genutzt werden.

COMPRENSIÓN AUDITIVA

S. 10/2a, b, c Siehe Vorschlag für die Texterarbeitung, Punkte 2 bis 4.
🎧 2
📄 1

Hörtext *¡Bienvenidos a Argentina! Les invitamos a un viaje de 15 días de norte a sur! Si buscan algo especial, descubran nuestro maravilloso país, con sus paisajes impresionantes. Les ofrecemos un viaje con mucha aventura y cultura. La primera parada nos lleva al corazón de Argentina, a Buenos Aires. En la capital del país viven más de tres millones de personas, y en la provincia de Buenos Aires más de 15 millones. Es imprescindible dar un paseo por el barrio de San Telmo donde nació el tango. Además no se pierdan la Avenida 9 de Julio que con 140 metros es una de las más anchas del mundo. Allá también van a ver el Obelisco, el símbolo de la ciudad. Si continúan hacia el noreste del país, en la frontera con Brasil, pueden visitar las Cataratas del Iguazú. La garganta del diablo tiene una altura de 80 metros y es un espectáculo impresionante de la naturaleza.*

Nuestra próxima parada nos lleva al noroeste del país, a las provincias de Jujuy y Salta que formaron parte del imperio inca y donde todavía hoy vive población indígena. Les recomiendo que suban al «Tren a las Nubes», que sale de Salta y sube la Cordillera de los Andes. Llega a 4.200 metros de altitud.

En Talampaya pueden disfrutar de otro gran espectáculo de la naturaleza. Les aconsejo que vayan a ver el Valle de la Luna. Allá, los arqueólogos han encontrado restos de los primeros dinosaurios en la tierra.

¿Les gustan las montañas? Pues en la provincia de Mendoza, les va a encantar el Aconcagua, la montaña más grande de América, con casi 7.000 metros.

Si creen que ya lo han visto todo: ¡están equivocados! En Patagonia, en la Península Valdés, las ballenas ofrecen un espectáculo impresionante. ¡Les propongo que vayan allá para no perdérselo!

Y si después continúan hacia el sur del país tendrán que visitar el glaciar Perito Moreno, uno de los más grandes del mundo.

Nuestro viaje termina prácticamente en el fin del mundo, en Tierra del Fuego. Ushuaia es la ciudad más al sur del planeta, donde en invierno casi no hay luz.
¡Vengan a descubrir Argentina con nosotros!

Lösungsvorschlag a) *Se trata de una publicidad para turistas. Hablan sobre los lugares más interesantes de Argentina y recomiendan lo que los turistas pueden hacer allí. Además, quieren que el público haga ese viaje porque al final dicen «¡Vengan a descubrir Argentina con nosotros!».*

b), c) – *la Avenida 9 de Julio en Buenos Aires: con 140 metros, es una de las avenidas más anchas del mundo; el Obelisco que también está en esa avenida, es el símbolo de la ciudad*
– *el barrio San Telmo en Buenos Aires: ahí nació el tango*
– *las Cataratas del Iguazú: están en la frontera con Brasil; son impresionantes*
– *el Tren a las Nubes: el tren sale de una ciudad que se llama Salta y llega a los 4 200 metros de altura*
– *el Valle de la Luna: es un espectáculo de la naturaleza; ahí vivieron los primeros dinosaurios*
– *el Aconcagua: es la montaña más grande de América; tiene casi 7 000 metros de altura; está en la provincia de Mendoza*
– *una ballena en la Península Valdés: en la Península Valdés, en Patagonia, hay ballenas; verlas es un espectáculo impresionante*
– *el glaciar Perito Moreno: es uno de los glaciares más grandes del mundo; está en el sur del país*
– *Ushuaia: es una ciudad «en el fin del mundo», en Tierra del Fuego; es la ciudad más al sur del mundo; en invierno es muy oscuro allí*

Hinweis Die im Lösungsvorschlag unterstrichenen Wörter, sind neue Vokabeln dieser Lektion. Die Wörter *dinosaurio* und *ballena* gehören nicht zum Lernwortschatz in der Wortliste, können aber leicht erschlossen werden (im Fall von *ballena* über das Bild auf S. 9). Zur Erarbeitung der unbekannten Vokabeln im Rahmen der Übung siehe Vorschlag für die Texterarbeitung, Punkte 3 und 4.

Cuaderno, S. 3/1 Als HA an jeder beliebigen Stelle bietet sich die Multiple-choice-Übung im Cuaderno an. Dadurch schulen S das selektive HV und reaktivieren das Wortfeld Geographie.
🎧 2

Hinweis Haben S bei Übung 2c (s. Vorschlag für die Texterarbeitung, Punkt 4) mitgeschrieben, könnten sie hier theoretisch ihre Aufzeichnungen nutzen, um den Text nicht hören zu müssen. Daher sollte L entweder vorher die Aufzeichnungen einsammeln oder die Übung in zeitlichem Abstand durchführen lassen.

Cuaderno, S. 3/2a, b Selektives Hörverstehen: L kündigt an, dass S drei Jugendliche hören werden, die alle nach
🎧 3 Argentinien fahren werden. Im ersten Hördurchgang sollen sie sich nur darauf konzentrieren, wohin genau in Argentinien die drei fahren.
Beim zweiten Hören konzentrieren sie sich auf die genannten Interessen der Jugendlichen. Es bietet sich an, Stichpunkte zu machen. S können sich nun kurz in PA austauschen, was sie den drei Jugendlichen (gemäß ihres Kenntnisstands über Argentinien) empfehlen würden. Dann formulieren sie die Empfehlungen mithilfe der vorgegebenen Redemittel. In einer anschließenden kurzen Plenumsphase werden verschiedene Empfehlungen an die drei Jugendlichen vorgelesen.

EXPRESIÓN ORAL

S. 10/3 Nachdem S nun einiges über Argentinien erfahren haben, äußern sie sich zu der in dem Werbetext vorgestellten Reise. In ca. zwei bis drei Minuten überlegen sie sich, welche der vorgestellten Orte sie gerne besuchen würden und machen sich bei Bedarf Stichpunkte dazu. Ggf. ziehen sie erneut die Fotos von S. 8 und 9 oder die Kopiervorlage 1 heran. Sie können auch ein weiteres Mal den Hörtext hören oder den abgedruckten Text auf S. 119 lesen, um die Informationen aufzufrischen. Anschließend erzählen sie sich gegenseitig in PA, welche Orte sie an der Reise

	reizen würden und warum. Dabei bedienen sie sich der vorgegebenen Redemittel, welche das *condiconal* als Form enthalten, wie sie es in Band 2 schon lexikalisch kennengelernt haben.
Lösung	individuell
Cuaderno, S. 4/4	S reaktivieren nützliche Redemittel, um ein Land vorzustellen. Dies dient als lexikalische Vorbereitung für die Übungen 4c und 5 im SB (S. 10).
Hinweis	An dieser Stelle bietet es sich ggf. auch an, den Superlativ zu wiederholen, da S ihn möglicherweise im Rahmen von Übung 4c (SB, S. 10) brauchen, um die Besonderheiten ihrer Lieblingsregion darzustellen. Dazu kann die Übungen 3 im Cuaderno (S. 3–4) als HA aufgegeben werden.
S. 10/4a, b, c 2	S reaktivieren den bereits bekannten Wortschatz zum Sprechen über eine Region aus den Bänden 1 und 2, indem sie die Mindmap vervollständigen. S suchen dann aus dem abgedruckten Hörtext auf S. 119 alle Ausdrücke heraus, die dazu dienen, jemandem etwas zu empfehlen (▶ Resumen, S. 24/1). Sie schreiben diese in eine Liste, die ihnen später beim Punto final 1 behilflich sein wird. Dabei sollte L die S darauf hinweisen, dass sie die Ausdrücke in ihrer Liste in der zweiten Person Singular formulieren sollen. Dadurch wird zum einen verhindert, dass S die Ausdrücke unreflektiert aus dem Text übernehmen, zum anderen werden S für die PA im dritten Übungsteil die Ausdrücke in der zweiten Person Singular benötigen. Zur Unterstützung kann L angeben, dass in dem Text elf solcher Ausdrücke enthalten sind. Nun bekommen S ca. fünf Minuten Zeit, um sich die drei interessantesten Orte ihrer Lieblingsregion oder ihres Lieblingslandes und passende Empfehlungen (Attraktionen, was man an den Orten machen kann usw.) dazu zu überlegen. Mithilfe der Mindmap zum Themenwortschatz und der Liste mit den Redemitteln können sie sich bei Bedarf Stichpunkte dazu machen, sollen aber keine Sätze ausformulieren. Dann empfehlen sie sich gegenseitig in PA die drei Orte. Hier sollte L darauf achten, dass sie nicht ablesen, sondern möglichst frei sprechen.
Hinweis	Für Übung 4c wird der *subjuntivo* benötigt. Bei Bedarf sollte vorher kurz im Plenum die Bildung wiederholt werden. S können die Bildung auch als HA in einer Grammatik nachschlagen.

Lösungsvorschlag	a) weitere bekannte Redemittel sind u. a.: *la ciudad, el pueblo, la zona (protegida), el barrio, la calle, la carretera, tener una altura de … metros, la montaña, el río, el lago, el mar, el paisaje, limitar con, estar situado/-a en, cerca de, estar lejos de, ser típico/-a, hacer senderismo, visitar, los turistas, la lengua oficial*
	b) *Si buscas algo especial* (+ Satz)
	  Es imprescindible (+ inf.)
	  No te pierdas…
	  Puedes visitar…
	  Te recomiendo que (+ subj.)
	  En… puedes disfrutar de…
	  Te aconsejo que (+ subj.)
	  En… te va a encantar…
	  … ofrece un espectáculo impresionante.
	  Te propongo que (+ subj.)
	  Tendrás que visitar…
	c) Lösung individuell

S. 10/5a, b 3, 4	S finden sich in 4er-Gruppen zusammen. Jede/r S hält auf der Grundlage des Hörtextes (abgedruckt im SB auf S. 119) und mithilfe der Informationen aus dem Pequeño Diccionario (SB, ab S. 158) ein Mini-Referat von einer Minute Länge über Argentinien. Jeder Vortrag wird von den MS bewertet. Um gemeinsame Kriterien zu schaffen, kann das Evaluierungsmuster auf S. 139 herangezogen werden (Kopiervorlage 4).

Die Vorbereitung für den Vortrag kann in HA geschehen. Die Kopiervorlage 3 unterstützt die S beim Prozess der Vorbereitung.

COMPRENSIÓN AUDIOVISUAL

S. 10/6 Mithilfe der Kopiervorlagen für die DVD erarbeiten S sich die Hör-Sehtexte.
KV DVD1–3

Hinweis Die Arbeit mit der DVD bietet sich zum Ende von Lektionsteil 1A an.

LA LENGUA

Reactivando el superlativo

Cuaderno, S. 3–4/3a, b S wiederholen den Superlativ. Dazu verbinden sie zunächst die vorgegebenen Fragmente zu Fragen und ordnen die richtige Antwort zu. L erinnert sie daran, dass die Adjektive z. T. angeglichen werden müssen.
Anschließend reaktivieren S die unregelmäßigen Superlativformen, indem sie die Adjektive der vorgegebenen Superlative benennen und anschließend Fragen nach dem Modell von 3a bilden. Einzelne S können eine ihrer Fragen im Plenum stellen und die MS erraten die richtige Antwort.

EXPRESIÓN ESCRITA

Cuaderno, S. 4/5
F 2 S wenden die Redemittel des Lektionsteils frei an, indem sie eine E-Mail an argentinische Freunde schreiben, in der sie ihnen mindestens drei sehenswerte Orte ihres eigenen Landes empfehlen, deren Besonderheiten sie näher beschreiben. Ggf. weist L darauf hin, dass es mehrere Freunde sind und die E-Mail daher im Plural (*vosotros*) formuliert werden soll.
Zur Anregung kann L die Folie auflegen, es sollte S aber freigestellt werden, selbst die Orte auszusuchen, die sie beschreiben möchten.

S. 11–15 1A ASÍ NOS VEMOS

In einem Interview beschreiben uns vier argentinische Jugendliche aus verschiedenen Regionen des Landes ihr Leben und ihre Wohnorte und erzählen von ihren Zukunftsplänen.

Sprachliche Mittel	das *condicional* *tal vez* + *subj.* *hasta que* + *subj.* Relativsatz + *subj.*
Wortschatz	*el asado, anoche, cortar la luz, el paro, molestar, demasiado/-a, Hay mucha movida., el mapa, el mate, el barco, el/la descendiente, desgraciadamente, aparecer, fundar, la empresa, el empleado / la empleada, (estar) aislado/-a, encontrarse, (ser) quechua, (ser) aimara* **transparent:** *el argentino / la argentina, quedarse + gerundio, (ser) espontáneo/-a, el local, Málaga, (ser) argentino/-a, saber, separar, el estereotipo, la parte, hasta que (no) + subj., (tomar) la iniciativa, el servicio, la faceta, presente, instalar, la electricidad, tal vez + subj., el pueblo, la definición / las definiciones, el poncho, tradicional, el vegetariano / la vegetariana, salir a + inf.*

Lösungen, Hörtexte und Vorschläge für den Unterricht

VORSCHLAG FÜR DIE TEXTERARBEITUNG

ACTIVIDAD DE PRELECTURA

S. 11/1 **1. Informationsrecherche und Vorentlastung des Lektionstextes**

L bereitet Plakate vor, auf die er/sie jeweils einen der Begriffe (*el tango*, Messi usw.) schreibt. Die Plakate werden an verschiedenen Stellen im Klassenzimmer ausgehangen. S gehen von Poster zu Poster und notieren im Sinne eines Schreibgespräches (s. Methodenpool, S. 145) ihre Assoziationen oder ihr Vorwissen auf den Plakaten. Sie können auch malen und in schwächeren Lerngruppen können sie ihre Assoziationen auch auf Deutsch schreiben. Es geht an dieser Stelle lediglich um eine inhaltliche Vorentlastung des Textes. Anschließend finden sich S in Gruppen zusammen (s. Methoden zur Gruppeneinteilung, Methodenpool, S. 146). Jede Gruppe wählt einen der Begriffe aus und informiert sich im Pequeño Diccionario (SB, ab S. 158) und bei genügend Zeit auch im Internet zu ihrem Begriff genauer. Die Informationen tragen sie im Plenum vor. Es wäre sinnvoll, zu jedem Begriff ein bis zwei Bilder zu zeigen, damit sich die Begriffe besser einprägen. Das kann auch von L im Anschluss an jeden Kurzvortrag übernommen werden.

🎧 3 **2. Hörverstehen**
📄 5
Da Hörverstehen ein methodischer Schwerpunkt der Lektion ist, wird den S das Interview mit dem ersten Jugendlichen (Nicolás) über CD präsentiert. Vorher wird die Einleitung gemeinsam im Plenum gelesen (SB, S. 11, Z. 1–7) und ggf. unbekanntes Vokabular geklärt, um die Ausgangssituation (Interview mit vier jungen Argentiniern über das Leben in Argentinien) zu verdeutlichen.
S hören nun die Antworten von Nicolás und notieren sich zu jeder der drei aufgelisteten Fragen (Z. 1–3) soviel sie verstehen, mindestens jedoch eine Information (SB, S. 11/2). Anschließend werden die Antworten im Plenum gesammelt.
Haben die S großen Bedarf an Hörverstehensübungen, kann mit den Texten der drei anderen Jugendlichen ebenso verfahren werden. Dabei kann auch mit der Kopiervorlage gearbeitet werden.

3. Leseverstehen: Teil 1

Nun tun sich die S in 4er-Gruppen zusammen und jede Gruppe sucht sich einen der aufgeführten Aspekte (SB, S. 12/3a) aus bzw. bekommt von L einen zugewiesen. Jede Gruppe erarbeitet sich die Interviewtexte aller vier Jugendlichen (der Hörtext von Nicolás ist auf S. 119 abgedruckt) im Hinblick auf diesen einen Aspekt. Neues Vokabular erschließen sie sich selbstständig oder schlagen es im Vokabelanhang nach. Wie sich die einzelnen Gruppen die Texterarbeitung innerhalb der Gruppe aufteilen, sollte den S selbst überlassen werden. Sicherlich braucht die eine oder andere Gruppe aber Unterstützung, sodass es sich anbietet, dass L von Gruppe zu Gruppe geht und nachsieht, wie sie vorankommen.
Nachdem sie sich alle Texte bzgl. ihres Aspektes erarbeitet und die Ergebnisse innerhalb der Gruppen besprochen haben, überlegt sich jede Gruppe selbstständig ein Schema (z. B. Liste, Mindmap oder Graphik), mit dem sie ihre Ergebnisse vorstellen können (SB, S. 12/3b). Die Schemata der einzelnen Gruppen werden entweder auf großen Plakaten angefertigt und an verschiedenen Orten im Klassenraum aufgehängt oder jede/r S fertigt ein eigenes Exemplar des Schemas an. Das dient dazu, den MS anschließend in Expertengruppen die Ergebnisse der eigenen Gruppe anhand des Schemas zu präsentieren (s. Expertenpuzzle, Methodenpool, S. 145). Bei der Ergebnispräsentation erklären sie ggf. auch unbekanntes Vokabular. Die MS machen sich beim Zuhören Notizen, sodass schließlich alle S Informationen zu allen Aspekten haben (SB, S. 12/3c).

Hinweis Die Gruppen sollten nicht zu groß sein (max. vier S). In großen Lerngruppen kann L auch einen Aspekt an zwei Gruppen vergeben.

Auf die neuen grammatischen Formen und Strukturen sollte an dieser Stelle noch nicht eingegangen werden. Sie sind mithilfe des Kontextes und des Vorwissens der S erschließbar.
Da dies der erste annotierte Lektionstext ist, kann L die S darauf aufmerksam machen, dass die Fußnoten als Lesehilfe dienen, aber kein obligatorisches Lernvokabular sind.

4. Leseverstehen: Teil 2
Um sich den Text auch im Detail zu erschließen, bearbeiten S in EA die Übung 1 im Cuaderno (S. 5). Das bietet sich als HA an, damit S ihr Lesetempo selbst bestimmen können.

5. Reflexion des Textinhaltes
Interkultureller Vergleich: Nach der Informationsaufnahme erfolgt nun eine Informationsbewertung durch S (SB, S. 13/4). S finden sich wieder in ihren Expertengruppen der Übung 3 (s. Vorschlag für die Texterarbeitung, Punkt 3) zusammen und erzählen sich gegenseitig, was ihnen an den Aussagen der argentinischen Jugendlichen besonders aufgefallen ist, was sie schwer vorstellbar finden, was sich für sie interessant anhört usw. Dazu können sie auch explizit Vergleiche mit der eigenen Lebenswirklichkeit anstellen. Die vorgegebenen Redemittel helfen ihnen, ihre Ansichten zu formulieren. Die Übung kann bei Bedarf, v. a. in schwächeren Lerngruppen, schriftlich vorbereitet werden. Alternativ überlegen sich die S schon als HA etwas dazu. Die Sicherung kann in einem Blitzlicht erfolgen (s. Methodenpool, S. 144). Bei Zeitmangel kann die Übung direkt im Plenum und nicht als GA durchgeführt werden.

Hinweis Bei Bedarf kann vor Durchführung der Übung die Bildung und der Gebrauch des *presente de subjuntivo* wiederholt werden. Dafür bietet sich die Übung 1 auf S. 26 (SB) sowie Übungen 4a und b im Cuaderno (S. 7) an.

COMPRENSIÓN AUDITIVA

S. 11/2 Siehe Vorschlag für die Texterarbeitung, Punkt 2.
 3
📄 5

Hörtext Nicolás: ¿Qué significa para mí ser argentino? Sobre todo mi familia, mi barrio, mis amigos, Messi, el asado… Además creo que los argentinos sabemos vivir con problemas. Por ejemplo: Anoche cortaron la luz otra vez – ¡ya fue la tercera vez en este mes! Y si una semana no cortan la luz, seguro que hay paro de choferes y te quedás esperando horas en la parada y no entendés qué pasa. Pero los problemas nos hacen creativos y espontáneos. Acá nunca te aburrís.
Vivo en Buenos Aires y mi barrio, San Telmo, es famoso por sus locales de tango. Hay turistas de todo el mundo que vienen para ver un espectáculo de tango. A veces ya me molestan un poco; ¡son demasiados! Pero para salir con mis amigos los fines de semana, San Telmo es bárbaro porque hay mucha movida.
Estaría bien ir un año a España para estudiar. Además, cerca de Málaga, mi vieja tiene familia. Y me gustaría conocer Polonia porque allá también viven unos tíos míos…

Lösungsvorschlag –¿Qué significa para ti «ser argentino»?: vivir con problemas
–¿Cómo es tu región y cómo es tu vida ahí?: vive en Buenos Aires; en su barrio siempre hay muchos turistas que vienen a ver los espectáculos de tango
–¿Te podrías imaginar vivir en otro lugar?: tiene familia en España; le gustaría estudiar allí

COMPRENSIÓN LECTORA

S. 12/3a, b, c Siehe Vorschlag für die Texterarbeitung, Punkt 3.

Lösungsvorschlag a) *El día a día:*
–Nicolás: vivir con problemas (por ejemplo problemas con la electricidad, paros), pero por eso uno nunca se aburre
–Rosana: amigos de diferentes orígenes, tomar la iniciativa para conseguir algo
–Marta: ayudar a otras personas (por ejemplo instalar paneles solares en pueblos aislados, dar clases de apoyo gratis), en algunos lugares la gente vive sin electricidad, llevar una vida tranquila y sencilla
–Federico: ayudar a los padres, hablar con los turistas
Lo «típico argentino»:
–Nicolás: Messi (fútbol), el asado (la carne), ser creativo y espontáneo
–Rosana: tomar mate, una mezcla de culturas y orígenes diferentes
–Marta: lo típico no es solo carne, fútbol y tango; ser solidario y ayudar a los otros
–Federico: el poncho y comer carne, pero no hay una definición porque todas las personas son diferentes
La situación de los jóvenes:
–Rosana: es difícil encontrar trabajo después de estudiar, tienes que tomar la iniciativa para conseguir algo, muchos jóvenes fundan pequeñas empresas
–Marta: para estudiar en la universidad, hay que ir a una ciudad grande
El lugar donde viven:
–San Telmo: barrio de Buenos Aires, famoso por sus locales de tango, muchos turistas, hay mucha movida para salir el fin de semana
–Mendoza: ciudad moderna, al pie de los Andes, hay muchas empresas pequeñas que ofrecen diferentes servicios
–Purmamarca: está en la provincia de Jujuy que limita con Bolivia y Chile; está a 2 200 metros de altura, ahí viven muchos indígenas y hay huellas de su cultura
–Ushuaia: está en Tierra del Fuego, no hay mucha luz, hace frío
b) Lösung individuell
c) Lösung individuell

Cuaderno, S. 5/1a, b Siehe Vorschlag für die Texterarbeitung, Punkt 4.

S. 13/4 Siehe Vorschlag für die Texterarbeitung, Punkt 5.

Lösung individuell

BÚSQUEDA DE INFORMACIÓN

S. 13/5a S schauen sich die Fotos an und finden mithilfe des Textes 1A heraus, um welche der darin genannten Städte (Buenos Aires, Mendoza, Purmamarca, Ushuaia) es sich jeweils handelt. Dazu lesen sie ggf. die Passagen über die Orte noch einmal nach. Sie tauschen sich darüber kurz in PA aus, dann wird das Ergebnis im Plenum besprochen und ggf. anhand des Textes diskutiert.

Lösungsvorschlag 1. *Ushuaia en Tierra del Fuego: Ahí hace frío, por eso hay nieve en las montañas.*
2. *Purmamarca: Esa montaña solo puede ser el Cerro de los Siete Colores.*
3. *Buenos Aires: Ahí hay barrios con mucha movida, como por ejemplo San Telmo.*
4. *Mendoza: Hay edificios altos y nuevos que muestran que es una ciudad bastante moderna. Al fondo están los Andes.*

S. 13/5b Im Anschluss tun sich S in 4er-Gruppen zusammen (ggf. wieder in den Expertengruppen von Übung 3c auf S. 12), teilen die Fotos/Orte untereinander auf und jede/r S informiert sich nun detaillierter (Pequeño Diccionario, Internet) über den betreffenden Ort, um ihn mithilfe der Kopiervorlage der Gruppe vorzustellen. Dabei sollen die neuen Informationen über die aus dem

Lektionstext bekannten hinausgehen. Die Recherche und Vorbereitung kann aus Zeitgründen in HA erfolgen.

Lösung individuell

LA LENGUA

El español de Argentina

Cuaderno, S. 6/4a, b Vorbereitende HA: S reflektieren die Besonderheiten des argentinischen Spanisch, indem sie heraushören, wer von den drei Sprechern des Hörtextes Argentinier ist. Vor dem Hören sollten sie sich die komplette Übungsanweisung zu 4a durchlesen.
Mit 4b schulen S das globale und selektive HV: Sie hören den Hörtext erneut und notieren sich zu jedem der drei Jungen, wo er sich befindet sowie mindestens eine zusätzliche Information.

S. 13/6a, b, c S sammeln gemeinsam im Plenum, was sie aus den Lektionstexten (bzw. den Annotationen) und Infokästen bereits über das argentinische Spanisch wissen (das betrifft einige lexikalische und morphologische Aspekte, z. B. der *voseo*, die Ausdrücke *che*, *mis viejos* usw.).
L kündigt an, dass S einen Dialog zwischen einem Jungen und einem Mädchen hören werden und erkennen sollen, wer von beiden aus Argentinien kommt. Bei Gruppen, die mit dem Hörverstehen Schwierigkeiten haben, kann ein erster Hördurchgang zum globalen Verstehen durchgeführt werden. Beim zweiten Hördurchgang notieren S dann Auffälligkeiten, die ihrer Meinung nach dafür sprechen, dass der Junge oder das Mädchen aus Argentinien kommt. L lässt sich zuerst diejenigen S melden, die glauben, das Mädchen sei Argentinierin, dann diejenigen, die den Jungen für einen Argentinier halten. Die S nennen ihre Argumente. Dann wird die richtige Antwort aufgelöst: Es ist das Mädchen. Nun wird die Kopiervorlage ausgeteilt und S markieren alle Argentinismen im Text von Rosana und tragen sie im Plenum zusammen. Soll auch auf die Aussprache geachtet werden, hören S den Text noch einmal, lesen auf der Kopiervorlage mit und markieren die Wörter, bei denen die Aussprache anders als im Kastilischen ist. Die Wörter werden im Plenum zusammengetragen und S versuchen, die Unterschiede zum Kastilischen selbst zu formulieren (auf Deutsch).
Bei 6b hören die S erneut den Hörtext, evtl. mit vorliegender Kopiervorlage, und nennen die kastilische Entsprechung der Wörter *tareas*, *bárbaro*, *acá*, *vos* und *mis viejos*. Um die Ausdrücke zu verstehen und ins Kastilische übertragen zu können, orientieren sie sich am Kontext.
Abschließend reflektieren S das Sprachregister und sagen, ob es sich um einen formellen oder informellen Sprachstil handelt. Sie begründen ihre These mit Beispielen.

Hörtext Javi: *¿Sí?*
Rosana: *¡Hola Javi! ¿Cómo andás?*
Javi: *¡Ah! ¡Hola Rosana! Muy bien. Y tú, ¿qué tal?*
Rosana: *Pues bueno…*
Javi: *¿Qué te pasa? Espero que no tengas problemas para quedar esta tarde y hacer los deberes de Matemáticas juntos…*
Rosana: *Pues por eso te llamo Javi, porque tengo acá un quilombo tremendo…*
Javi: *¿Pero por qué?*
Rosana: *Pues es que mis viejos no están, se fueron todo el fin de semana de viaje y ayer festejé en casa con unos amigos hasta muy tarde…*
Javi: *No me digas más, y tienes la casa hecha un caos.*
Rosana: *Más o menos, y por eso no sé si me va a dar tiempo a hacer la tarea contigo.*
Javi: *Pero Rosana, sabes que el profe de Mates dijo que tenía que presentar el ejercicio el lunes. Como no me ponga una buena nota, voy a suspender la asignatura…*
Rosana: *Tranquilo Javi, la tarea no es tan difícil y la podés hacer vos solo sin mi ayuda…*
Javi: *Eso lo dices tú porque eres un genio de las Mates, pero yo…*
Rosana: *Pues no sé, pero primero tengo que limpiar un poco acá.*

Javi: *¿Qué te parece si voy a tu casa y te ayudo a limpiar?*
Rosana: *¿En serio? ¿Vos me ayudarías? Eso sería bárbaro…*
Javi: *Claro, con la condición de que luego tú me ayudes con las Mates.*
Rosana: *Eso está hecho, Javi. Te espero en casa.*
Javi: *Venga, en media hora estoy ahí.*
Rosana: *Bueno, ¡chao!*
Javi: *¡Hasta luego!*

Lösungsvorschlag
a) *Rosana es argentina: usa el «vos» y no dice, por ejemplo, «puedes», sino «podés».*
b) *tareas: deberes – bárbaro: genial – acá: aquí – vos: tú – mis viejos: mis padres*
c) *El estilo es familiar. No dicen «usted», sino «tú»/«vos». Además hablan como amigos y dicen «¿Cómo andás?», «bárbaro» y «chao». El tema también es familiar: los dos hablan por teléfono sobre los deberes de Mates y sobre la fiesta de Rosana.*

8 Practicar el condicional (▶ Resumen, S. 24/5)

Die Einführung des Konditionals kann mithilfe der Kopiervorlage erfolgen, anhand derer sich S Bildung und Gebrauch selbst erarbeiten.

S. 14/7 Für diese Übung werden Würfel benötigt. S tun sich in 4er-Gruppen zusammen. Die Zahl auf dem Würfel steht für die grammatische Person (1 = 1. Pers. Sg., 2 = 2. Pers. Sg. usw.). S bilden aus den vorgegebenen Versatzstücken (oder eigenen Ideen) Sätze im Konditional in der jeweils erwürfelten Form.

Lösungsvorschlag
–*Con un millón de euros yo comería en restaurantes todos los días.*
–*¿Tú les harías regalos a todos tus amigos?*
–*Mi abuela ayudaría a gente necesitada.*
–*Mis amigos y yo haríamos un viaje por el mundo.*
–*¿Tú y tu familia os comprariáis una casa en la costa?*
–*Con un millón de euros mis padres no tendrían que trabajar.*

Cuaderno, S. 8/8 S festigen den Konditional. Zur Formulierung ihrer Ideen können sie bei Bedarf mit einem Wörterbuch arbeiten.

Hinweis Binnendifferenzierung: Diese Übung bietet sich für schwächere S an, während stärkere zeitgleich Übung 8a (SB, S. 14) bearbeiten können. S, die schneller mit einer der beiden Übungen fertig sind, können Übung 8b (SB, S. 14) machen.

S. 14/8a S wenden den Konditional an: Sie formulieren, was sie bzw. die anderen Familienmitglieder in einem Familienurlaub in Argentinien machen/essen/besichtigen würden. Das kann schriftlich (ca. fünf Sätze) oder mündlich in PA geschehen. Bei der mündlichen Variante wechseln S sich nach jedem Satz ab. Die leichtere Variante der Differenzierungsaufgabe (mit Anregungen) befindet sich auf S. 115. Die Folie liefert bildliche Impulse.

Lösungsvorschlag
–*El primer día, por la mañana, visitaríamos todos juntos el centro de Buenos Aires.*
–*Viajaríamos juntos al fin del mundo.*
–*Mi padre seguro que viajaría en el Tren a las Nubes.*
–*Mi madre y mi hermana observarían ballenas.*
–*Yo tomaría mate para ver cómo es y también comería carne todos los días.*
–*Mi madre vería un show de tango y después aprendería a bailarlo.*
–*Yo, tal vez, escucharía tango electrónico, pero mis padres preferirían el tango tradicional.*
–*Yo haría andinismo y hablaría con muchos argentinos.*
–*Mi hermana se compraría un poncho.*
–*En Buenos Aires, mi hermana y yo saldríamos por la noche.*

Hinweis	S, die schneller mit der Übung fertig sind, können Übung 8b (SB, S. 14) machen.
S. 14/8b fakultativ //●	S nennen fünf Dinge, die sie niemals im Leben machen würden. Anregungen finden S bei der leichteren Variante auf S. 115.
Lösungsvorschlag	*–Yo nunca haría los deberes por la noche porque entonces no podría ver mi serie favorita.* *–Yo nunca me iría a vivir a otro lugar.* *–Nunca cantaría en la tele, ahí me pondría rojo/-a como un tomate.* *–Y nunca vería un juego de Borussia Mönchengladbach porque el equipo no me gusta nada.* *–Nunca comería asado porque no me gusta la carne.*
Cuaderno, S. 8/7	Tandembogen (S. 91): S wenden den Konditional mündlich in PA an und korrigieren sich gegenseitig. Die Übung ist recht anspruchsvoll, da S vom Deutschen ins Spanische übertragen müssen.
Hinweis	Diese Übung ist eine gute Vorbereitung auf den Partnerdialog (SB, S. 14/9).
Cuaderno, S. 9/11	Übung zur Festigung des Konditionals: S beschreiben, wie für sie eine ideale Stadt sein müsste. Die vorgegebenen Aspekte dienen zur Anregung. Die Übung bietet sich als HA an oder für S, die schneller mit einer anderen Übung fertig sind.

Reactivando el subjuntivo

Cuaderno, S. 7/5a, b	Im Lektionstext kommen neue Verwendungen des *subjuntivo* vor (nach *tal vez* und *hasta que* sowie im Relativsatz). Die Übung kann vor der Thematisierung der neuen Anwendungen zur Wiederholung von Formenbildung und Gebrauch eingesetzt werden.

9 El subjuntivo

Neu ist für S die Verwendung des *subjuntivo* im Relativsatz und nach *tal vez* und *hasta que*. Diese zweite Verwendung können sie über den Wortschatz einfach mitlernen: Nach *tal vez* steht der *subjuntivo*, wenn die Aussage eher unsicher als sicher ist. Ist die Gewissheit relativ hoch, steht der Indikativ. Nach der Konjunktion *hasta que* steht der *subjuntivo*, wenn das betreffende Ereignis in der Zukunft liegt. Diese Verwendungsweise kennen S schon von der Konjunktion *mientras*. Schwieriger ist die Verwendung im Relativsatz. Diese können sich die S anhand der Kopiervorlage erarbeiten.

Cuaderno, S. 7–8/6a, b	S üben den Gebrauch des *subjuntivo* in bekannten und neuen Verwendungsformen.
Hinweis	Weitere Übungen zum *subjuntivo* im Relativsatz finden sich in Repasar la lengua 1 (S. 26/4, 5).

El diccionario monolingüe

Cuaderno, S. 5/2	S machen sich mit der Arbeit mit dem einsprachigen Wörterbuch vertraut, indem sie die Informationen zum Substantiv *habla* herausfinden.

Falsos amigos

Cuaderno, S. 5–6/3a, b, c	S werden für die sogenannten „falschen Freunde" sensibilisiert. Diese Übung eignet sich gut als HA und zielt darauf ab, S bestimmte lexikalische Fehlerquellen bewusst zu machen. Die Übung kann zu jedem beliebigen Zeitpunkt eingesetzt werden, auch im Unterricht zur Beschäftigung für schnellere S, die schon mit einer Übung fertig sind. Es werden Wörterbücher benötigt.

1

Hinweis Im Übungsteil 3b auf S. 6 sollten S folgendermaßen vorgehen: In den ersten beiden Spalten notieren sie – ggf. mithilfe eines Wörterbuches – die jeweilige Entsprechung in der anderen Sprache. Dann schreiben sie in die dritte Spalte, welchem spanischen Wort das deutsche Wort (1. Spalte) ähnelt. In die vierte Spalte tragen sie – bei Bedarf wiederum mithilfe des Wörterbuches – die deutsche Entsprechung für das Wort aus der dritten Spalte ein.

EXPRESIÓN ORAL

S. 14/9 S wenden die neuen Redemittel in einem Partnerdialog mündlich an. Dabei orientieren sie sich am vorgegebenen Argumentationsstrang auf den Dialogkärtchen. S bekommen ca. 5 Minuten Vorbereitungszeit, um die vorhandenen Argumente für ihren Standpunkt durchzugehen, nützliche Redemittel herauszusuchen und sich ggf. weitere Argumente auszudenken. Sie können sich dazu Stichpunkte machen; der Dialog an sich sollte aber nicht schriftlich vorbereitet werden.
S sollten nicht nur ihre Argumente wiedergeben, sondern auf das zuvor Gesagte reagieren. L kann dazu kurz einige Anregungen geben oder es können zusätzliche Redemittel im Plenum gesammelt werden (z. B. *Es verdad; Sí claro, pero…; No creo que sea así; por un lado… por otro lado…; Puede ser, pero…* usw.).

Lösungsvorschlag A: *Mamá, me gustaría hacer un año de intercambio en Argentina.*
B: *¿Por qué tiene que ser Argentina? Está muy lejos y los vuelos son bastante caros.*
A: *Lo sé, pero el país es interesante y los paisajes, impresionantes. Además, hay muchas cosas que podría ver: desde el «fin del mundo» en el sur hasta la sierra en el norte.*
B: *Pero como irías a la escuela, no tendrías tiempo para ver todas esas cosas…*
A: *Bueno, tal vez no todo. Pero así también vería a mi familia de allí. Casi nunca los veo… Y podría vivir en su casa, eso sería más barato.*
B: *Es verdad, pero Argentina no es España, y los argentinos en su día a día tienen problemas muy diferentes a los nuestros. Además, tus abuelos ya son bastante viejos. No sería tan fácil para ellos.*
A: *Sí, tal vez sería difícil a veces. Por el otro lado, allí también se habla español. Por eso, muchas cosas serían más fáciles para mí porque no tendría que aprender otro idioma.*
B: *Sí, pero también hay muchas diferencias: allí toman mate todo el tiempo y a tu abuela le encanta el tango. A ti no te gusta el mate y el tango, tampoco. Seguro que discutirías mucho con ellos.*
A: *No creo. Además, yo tampoco pasaría todo el tiempo en casa con ellos. Como los argentinos son tan simpáticos, seguro que pronto conocería a gente en el instituto y pasaría tiempo con ellos también. Bueno, tampoco creo que todos sean tan simpáticos, creativos y espontáneos como papá, pero seguro que algunos sí. Y eso me gusta mucho.*
B: *Vale, vale. No me parece mal que quieras hacer un intercambio. Pero un año es mucho tiempo. ¿No sería mejor pasar solo seis meses allí?*
A: *¿Seis meses? Bueno, sería mejor que nada. Pero el país es tan grande que en seis meses no podría visitar todo lo que me interesa ver. Por eso preferiría quedarme un año… Tengo una idea: ¿por qué no me vais a visitar mientras yo esté allí? Así podríamos viajar y visitar algunos lugares del país juntos. Además papá volvería a ver a su familia.*
B: *Hmm, bueno, creo que no es una mala idea. Lo vamos a pensar.*

COMPRENSIÓN AUDITIVA

S. 15/10a, b, c S verstehen einen monologischen Hörtext selektiv und fassen den Inhalt auf Deutsch zusammen.
🎧 8 In dem Hörtext erzählt ein argentinischer Jugendlicher von einem von seiner Schule organisierten sozialen Projekt, bei dem die Schüler auf einem Schuldach Solarzellen installieren, um die dortige Stromversorgung zu verbessern.
Zur thematischen Vorentlastung kündigt L an, dass S einen Jugendlichen – den Cousin von Marta aus Text A – hören werden, der ein Projekt vorstellt, an dem er teilgenommen hat. S betrachten

zunächst die Fotos im Übungsteil a und spekulieren, worum es bei dem Projekt genauer gehen könnte. Diese Phase kann ohne weitere Vorbereitung im Plenum durchgeführt werden.

Nun schreiben S die Tabelle ab, hören den Hörtext und machen sich dabei stichpunktartig Notizen zu den gefragten Punkten. Ggf. wird der Hörtext zur Ergänzung ein weiteres Mal gehört. Die Lösungen werden anschließend im Plenum zusammengetragen und an der Tafel oder auf Folie festgehalten. S korrigieren und ergänzen ihre Aufzeichnungen entsprechend.

Mithilfe der Notizen können S im nächsten Schritt das Projekt auf Deutsch zusammenfassen. Dies geschieht entweder schriftlich als HA oder mündlich in PA. Wird die mündliche Variante gewählt, arbeiten S nacheinander mit zwei verschiedenen Partnern zusammen, sodass sie einmal selbst den Hörtext zusammenfassen und einmal zuhören und ergänzen.

Hinweis In Übungsteil b sollen S in der Tabelle unter dem Punkt *proyecto* das Projekt grob bezeichnen; bei *¿qué?*, sollen sie Details notieren.

Hörtext *Para comenzar les voy a comentar quiénes somos. Nosotros somos un grupo de alumnos de 6° año de uno de los pocos colegios técnicos de Córdoba. Bueno, lo que les quiero comentar es que hace poco, nosotros, los alumnos realizamos una tarea solidaria: fuimos a un colegio de un pueblo de la provincia de Córdoba a instalar paneles solares en el techo y a hacer la instalación eléctrica de toda la escuela.*

En total éramos 31 alumnos y cuatro profesores, los cuales revisaban todo lo que nosotros hacíamos. Nos separaron en tres grupos: uno que se encargaría de fijar los paneles en el techo, otro que haría la parte del tablero principal, y por último, el grupo más grande que se encargaría de hacer toda la instalación eléctrica de la escuela.

Llegamos al mediodía, comimos, y a eso de la una ya estábamos trabajando. Toda la tarde estuvimos trabajando y conseguimos terminar la instalación a eso de las 11 de la noche, mientras que los que ponían los paneles terminaron a eso de las 8 de la noche.

Al día siguiente se hizo una prueba básica para comprobar el funcionamiento de la instalación, y resultó que funcionaba perfectamente. Bueno, como experiencia es algo muy bueno ayudar a las personas que lo necesitan, apoyarlas, ya que antes el colegio funcionaba solo con un generador eólico de tan solo 500 watt, y ahora con estos paneles están llegando a un total de 2500 watt. Lo cual no es gran cosa, pero les sirve más.

Cabe destacar que todos los años, los alumnos de 6° año realizan dos instalaciones de este tipo.

Lösungsvorschlag a) Lösung individuell

b)

¿proyecto?	proyecto social para ayudar a otras personas: instalar paneles solares
¿quién?	31 alumnos del sexto año de un colegio (de Córdoba) y cuatro profesores
¿dónde?	en un pueblo (en la provincia de Córdoba)
¿qué?	instalar paneles solares en una escuela; un día desde el mediodía hasta las 8/11 de la noche; antes 500 watt, ahora 2500.
más información	el proyecto tiene lugar todos los años; siempre participan los alumnos del sexto año de ese colegio.

c) Es geht um ein soziales Projekt, das die Schüler einer Schule in einer bestimmten Klassenstufe jedes Jahr machen. Dabei installieren sie Solarzellen in Orten, wo die Stromversorgung nicht so gut ist. Bei dem Projekt, an dem der Junge teilgenommen hat, haben sie einen Tag lang mit 31 Schülern und vier Lehrern Solarzellen in einer Dorfschule installiert. Jetzt ist die Stromleistung fünfmal so groß wie vorher.

1

EXPRESIÓN ESCRITA

Cuaderno, S. 8/9a, b S hören Radiobeiträge von Jugendlichen, welche ein Problem schildern. S notieren das Problem
🎧 5 in einem Satz und formulieren anschließend einen Ratschlag. Dafür brauchen sie ggf. den Konditional und den *subjuntivo*.

Cuaderno, S. 9/10 S lesen in EA die kurze Nachricht von Sandra und ihr Problem wird kurz im Plenum zusammengefasst: Sandras Familie will für zwei Jahre nach Argentinien ziehen, sie will aber Madrid und ihre Freunde nicht verlassen und hat Angst vor einem neuen Leben in Argentinien.
S antworten Sandra schriftlich auf die Nachricht und geben ihr einen Ratschlag zu ihrem Problem. Zur Unterstützung können sie sich am vorgegebenen thematischen Raster orientieren. Dazu werden sie den Konditional und ggf. den *subjuntivo* benötigen.

YA LO SÉ

S. 15/11a, b, c Ziel ist, dass S einen ähnlichen Artikel wie diejenigen der Argentinier (SB, S. 11–12) erstellen. Als vorbereitende HA sollten S im Lektionstext die Antworten der Jugendlichen auf die erste Frage des Interviews noch einmal lesen (SB, S. 11–12, 119).
Zur Ideensammlung machen sie zuerst ein Brainstorming in Gruppenarbeit zu der Frage *¿Qué significa para ti vivir en Alemania?* Dabei äußern sie ihre Ansichten in ganzen Sätzen (z. B. *Para mí, vivir en Alemania significa tener a toda mi familia cerca. / No creo que la vida aquí sea mejor que en otros países. / Pienso que aquí las personas tienen menos problemas que en otros países.*), notieren sich die Ideen aber in Stichpunkten. Nach dieser Phase von ca. fünf bis sieben Minuten werden die Ideen der Gruppen dem Plenum vorgestellt und gemeinsam verglichen, ob sich die Ansichten mit denen der Argentinier/innen aus dem Interviewtext decken oder sehr unterscheiden.
Anschließend schreiben S in EA einen Text, in dem sie die drei Interviewfragen auf Basis ihrer Vorüberlegungen beantworten. Der Lektionstext kann ihnen dabei als sprachliches Modell dienen. Sie können darin bei Bedarf Formulierungen usw. nachschlagen.
In der dritten Phase tun sich S wieder in 4er-Gruppen zusammen, stellen sich gegenseitig ihre Texte vor und bewerten sie. Alle Texte werden anschließend im Klassenraum ausgehangen und S bekommen einige Minuten Zeit, sich die Texte ihrer MS durchzulesen und ggf. den besten zu bestimmen, z. B. mit Klebepunkten (s. Methodenpool, S. 145).

Lösung individuell

S. 16–19 1B BUENOS AIRES EN 48 HORAS

Die 17-jährige spanische Austauschschülerin Teresa stellt Buenos Aires aus ihrer Sicht vor und gibt in einem Zeitungskommentar Tipps für die Besichtigung der Stadt.

Sprachliche Mittel	*quedarse + gerundio* Relativsätze mit *el que / la que, cuyo/-a* Nebensatzverkürzung mit *gerundio* *al + inf.*
Wortschatz	*al + inf., Baires, sonar (a algo), cuyo/-a, la representación / las representaciones, (ser) diario/-a, la sede, (ser) alucinante, yo en tu lugar, flipar, la cantidad, servir, el sabor, la empanada, la esquina, (ser) sagrado/-a, ¡Es una auténtica locura!, por lo que yo veo, andar, hojear, sin más, el rumbo, el ancho*

transparent: *la arquitectura, el artículo, describir, vivir grandes experiencias, realmente, fantástico/-a, (ser) obligatorio/-a, probablemente, la manifestación / las manifestaciones, al aire libre, la inmigración, turístico/-a, absolutamente, el/la rival, el ambiente, la literatura, la Avenida Corrientes, finalmente, (ser) increíble*

Lösungen, Hörtexte und Vorschläge für den Unterricht

VORSCHLAG FÜR DIE TEXTERARBEITUNG

ACTIVIDAD DE PRELECTURA

S. 16/1 **1. Inhaltliche Vorentlastung des Lektionstextes**

S notieren sich stichpunktartig (in HA), in welchen Haupt- oder Großstädten sie schon waren, was sie dort gemacht haben und was ihnen dort (nicht) gefallen hat. Ggf. arbeiten sie mit dem Wörterbuch. Im Unterricht tauschen sie sich mit einem/einer MS darüber aus. Damit die beiden Partner/innen möglichst gleiche Grundlagen haben, kann L immer zwei S zusammenarbeiten lassen, die beide schon in mindestens einer gemeinsamen Haupt-/Großstadt waren. Dazu lässt L sich diejenigen S melden, die schon einmal in Berlin/Paris/London/München/Hamburg/Wien usw. waren und diese tun sich dann jeweils zu zweit zusammen. Zum Schluss werden die Erfahrungen im Blitzlicht im Plenum vorgestellt (s. Methodenpool, S. 144).

2. Leseverstehen: Teil 1

Der Lektionstext wird zuerst gemeinsam im Plenum gelesen, die Textsorte benannt (Zeitungs-/Zeitschriftenartikel) und der Inhalt grob zusammengefasst (z. B.: *Una joven española que está viviendo en Buenos Aires cuenta qué le gusta de la ciudad y qué podría hacer un turista en una visita de 48 horas.*). Auf neue Vokabeln und Strukturen muss an dieser Stelle noch nicht eingegangen werden.

Dann lesen S die Aussagen über Buenos Aires im Cuaderno (S. 10/1) und überprüfen sie auf ihre Richtigkeit, indem sie in EA den Lektionstext noch einmal daraufhin durchgehen und die falschen Aussagen entsprechend korrigieren. Das unbekannte Vokabular, das sie an der Bearbeitung der Aufgabe hindert, schlagen sie im Vokabelanhang nach. L sollte darauf hinweisen, dass S nicht jedes unbekannte Wort aus dem Text nachschlagen sollen, sondern nur diejenigen, die sie zur Bearbeitung der Übung benötigen und die sie nicht aus dem Kontext oder mithilfe anderer Sprachen erschließen können. Die Ergebnisse werden mit dem Sitznachbarn / der Sitznachbarin verglichen und Schwierigkeiten ggf. im Plenum besprochen.

3. Erarbeitung des neuen Wortschatzes

L teilt die Lerngruppe in sechs Gruppen ein und teilt an jede Gruppe eine Folie mit Vokabeln und Redemitteln aus, die sie sich an dem entsprechenden Textabschnitt erarbeiten sollen (s. u.). Dazu lesen sie den entsprechenden Abschnitt im Detail und erschließen sich die Wörter aus dem Zusammenhang oder mithilfe anderer Sprachen (zur Überprüfung oder falls sich ein Wort nicht erschließen lässt, schlagen sie es im Vokabelanhang nach). Die deutsche Übersetzung wird nicht auf der Folie notiert. Jede Gruppe entwirft nun ein Arbeitsblatt mit einer kleinen Vokabelübung für ihre MS (z. B. Buchestabensalat, Kreuzworträtsel, Lückentext). Das Arbeitsblatt wird für den Rest der Klasse kopiert. Jede Gruppe präsentiert nun ihre Folie mit den neuen Vokabeln. Jede Vokabel wird von der Gruppe auf Spanisch (z. B. durch Synonyme, Antonyme, Umschreibung, Kontextsatz) oder durch Gestik, Mimik, Zeichnungen usw. erklärt. Im Anschluss an jede Gruppenpräsentation bearbeiten die restlichen S das Arbeitsblatt mit der Vokabelübung der Gruppe.

Die Gruppe sammelt die Arbeitsblätter (mit Namen) wieder ein und wertet sie zur nächsten Stunde aus.
- Gruppe 1, Z. 1–21: *la arquitectura, el artículo, describir, vivir grandes experiencias, sonar a, realmente, fantástico/-a*
- Gruppe 2, Z. 21–31: *(ser) obligatorio/-a, la representación, probablemente, la manifestación, (ser) diario/-a, la sede*
- Gruppe 3, Z. 32–44: *al aire libre, (ser) alucinante, la inmigración, turístico/-a, yo en tu lugar*
- Gruppe 4, Z. 45–53: *flipar, la cantidad, servir, el sabor, la pizza, la empanada, la esquina*
- Gruppe 5, Z. 54–66: *absolutamente, el/la rival, (ser) sagrado/-a, el ambiente, ¡Es una auténtica locura!, por lo que yo veo, la literatura, andar*
- Gruppe 6, Z. 66–81: *hojear, sin más, finalmente, el rumbo, el ancho, ser increíble*

Hinweis Landeskundliches Vokabular, wie *la Casa Rosada, el Teatro Colón* usw. können an dieser Stelle weggelassen werden. In Punkt 4 folgt eine Übung dazu.

4. Leseverstehen: Teil 2
S bearbeiten die Aufgabe 2a (SB, S. 17). Sie überfliegen den Lektionstext auf der Suche nach Orten in Buenos Aires, die darin erwähnt werden. Diese schreiben sie zusammen mit einigen Stichpunkten heraus. S, die schneller fertig sind, ergänzen ihre Stichpunkte mithilfe des Pequeño Diccionario (SB, ab S. 158).
In PA beschreiben S sich nun gegenseitig mindestens drei der genannten Orte, ohne sie zu benennen. Der/Die MS errät dann, um welchen Ort es sich handelt (SB, S. 17/2b).
In HA lesen S den Lektionstext detailliert. Sie formulieren zum Text 5 richtige und 3 falsche Aussagen (SB, S. 17/3 fak.). Im Unterricht lesen sie dann ihre Sätze einem/einer MS vor, der/die sie ggf. korrigiert. Dies kann mündlich oder schriftlich durchgeführt werden.

5. Umwälzung des Textinhalts
Auf Basis der Textinformationen und der Informationen aus dem Pequeño Diccionario überlegen sich S, was sie an einem Tag in Buenos Aires machen würden. Sie machen sich Stichpunkte und tauschen sich mündlich mit einem/einer MS aus (SB, S. 17/4). Dabei wenden sie den Konditional an. Einzelne S stellen ihren Tag anschließend kurz im Plenum vor.

COMPRENSIÓN LECTORA

Cuaderno, S. 10/1a, b Siehe Vorschlag für die Texterarbeitung, Punkt 2.

S. 17/2a, b Siehe Vorschlag für die Texterarbeitung, Punkt 4.

Lösungsvorschlag
—*la Avenida 9 de Julio: ahí está el obelisco.*
—*el Teatro Colón: sus representaciones son famosas en toda América.*
—*la Plaza de Mayo: casi todos los días hay manifestaciones allí.*
—*la Casa Rosada: es la sede del gobierno argentino.*
—*La Boca: es un barrio de Buenos Aires donde hay un puerto. Allí puedes ver gente que baila tango en la calle.*
—*Caminito: es una calle en el barrio de La Boca donde las casas son de muchos colores.*
—*el Hotel de Inmigrantes: es el lugar donde los inmigrantes europeos pasaban sus primeras noches después de llegar a Buenos Aires.*
—*el Museo de la Inmigración: es lo que hoy en día se encuentra en el Hotel de Inmigrantes.*
—*la Bombonera: es un estadio de fútbol.*
—*la Avenida Corrientes: es una calle donde hay muchas librerías.*
—*el Río de la Plata: es un río muy ancho entre Argentina y Uruguay.*

S. 17/3a, b Siehe Vorschlag für die Texterarbeitung, Punkt 4.
fakultativ

Lösung individuell

EXPRESIÓN ORAL

S. 17/4 Siehe Vorschlag für die Texterarbeitung, Punkt 5.

Lösung individuell

Cuaderno, S. 10/2 Rollenspiel zum Thema Auslandsaufenthalt (S. 87–88). S können zu zweit arbeiten und sich jeweils eine der vier Rollen aussuchen, oder sie arbeiten zu viert.

COMPRENSIÓN AUDITIVA

S. 18/5a Hör-Sehverstehen: S bringen die Fotos im Buch in die Reihenfolge, wie sie im Hörtext genannt werden und nennen die Namen der abgebildeten Orte.

Hörtext und Lösung
Pilar: *Bueno chicos, pues ahora podemos tomar algo por aquí y decidimos el plan para mañana.*
Paco: *Perfecto, porque yo estoy hecho polvo después de caminar todo el día…*
Lucía: *Pero ha valido la pena. A mí San Telmo me ha encantado, con ese ambiente, sus tiendas y aquellos chicos bailando el tango… Yo creo que es el barrio más bonito de Buenos Aires, y no sólo por ser uno de los más antiguos de la ciudad…*
Miguel: *Tienes razón, pero ahora tenemos que pensar qué nos gustaría hacer mañana… Me han dicho que el barrio de La Boca, con sus casas de colores, es impresionante. Además, por la tarde podemos ir a la Bombonera, el estadio de fútbol del Boca Juniors, porque mañana hay un partido.*
Pilar: *¿Quieres ir a ver un partido de fútbol?*
Lucía: *Los argentinos viven el fútbol de manera especial, y creo que ir a ver un partido a la Bombonera es algo que no te puedes perder, aunque no te guste el fútbol.*
Paco: *Yo también preferiría hacer otra cosa. No sé, algo más «cultural», como ir al Teatro Colón, por ejemplo. ¿Lo recordáis? Lo hemos visto hoy al pasar por la Avenida 9 de Julio.*
Miguel: *Ah, sí. Yo he leído que allí actúan los artistas internacionales más importantes y que tiene capacidad para casi 4 000 espectadores.*
Pilar: *¿Y qué os parece si vamos al MALBA?*
Lucía: *¿Adónde?*
Pilar: *Al MALBA, es el Museo de Arte Latinoamericano.*
Paco: *Sí, ya sé, aquel edificio tan moderno que también hemos visto esta mañana.*
Pilar: *Exacto, pero tenemos que informarnos de cuál es la exposición actual.*
Lucía: *Bueno, pues mientras vosotros decidís yo voy a pedir las bebidas…*

S. 18/5b Detailgenaues Hörverstehen: S hören den Text ein weiteres Mal und schreiben stichpunktartig zu jedem der Orte mindestens eine genannte Information heraus. L sollte dazu die CD ab und zu anhalten, damit S genug Zeit zum Schreiben haben. Anschließend werden die Informationen im Plenum zusammengetragen.

Lösungsvorschlag
–San Telmo: *es un barrio muy bonito*
–la Bombonera: *hay que ver un partido en ese estadio, aunque no te guste el fútbol*
–el Teatro Colón: *ahí pueden entrar casi 4 000 espectadores*
–el MALBA: *es el Museo de Arte Latinoamericano*

S. 18/6 Selektives Hörverstehen und Sprachmittlung Spanisch-Deutsch: S hören den authentischen Audioguide zum *pasaje Carlos Gardel*. Der Text kann zweimal gehört werden: Beim ersten Mal verstehen S den Text global; hier müssen sie sich noch keine Notizen machen. Vor dem zweiten

	Hören lesen sie die drei Fragen und konzentrieren sich nun nur auf die gefragte Information und machen sich beim Hören dazu Stichpunkte. Dann formulieren sie die Lösungen in 3er-Gruppen auf Deutsch, bevor sie im Plenum gesichert werden.
Hinweis	Es ist wichtig, dass L nicht schon vor Bearbeitung der Übung erklärt, wer Carlos Gardel war, da dies eine der Informationen ist, die S selbstständig heraushören sollen.
Hörtext	*Pasaje Carlos Gardel – su vida, su arte.*
	Todo porteño asegura que hay que hacer un ejercicio: escuchar hoy un tango de Gardel, como este: «Mi Buenos Aires querido», y hacer lo mismo mañana para descubrir que cada día canta mejor. En 1961 la ciudad llegó a bautizar este pasaje con su nombre, un nombre que se considera sinónimo de perfección. El mito de Gardel empezó en 1917 cuando cantó lo que se convertiría en el primer tango con formato de canción: «Mi noche triste». Su letra cuenta la historia de un hombre que, abandonado por su enamorada, se niega a cerrar la puerta con la ilusión de que ella vuelva. Gardel conquistó primero los bares y cantinas del Abasto, después Buenos Aires, toda Buenos Aires. Luego la Argentina y de allí, el mundo entero. Filmó películas en Francia y en los Estados Unidos. Eso sí, nunca se olvidó de su lugar, de su ciudad.
Lösung	– Gardel war ein berühmter Tangosänger.
	– Das erste Tangolied hat er 1917 gesungen.
	– Das Lied hieß *Mi noche triste*.
Cuaderno, S. 13/8 🎧 6	Hör-Sehverstehen: S hören ein Telefongespräch und markieren die entsprechenden Fotos bzw. bringen sie in die richtige Reihenfolge laut Hörtext. Anschließend kann im Plenum besprochen werden, was S über die beiden Mädchen erfahren haben (in welcher Beziehung sie zueinander stehen, wo sie sich befinden, weshalb sie telefonieren usw.).

VOCABULARIO

Cuaderno, S. 10/3	S wiederholen bekannte und neue Adjektive der Lektion. Zur Unterstützung kann L sie darauf hinweisen, dass bei den Nummern 3, 4, 5, 9 und 10 neue Vokabeln aus diesem Lektionsteil gefragt sind, während die anderen schon länger bekannte Adjektive sind. Das Adjektiv *principal* (Satz 6) wird erst in der nächsten Lektion eingeführt. S können es aus dem Englischen oder Französischen übertragen und ihre Vermutung mit einem Wörterbuch überprüfen.

LA LENGUA

Reactivando el gerundio

Cuaderno, S. 11/4 F 4	Wiederholung und Erweiterung der Verbalperiphrasen mit dem *gerundio*. Neu ist hier *quedarse + gerundio*, das schon im Lektionstext 1A vorkommt. Die Bilder geben den Inhalt, die Würfelzahl die Person vor, in der der Satz formuliert werden soll (1 = 1. Pers. Sg. 2 = 2. Pers. Sg. usw.). Vor der Bearbeitung der Übung können die Bedeutungsunterschiede zwischen *estar/seguir/llevar/pasar(se)* und *quedarse + gerundio* anhand der Folie erarbeitet werden.
📄 10	**Practicar el gerundio (▶ Resumen, S. 25/7)**
	Zur Einführung der Nebensatzverkürzung mit *gerundio* kann mit der Kopiervorlage gearbeitet werden. S bearbeiten sie in PA oder 3er-Gruppen. Ggf. können die vier Sätze auch auf einzelne Gruppen aufgeteilt werden (bei größeren Gruppen müssten die Sätze doppelt vergeben werden), die sich die Bedeutung des jeweiligen Satzes mithilfe des Kontextes erarbeiten und ihn anschließend im Plenum ihren MS erklären.
S. 18/7	S bilden Sätze aus den vorgegebenen Fragmenten. Das kursive Verb setzen sie dazu ins *gerundio*.

Lösung	–Puedes ver grandes espectáculos de la naturaleza viajando por el país. –Puedes ver gente que baila tango en las calles paseando por la calles de La Boca. –Puedes hacer la típica foto turística de Buenos Aires poniéndote delante del Obelisco. –Puedes conocer la literatura argentina hojeando libros en las librerías. –Puedes escuchar tango pasando un rato en un boliche. –Puedes probar comida típica comiendo carne de res en un asador. –Puedes observar ballenas yendo a la Patagonia.
Hinweis	S, die schneller mit der Übung fertig sind, denken sich weitere Sätze nach dem Muster aus, z. B. auch über ihren eigenen Wohnort. L sollte darauf hinweisen, dass das *gerundio* in dieser Verwendung eher dem gehobenen Stil bzw. der Schriftsprache angehört.
Cuaderno, S. 11/5a	S üben die Verwendung des *gerundio*, indem sie beschreiben, was sie durch Reisen oder Leben in anderen Ländern lernen können. Die Bilder und Ausdrücke in dem Kasten liefern Ideen. Die kursiven Verben im Kasten müssen dabei ins *gerundio* gesetzt und die Sätze eigenständig vervollständigt werden.

Practicar *al* + infinitivo (▶ Resumen, S. 24/6)

S. 19/9a	S erarbeiten sich die Bedeutung der Struktur *al* + *infinitivo*, indem sie in EA oder PA die Stellen im Lektionstext ohne Infinitiv umformulieren. Sie kommen darauf, dass sie dazu den Infinitivsatz durch einen Nebensatz mit *cuando* ersetzen müssen. L erläutert, dass die Konstruktion mit *al* + Infinitiv stilistisch schöner ist, die S sie also gut in geschriebenen Texten anwenden können. Außerdem ist diese Struktur einfacher, da das Verb nicht konjugiert werden muss. Bei der Ergebnissicherung im Plenum wird zuerst der Satz mit *al* + Infinitiv und anschließend die Alternative vorgelesen.
Lösung	–<u>Cuando he escrito</u> este artículo, simplemente he querido describir cómo es el Baires que yo he conocido en estos cuatro últimos meses, en los que he vivido grandes experiencias como alumna de intercambio con la familia argentina de mi padre. –La verdad es que, aunque hay algunas diferencias, <u>cuando ves</u> Buenos Aires por primera vez, la comparas con cualquier gran ciudad española. –<u>Cuando llegaron</u> a Buenos Aires pasaban sus primeras noches en el Hotel de Inmigrantes, en el que hoy se encuentra el Museo de la Inmigración. –Bueno, <u>cuando leas</u> esto pensarás que es imposible hacerlo todo en 48 horas, pero quién sabe; los argentinos dicen que Baires es la ciudad que nunca descansa…
S. 19/9b	S wenden die neue Struktur (sowie *antes de / después de* + *infinitivo*) an, indem sie in einem kurzen Text aus Teresas Sicht beschreiben, was sie an ihrem ersten Tag in Buenos Aires gemacht hat. Ggf. legt L fest, dass sie mindestens zweimal *al / antes de / después de* + *infinitivo* verwenden sollen. Den Inhalt denken sie sich selbst aus.
Lösungsvorschlag	*El lunes, antes de levantarme, encendí la radio. Al escuchar el noticiero me enteré de que iba a haber una manifestación de estudiantes en la Plaza de Mayo. Una hora más tarde, después de tomar el desayuno con mis abuelos, vino mi tío para llevarme por Buenos Aires. Al ver por primera vez el Obelisco, me puse muy contenta: por fin había llegado a Argentina. Después de pasar por la Avenida 9 de Julio, fuimos a La Boca. Al caminar por las calles vimos a muchos turistas, pero nadie bailaba tango. ¡Claro, eran las 10 de la mañana! Caminamos por San Telmo y, antes de llegar a la Plaza de Mayo, vimos a mucha gente joven que también iba hacia allí, y me acordé de la manifestación. Entonces decidimos ir a la Plaza de Mayo en otro momento. Caminamos mucho por toda la ciudad, y por la noche, antes de volver a casa, comimos en un restaurante argentino. Creo que fue la mejor carne que he comido en mi vida.*

Cuaderno, S. 12/5b S üben nun beide Formen der Satzverkürzung (durch *gerundio* oder *al + infinitivo*). Sie wandeln die vorgegebenen Sätze entsprechend um.

Hinweis Vor dieser Übung sollte L erklären, worin der Unterschied in der Verwendung von *al + infinitivo* und *gerundio* liegt:
Al + infinitivo kann nur temporale Nebensätze (also solche mit *cuando* und *mientras*) ersetzen. Das *gerundio* kann ebenfalls temporale Nebensätze ersetzen, aber in bestimmten Fällen auch Kausal- (z. B. *Como no tenía / No teniendo amigos en Buenos Aires, Teresa se sintió un poco sola al principio.*) und Relativsätze (z. B. *Ahí verás a gente que baila / bailando tango en la calle.*). Außerdem wird es für Modalsätze verwendet (z. B. *Teresa conoció Buenos Aires caminando por las calles con su tío.*).
In den Sätzen 1, 2, 3 und 5 sind demnach beide Konstruktionen möglich.

Practicar el pronombre relativo *cuyo/-a* (▶ Resumen, S. 25/9)

Auch das Relativpronomen *cuyo/-a* dient der Verbesserung des Stils, vor allem in der Schriftsprache. Zur Einführung schreibt L zwei Sätze mit *cuyo/-a* aus dem Lektionstext an die Tafel oder auf Folie. Die Sätze werden gemeinsam im Plenum übersetzt, wobei S erkennen, dass es sich um das Relativpronomen dessen/deren handelt. L schreibt die deutsche Übersetzung unter den jeweiligen Satz. S leiten aus den Beispielen ab, dass sich *cuyo/-a* im Spanischen immer auf das nachfolgende Substantiv bezieht (und in Genus und Numerus daran angepasst werden muss), im Deutschen hingegen auf das vorangehende. L verdeutlicht dies visuell, indem er/sie auf dem Tafel-/Folienbild die Pfeile hinzufügt.

Mögliches Tafelbild

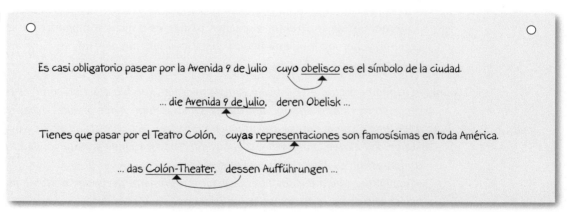

S. 18/8a Im Anschluss an die Einführung des Relativpronomens setzen S die richtige Form von *cuyo/-a* in die Sätze ein und beantworten die Fragen. Die Antworten kennen S schon aus der Lektion; sie finden sich an folgenden Stellen:
Frage 1: Lektionstext 1A, Marta
Frage 2: Hörtext 12 (SB, S. 18/6)
Frage 3: Hörtext 2 (Transkript SB, S. 119)
Frage 4: Lektionstext 1A, Marta

Lösung
1. *¿Cómo se llama la región en Argentina cuya frontera limita con Bolivia?* –Jujuy.
2. *¿Cómo se llama un cantante de tango argentino cuyas canciones son famosas en todo el mundo?* –Carlos Gardel.
3. *¿Dónde se encuentra la Avenida cuyo ancho es de 140 metros?* –En Buenos Aires.
4. *¿Cómo se llama un pueblo en el norte de Argentina cuyos habitantes son descendientes de los quechuas y aimaras?* –Purmamarca.

Hinweis S, die schneller mit der Übung fertig sind, bearbeiten Übung 8b. Die Rätselfragen werden nach der Ergebnissicherung von 8a im Plenum gestellt.

S. 18/8b
fakultativ
S denken sich weitere Rätselfragen über Lateinamerika wie in 8a aus, z. B. geographische Fragen. Dazu können sie die Karten auf der vorderen und hinteren Umschlagseite des SB nutzen.

Lösung individuell

Cuaderno, S. 12/6 S üben die Verwendung des Relativpronomens *cuyo/-a*, indem sie aus den jeweils zwei Hauptsätzen einen Hauptsatz mit Relativsatz machen. Dazu müssen sie das im zweiten Satz markierte Element durch die entsprechende Form von *cuyo/-a* ersetzen.

Practicar el pronombre relativo *el que* (▶ Resumen, S. 25/8)

Neben Relativsätzen mit dem neuen Pronomen *cuyo/-a* kennen S bereits den einfachen Relativsatz mit *que* (z. B. *Tengo un amigo que se llama Jesús.*). Im Lektionstext werden Relativsätze eingeführt, bei denen dem Relativpronomen *que* eine Präposition vorangeht.

S. 19/10 L erklärt, dass S auf dem Flyer die Relativsätze ergänzen sollen, und zwar mit den Relativpronomen *el/la/los/las que*, die in dieser Form (mit Artikel) benötigt werden, wenn der Relativsatz mit einer Präposition eingeleitet wird. S können versuchen, die Übung eigenständig zu bearbeiten und schlagen dazu ggf. im Resumen 8 auf S. 25 oder im Grammatikheft nach.

Lösung *la que – el que – los que – las que*

Alternative Um auch auf den landeskundlichen Inhalt des Textes einzugehen, können S anschließend im Rahmen einer Sprachmittlungsübung auf Deutsch erklären, was es mit dem Mate auf sich hat. In schwächeren Lerngruppen, sollte L dazu konkrete Fragen stellen, z. B. Was ist Mate? Wie bereitet man ihn zu? Wie oft trinkt man Mate in Argentinien?

Hinweis L kann den S auch freistellen, ob sie diesen Text über Mate bearbeiten möchten oder den Lückentext im Cuaderno (S. 13/7) über Messi. In schwächeren Klassen mit einem hohen Übungsbedarf sollten beide Übungen bearbeitet werden.

Cuaderno, S. 13/7 S üben die Verwendung der Relativpronomen *el/la/los/las que*, indem sie den Lückentext ergänzen. L kann vor allem schwächeren S den Tipp geben, zuerst die Bezugswörter zu unterstreichen, auf die sich die Relativpronomen beziehen. An Genus und Numerus des Bezugsworts erkennen sie dann, welche Form des Relativpronomens gebraucht wird.

Cómo hablar de tus impresiones y expresar entusiasmo

S. 19/11a Vorbereitung des Punto final 1: S erstellen eine Liste mit Ausdrücken, die Teresa im Lektionstext verwendet, um ihre Eindrücke zu schildern.

Lösung
– *He vivido grandes experiencias.* (l. 9)
– *Me sorprendió muchísimo (esta ciudad).* (l. 13)
– *¡Todo parece (supermoderno)!* (l. 17)
– *A mí me parece (muy turístico).* (l. 41)
– *Vas a flipar con (la cantidad de asadores).* (l. 45)
– *Lo que más me sorprendió es que (los porteños comen muchísima pizza).* (l. 48)
– *(A veces) tengo la impresión de (estar en Italia).* (l. 49)
– *Lo que a mí realmente me encanta/n (son las empanadas).* (l. 51)
– *(El ambiente en el estadio) es una auténtica locura.* (l. 59)
– *¡Qué fuerte (cuánto leen)!* (l. 66)
– *Es increíble.* (l. 77)

1

S. 19/11b Unter Verwendung der Ausdrücke aus der Liste aus Übung 11a schreiben S einen Blogeintrag, in
fakultativ dem sie einen Ort beschreiben, der sie sehr beeindruckt hat.

Lösung individuell

TALLER DE ESCRITURA

Cuaderno, S. 15/1 Die Schreibwerkstatt dieser Lektion dient der Verbesserung des Schreibstils. Im ersten Teil reflektieren S über Möglichkeiten der Stilverbesserung, indem sie die Unterschiede zwischen den beiden Texten benennen. Die Texte sind inhaltlich gleich und unterscheiden sich nur im Stil.

Cuaderno, S. 15/2 Auf Grundlage der im Teil 1 erfolgten Sprachreflexion markieren sie in dem dritten Text die Stellen, die stilistisch verbessert werden können, und schreiben den Text um.

Hinweis Die Schreibwerkstatt bietet sich als Vorbereitung für die Aufgabe in der Rubrik Expresión escrita (SB, S. 19/12a, b) an.

EXPRESIÓN ESCRITA

S. 19/12a, b Vorbereitung auf den Punto final 1: Das Zielprodukt dieser Aufgabe ist ein Artikel, ähnlich wie der Lektionstext, in dem S die vier für sie interessantesten Orte ihres Dorfes, ihrer Region oder ihrer Stadt vorstellen. Um den Schreibprozess vorzubereiten, machen sie sich zuerst eine Liste mit den Orten, über die sie schreiben möchten und notieren sich, was ihnen dort gefällt bzw. interessant erscheint und auch besondere Erfahrungen und Erlebnisse, die sie mit diesen Orten verbinden.
Mithilfe der Liste verfassen sie dann den Artikel und nutzen dabei auch die Ausdrücke aus Übung 11a. Der Lektionstext dient als sprachliches Modell. In schwächeren Gruppen kann L darauf hinweisen, dass S an Relativsätze (mit *cuyo/-a* und *el/la/los/las que*) und Nebensatzverkürzungen (mit *al + inf.* und *gerundio*) denken sollen, um den Stil ihrer Texte zu verbessern.

Lösung individuell

MEDIACIÓN

Cuaderno, S. 14/9a, b Sprachmittlung Deutsch-Spanisch: S sollen Fragen über einen Zeitungsartikel beantworten. Zur Vorbereitung der eigentlichen Sprachmittlung lesen sie den Zeitungsartikel komplett und umschreiben die unterstrichenen Ausdrücke auf Spanisch.
Die erste Frage der Sprachmittlung bezieht sich auf das Thema des gesamten Artikels, S müssen diesen also knapp zusammenfassen, die zwei weiteren Fragen beziehen sich auf einzelne Abschnitte.

MI RINCÓN DE LECTURA

Cuaderno, S. 16/1 Nachdem S in der Schreibwerkstatt etwas über die argentinische Schriftstellerin Maitena Burundarena erfahren haben, lesen sie hier einen Auszug aus ihrem Roman *Rumble*. S erschließen sich die unbekannten unterstrichenen Wörter (mithilfe des Kontextes, anderer Sprachen, Wörter der gleichen Wortfamilie) und schulen ihre Sprachbewusstheit, indem sie reflektieren, wie sie auf die Bedeutung der einzelnen Wörter gekommen sind.

Cuaderno, S. 16/2 Der Textausschnitt hat ein offenes Ende, das mit den zuvor aufgebauten Erwartungen bricht. S formulieren zwei kurze Hypothesen über das Desinteresse der Eltern am Zeugnis. Alternativ können sie ein Ende zu dem Textausschnitt verfassen.

Cuaderno, S. 16/3 Kreative Schreibaufgabe: S nehmen einen Perspektivenwechsel vor, indem sie die gleiche von der Protagonistin beschriebene Szene aus der Sicht des Vaters wiedergeben. Als Hilfestellung können sie zuerst alle Stellen im Text unterstreichen, wo etwas über den Vater gesagt wird.

S. 20–23 ALGO MÁS

Die S werten Statistiken über Migration von und nach Argentinien aus und lernen die Weltmusik-Band Che Sudaka aus Barcelona kennen.

Lösungen, Hörtexte und Vorschläge für den Unterricht

INTERPRETAR ESTADÍSTICAS

S. 22/1 Im Laufe der Lektion haben S erfahren, dass viele Argentinier aus Einwandererfamilien stammen. Zur Vorbereitung der Arbeit mit Statistiken reflektieren S, was sie persönlich mit dem Thema Migration assoziieren. In stärkeren Lerngruppen kann das Brainstorming spontan erfolgen. In schwächeren kann L zwei Minuten Vorbereitungszeit (ggf. mit Wörterbuch) geben. Anschließend nennen und erklären S ihre Assoziationen in einem Blitzlicht (s. Methodenpool, S. 144), oder jede/r S schreibt einen Stichpunkt an die Tafel; wenn alle Stichpunkte gesammelt sind, werden sie gemeinsam im Plenum durchgegangen und kurz erläutert. Dies kann den S später bei der Aufgabe 2b helfen.

Lösung individuell

S. 22/2a, b S analysieren und interpretieren Statistiken über Migration nach und aus Argentinien. Sie arbeiten in 3er-Gruppen und bereiten eine kleine Präsentation vor. Dazu wählt jede Gruppe eine der Statistiken von S. 20 aus und beschreibt sie (zehn Minuten sollten reichen, L kann Wörterbücher zur Verfügung stellen). Dabei gehen sie vor allem darauf ein, aus welchen Ländern die Immigranten vorwiegend/seltener kommen (Statistik 1), was sich an den Einwandererzahlen seit 1980 verändert hat (Statistik 2) und in welche Länder die meisten/wenigsten argentinischen Emigranten auswandern (Statistik 3). Sprachliche Mittel zur Formulierung von statistischen Werten finden S im Methodenanhang auf S. 137–138, auch die Kästen unter der Übung enthalten nützliche Redemittel. Außerdem kann zur sprachlichen Vorbereitung die Kopiervorlage bearbeitet werden. Nachdem die Gruppen ihre jeweilige Statistik analysiert haben, interpretieren sie sie, indem sie benennen, welche Aspekte der jeweiligen Statistik sie überrascht haben, und nach Gründen für die Migration suchen (z. B. soziale, politische oder ökonomische Situation im Herkunftsland, persönliche Gründe wie Arbeitslosigkeit oder Familie, berufliche Gründe, Sprache usw.). Bei der Formulierung helfen ihnen die Redemittel auf S. 183.
Anschließend werden drei Gruppen (eine für jede Statistik) ausgelost, die ihre Ergebnisse zu Übungsteil a und b im Plenum präsentieren. Dabei können S Karteikarten mit Stichpunkten benutzen, aber keine ausformulierten Sätze. Nach jeder Präsentation sollte es eine kurze Diskussion im Plenum darüber geben, wie die anderen MS die Statistik interpretieren und ob ihnen evtl. weitere Gründe für die Zahlen einfallen. Die Folie dient zur visuellen Unterstützung der Präsentationen; die anderen beiden Statistiken werden jeweils abgedeckt.

Hinweis L sollte vor Bearbeitung der Übung ankündigen, dass im Anschluss mehrere Gruppen ausgelost werden, die ihre Ergebnisse präsentieren sollen. So wird sichergestellt, dass alle Gruppen zielorientiert arbeiten.
Außerdem sollten die Statistiken möglichst gleichmäßig auf die Schülergruppen verteilt sein; ggf. kann L sie dazu auch zuteilen.
Zur lexikalischen Vorentlastung der Übung dient die Kopiervorlage.

Lösungsvorschlag a) 1. *La estadística «Historias de migración» muestra la cifra de inmigrantes en Argentina según su orígen entre los años 1895 y 1946. Podemos ver que en esos años llegaron a Argentina muchos inmigrantes de Europa, la mayoría de Italia (el 40,2 %) y de España (el 37,1 %). Hay muchos menos inmigrantes polacos, rusos, franceses y alemanes: el 4,2 % es de Polonia y hay casi tantos inmigrantes rusos (un 3,1 %) como franceses (un 2,9 %). Los inmigrantes alemanes son la minoría, con un 1,6 %.*

2. *La segunda estadística muestra cómo ha cambiado el número de inmigrantes de diferentes países a Argentina entre 1980 y 2001. En 1980, la mayoría de los inmigrantes venía de Europa, sobre todo de Italia y España, y también venían muchos de Paraguay y de Bolivia. En 2001, la mayoría de los inmigrantes venía de Paraguay. El número de los inmigrantes paraguayos subió un 23,7 % hasta el 2001, y el de los bolivianos un 97,6 %. Después siguen los inmigrantes de Italia y España, pero ya venían mucho menos que antes: de los italianos venía un 55,6 % menos que en 1980 y de los españoles, un 64,1 % menos. También había mucho menos inmigrantes de Polonia y Alemania que veinte años antes. El número que más creció hasta el 2001 es el de los peruanos. Se estima que en 2001 había un 931 % más que en 1980.*

3. *La tercera estadística muestra a qué países se van los argentinos cuando dejan Argentina. Podemos ver claramente que la mayoría se va a España. Es casi un tercio (el 28,4 %) de todos los emigrantes con un número de 229 009. Aproximadamente un quinto (el 17,86 %) emigra a los Estados Unidos. El resto emigra a otros países de América Latina, como Paraguay, Chile, Bolivia o Brasil. Solo una minoría emigra a Canadá (el 1,84 %), a Italia (el 1,44 %) o a Alemania (el 0,89 %). También hay un grupo no tan pequeño que se va a Israel (el 5,42 %).*

b) Lösung individuell

S. 22/3 S finden sich in 4er-Gruppen zusammen und befragen die restlichen MS zu der Herkunft ihrer
fakultativ Großeltern. Sie sammeln die Ergebnisse, die einen Großteil der Klasse repräsentieren sollte, und erstellen anhand der Zahlen eine Statistik. Möglichkeiten zur visuellen Darstellung finden sie im Methodenanhang auf S. 137. Die Statistiken werden anschließend im Plenum präsentiert und erläutert.
Alternativ werden vor der Gruppenarbeit die absoluten Zahlen der gesamten Klasse an der Tafel gesammelt. Danach finden sich S in Kleingruppen zusammen und erstellen eine Statistik daraus.

Lösung individuell

HABLAR DE UNA CANCIÓN

S. 22/4a, b, c   S sammeln im Plenum auf Deutsch Wörter, die man braucht, um über ein Lied zu sprechen. L
🎧 13   hält die Wörter auf einer Folie fest und fügt die spanische Entsprechung hinzu oder lässt die S die
📄 12   Wörter selbst im Methodenanhang auf S. 155–156 bzw. im Wörterbuch nachschlagen.
Dann hören S das Lied *Serás feliz* von der Band Che Sudaka. Mithilfe der erarbeiteten Redemittel tauschen sie sich mit einem/einer MS darüber aus, ob und warum ihnen das Lied (nicht) gefallen hat.
Anschließend arbeiten sie weiterhin zu zweit, gehen den Liedtext (S. 21) gemeinsam durch und erschließen sich die unbekannten Wörter. Dann arbeiten sie mit dem Wörterbuch, um sich den Liedtext im Detail zu erschließen. Für Markierungen im Liedtext können sie die Kopiervorlage nutzen.
Nun beschreiben S in EA schriftlich die Struktur, Sprache und den Stil des Liedes und äußern ihre Meinung. Dazu legt L erneut die Folie mit den in Übungsteil 4a gesammelten Redemitteln auf bzw. S schlagen bei Bedarf die benötigten Wörter selbstständig nach (▶ Methodenanhang, S. 155–156).

Lösungsvorschlag a) Lösung individuell
b) Lösung individuell

c) *Yo diría que la canción «Serás feliz» del grupo Che Sudaka es música pop, aunque también parece un poco folclórica por el acordeón. Tiene una estructura bastante fácil: se compone de dos estrofas y un estribillo. Todas las frases de las estrofas empiezan con «cuando...» y terminan en el estribillo: «... serás feliz un segundo, serás feliz en el mundo». Las frases son bastante cortas y, como siempre tienen la misma estructura, podemos decir que el lenguaje no es muy difícil. La melodía de la canción es alegre y el ritmo marchoso, pero repetitivo y por eso también es un poco monótono. La canción me parece buena, porque me gusta su ritmo alegre.*

Hinweis *Sudaka* ist in Spanien ein abwertender Ausdruck für südamerikanische Immigranten.

S. 22/5 Kreatives Schreiben: S reflektieren Struktur und Aussage des Liedes, indem sie eine weitere dazu
fakultativ passende Strophe schreiben.

Lösung individuell

S. 23/6 Selektives Leseverstehen und Sprachmittlung Spanisch-Deutsch: S lesen zuerst die Fragen und dann den Informationstext über die Band Che Sudaka (SB, S. 21) selektiv in Hinblick auf die Fragen. Die Ergebnissicherung kann mündlich im Plenum erfolgen.

Lösung 1. Che Sudaka ist eine Band aus Barcelona. Die fünf Musiker kommen aber ursprünglich aus Lateinamerika: Drei Mitglieder sind aus Argentinien und zwei aus Kolumbien. Seit 2000 leben alle Bandmitglieder in Barcelona.
2. Die Band hat sich offiziell im März 2002 gegründet. Sie haben schon in 23 Ländern gespielt.
3. Die Musik von Che Sudaka ist durch verschiedene Musikstile geprägt: Cumbia, Rumba, Reggae und Punk.

Hinweis Bei Zeitmangel kann L die Klasse in drei Gruppen einteilen. Jede Gruppe befasst sich mit einer der Fragen.

PUNTO FINAL 1: PREPARAR UNA AUDIOGUÍA

S lesen in EA die komplette Aufgabenstellung durch, dann wird im Plenum besprochen, was gemacht werden soll: S werden in 4er-Gruppen einen Audioguide für spanischsprachige Touristen erstellen und aufnehmen, in dem sie Sehenswertes in ihrem Dorf / ihrem Viertel oder ihrer Stadt vorstellen.
Zuerst sollten im Plenum Kriterien für gelungene Audioguides gesammelt werden. Diese können als Leitfaden dienen, an dem die Gruppen sich orientieren können. Folgende Kriterien, die Teil der Aufgabenstellung sind, sollten nicht fehlen:
– Es werden acht Orte vorgestellt und es wird beschrieben, wie man von einem zum anderen kommt.
– Es gibt eine Einleitung (Begrüßung des Hörers), Hauptteil (Beschreibung der Orte) und Schluss (Abschied).
– Die Hörer werden konsequent mit *tú* oder mit *usted* angesprochen, je nachdem, an wen sich die Führung richtet.
– Der Stil der Ortsbeschreibungen ist angemessen: Sätze werden mit *gerundio*, *al + infinitivo* und durch Relativpronomen miteinander verbunden.
Weitere mögliche Kriterien sind: inhaltliche Richtigkeit (z. B. historische Informationen über die Orte), sprachliche Richtigkeit bzw. Verständlichkeit, interessante/lebendige Beschreibungen, Relevanz der Orte für Touristen usw.
Aus den gesammelten Kriterien wird ein Evaluierungsbogen erstellt, den S in Übungsteil c benutzen, um die Produkte ihrer MS zu bewerten.

S. 23/a Als Ausgangspunkt dienen die Artikel über die vier Orte/Sehenswürdigkeiten, die S im Rahmen der Aufgabe 12 (S. 19) geschrieben haben: Aus den darin beschriebenen Orten wählt jede

Gruppe acht Orte aus, die sie im Audioguide vorstellen wird. Sie bestimmen gemeinsam eine sinnvolle Abfolge der Orte für eine Besichtigung. Jede/r S ist für zwei Orte verantwortlich, die er/sie in einem Text präsentieren wird (dazu können Teile des Artikels aus Aufgabe 12 verwendet werden).

S. 23/b Bevor die S anfangen, die Texte zu verfassen, einigt sich jede Gruppe darauf, für wen sie den Audioguide schreiben wollen: Kinder, Jugendliche, Erwachsene oder ältere Menschen. Sie bestimmen, ob sie ihre Zielgruppe mit *tú* oder *usted* ansprechen müssen und welche sonstigen sprachlichen und inhaltlichen Konsequenzen die Wahl der Zielgruppe für ihre Texte hat. Dann verfassen sie gemeinsam eine Einleitung für den Audioguide, in der sie die Touristen begrüßen, einen Ausblick auf die Orte geben usw. Die Einleitung kann ggf. auch erst geschrieben werden, wenn alle Einzeltexte zu den Orten vorliegen.

In HA schreibt nun jede/r S anhand der aufgestellten Kriterien einen möglichst interessanten Kurztext über jeden seiner/ihrer zwei Orte (bzw. verwendet dafür Teile aus dem Artikel aus Aufgabe 12, S. 19, sowie Redemittel aus Übung S. 10/4b, und S. 19/11) und beschreibt auch, wie man vom ersten zum zweiten kommt. Die einzelnen Ortsbeschreibungen sollten nicht zu lang sein.

Im Anschluss tauschen S ihre Texte untereinander aus und korrigieren sie gegenseitig. Dabei achten sie nicht nur auf sprachliche Details, sondern auch darauf, ob die aufgestellten Kriterien eingehalten wurden. Nachdem alle Texte korrigiert sind, werden sie in der entsprechenden Reihenfolge innerhalb der Gruppe vorgelesen und besprochen, sodass alle Gruppenmitglieder alle Texte kennen. Gemeinsam werden die fehlenden Wegbeschreibungen ergänzt und ein Schlusswort verfasst. Nun nehmen die Gruppen ihren Audioguide auf.

S. 23/c Die einzelnen Gruppen stellen ihre Audioguides nun vor. Die MS bewerten das Produkt mithilfe des gemeinsam erstellten Evaluierungsbogens (dieser muss vorher in entsprechender Anzahl kopiert werden). Im Anschluss an jede Präsentation wird Inhalt und Form des Audioguides besprochen. S sollten auch darauf achten, ob sie anhand des Registers die Zielgruppe bestimmen können.

Hinweis Unter der Eingabe „Audiodateien aufnehmen" in einer Suchmaschine stößt man auf diverse Online-Programme, mit deren Hilfe S ihren Audioguide aufnehmen können. Sollten die technischen Möglichkeiten nicht gegeben sein, liest die Gruppe ihr Produkt stattdessen vor.

Lösung individuell

S. 26–27 REPASAR LA LENGUA 1 (FAKULTATIV)

Lösungen

Repasando el presente de subjuntivo

S. 26/1 Wiederholung des *subjuntivo* nach der verneinten Meinungsäußerung (*no pienso / no creo / no me parece que*). Sie verneinen die Sätze; zusätzlich können sie sie auch korrigieren.

Lösung
1. *Pues yo no pienso que Purmamarca sea un pueblo muy aburrido. (Es un pueblo muy interesante.)*
2. *No creo que la mayoría de los argentinos coma mucha carne. (Hay también muchos vegetarianos.)*
3. *Pues, no creo que Mendoza sea la capital de Argentina. (Estoy seguro/-a de que es Buenos Aires.)*
4. *No me parece que la mayoría de los argentinos sean descendientes de alemanes. (La mayoría viene de Italia y de España.)*
5. *No pienso que en Buenos Aires toda la gente baile tango. (También hay personas a las que no les gusta bailar.)*
6. *No me parece que sepas muchas cosas de Argentina. (Has dicho muchas cosas que no son verdad.)*

S. 26/2 Wiederholung des *subjuntivo* nach *cuando, mientras, aunque, hasta que*. S übersetzen die Sätze ins Spanische.

Lösung
1. *Mientras esté enfermo/-a, me quedaré en casa.*
2. *Mañana no voy a ir al cine con vosotros, aunque tenga tiempo.*
3. *Voy a esperar hasta que pueda comprar la película en DVD.*
4. *Pero llamadme por el móvil, cuando salgáis del cine, ¿vale?*
5. *Aunque ya sea tarde, quiero saber qué os ha parecido la película.*
6. *Seguramente pasaré por tu casa el domingo, aunque tenga poco tiempo.*
7. *Por favor no te vayas hasta que yo llegue.*
8. *Cuando esté mejor, podemos quedar.*

S. 26/3a, b Wiederholung von *cuando + subjuntivo* bei Zukunftsbezug. S formulieren fünf Fragen mit *cuándo + futuro simple*. Sie stellen sich die Fragen gegenseitig und beantworten sie mit *cuando + subjuntivo*.

Lösung individuell

S. 26/4 Übung des Gebrauchs des *subjuntivo* im Relativsatz.

Lösungsvorschlag
–*Cuando estoy triste necesito una película que sea alegre.*
–*Cuando me aburro necesito un libro que me guste.*
–*Cuando tengo un examen necesito a una persona que me ayude a estudiar.*
–*Cuando me siento mal necesito hablar con una persona que me entienda.*
–*Cuando estoy nervioso/-a necesito una canción que me calme.*

S. 27/5 Übung des Gebrauchs von *subjuntivo* und *indicativo* im Relativsatz.

Lösung 1. hable – 2. habla – 3. haga – 4. hace – 5. trate – 6. trata

S. 27/6 Wiederholung der Verwendung von *cuando/mientras/aunque + subjuntivo*. S geben die Aussagen auf Spanisch wieder.

Lösungsvorschlag *Nos gusta mucho que estés aquí y esperamos que pases un tiempo bonito con nosotros. Mi madre dice que puedes usar las llaves que están en la mesa mientras estés aquí. Por favor, no las olvides cuando sales de casa. Cuando tengas algún problema, dínoslo, seguro que te podemos ayudar. Y deberías intentar hablar mucho alemán, aunque te parezca difícil, así lo vas a aprender mejor. Mi madre también dice que puedes usar nuestro teléfono si quieres llamar a tu familia. Y cuando nos despertemos mañana, podemos hacer una excursión.*

Repasando los pronombres relativos

S. 27/7 Wiederholung der Relativpronomen *que, lo que* und *el/la que*.

Lösung *el que – Lo que – que – los que – lo que – de las que – que – la que – la que*

2 EL NUEVO MUNDO S. 28–49

In dieser *Unidad* mit historischem Schwerpunkt lernen die S die wichtigsten Fakten zur Eroberung Amerikas durch die Spanier kennen und erhalten Einblicke in die präkolumbischen Kulturen. Zu einem Aspekt aus diesem Themenbereich erstellen sie in der abschließenden Lernaufgabe (Punto final 2) eine Power-Point-Präsentation und halten einen Vortrag.

ÜBERSICHT

Gliederung	¡Acércate! Text A: Los «primeros americanos» Text B: La conquista de Tenochtitlan Algo más Resumen Repasar la lengua 2 (fak.)
Lernziele	Über historische Ereignisse sprechen Jahreszahlen/Zeitangaben wiedergeben (Wh.) Fakten präsentieren (Erweiterung) Möglichkeiten, Wünsche, Aufforderungen und Überraschung in der Vergangenheit äußern
Methodentraining	Methoden: Informationsrecherche/Quellenauswertung, Worterschließungsstrategien, Arbeit mit dem einsprachigen Wörterbuch, Wortumschreibungsstrategien zur Vorbereitung einer Präsentation Methodische Schwerpunkte: Monologisches Sprechen, Lesen
Grammatik	unpersönliche Satzkonstruktionen mit *se* die Relativpronomen *el/la cual*, *quien/quienes* das *imperfecto de subjuntivo* das *pretérito indefinido* (Wh.) die kontrastive Verwendung von *pretérito indefinido* und *pretérito imperfecto* (Wh.) die Präpositionen *desde*, *hace* und *desde hace* (Wh.) die Relativpronomen *el que / la que* (Wh.)
Folien	F6: *El Nuevo Mundo* F7: *Entre España y América Latina* F8: *¡Así no fue el descubrimiento de América Latina!*
Kopiervorlagen	KV4: *Evaluación de una breve presentación* KV14: *El Nuevo Mundo* KV15: *Cómo entender palabras desconocidas* KV16: *La conquista de América Latina* KV17: *Presentación: el descubrimiento del Nuevo Mundo* KV18: *Los tiempos verbales* KV19: *Sistematizar el vocabulario* KV20: *La conquista de Tenochtitlan* KV21: *Las lenguas de América Latina* KV22: *Explicando palabras* KV23: *«Yo soy indio»* KV24: *Prueba de vocabulario 2*

	KV DVD4: *Escena 5 (opción A)* KV DVD5: *Escena 5 (opción B)* KV DVD6: *Escena 6, Escena 7*
Landeskunde	**Die Eroberung Amerikas und ihre Auswirkungen auf heute** Als Christoph Kolumbus 1492 mit seinen drei Schiffen *La Pinta*, *La Niña* und *La Santa María* in See stach, wollte er eigentlich einen Seeweg nach Indien finden und gleichzeitig beweisen, dass die Erde rund ist. Die spanischen Könige unterstützten ihn finanziell. Ihr Interesse war aber eher politischer Art: Sie wollten neues Gebiet erobern und ihr Reich vergrößern. In der „Neuen Welt" verliefen die ersten Kontakte mit den Einwohnern zunächst friedlich, u. a. weil die Spanier von den Azteken für Boten ihres Gottes Quetzalcoatl gehalten wurden. Um sich die Reichtümer (u. a. Goldschätze) des Kontinents anzueignen, wurden die *indígenas* unterdrückt, versklavt und ausgebeutet. Viele von ihnen fielen den moderneren Waffen und den Krankheiten der Europäer zum Opfer. Die Auswirkungen der spanischen Eroberung zeigen sich noch heute in Lateinamerika. Die indigene Bevölkerung kämpft in weiten Teilen immer noch mit Diskriminierung und Ausgrenzung aus der Gesellschaft, sie haben z. T. weniger Rechte, eine niedrigere Bildung und eine höhere Sterblichkeit, v. a. bei Kindern, als die europäischstämmige Bevölkerung. Erst allmählich kann der *indigenismo* Fuß fassen, eine Bewegung, welche die indigene Bevölkerung und ihre Traditionen stärken will. In einigen lateinamerikanischen Ländern sind inzwischen auch schon Präsidenten indigener Abstammung an die Macht gekommen, z. B. Hugo Chávez in Venezuela und Evo Morales in Bolivien.

ÜBUNGEN IM SCHÜLERBUCH (SB) UND IM CUADERNO (C)

Leseverstehen	global	Text A (SB, S. 31/1) Text B (SB, S. 37/1) Mi rincón de lectura (C, S. 29/2)
	selektiv	Text A (C, S. 20/1) Text B (SB, S. 39/2a, b; C, S. 25/1)
	detailliert	Text A (SB, S. 32/3) Zeitschriftenartikel (SB, S. 44/2a, b) Gedicht (SB, S. 44/3b, c)
	global und selektiv	Kommentar (SB, S. 44/1a)
Hörverstehen	global	Übung zum Hör-Sehverstehen (SB, S. 39/4a) Die Eroberung von Tenochtitlan (SB, S. 39/4b)
	selektiv	Die Entdeckung der Neuen Welt (SB, S. 30/2) Hörspiel zu Kolumbus (C, S. 24/9)
	selektiv und detailliert	Kolumbus' Entdeckungsfahrt (C, S. 19/2)
	global, selektiv und detailliert	Übung zum Hör-Sehverstehen (SB, S. 41/11)

Schreiben	gelenkt	Einen inneren Monolog schreiben (SB, S. 39/3; SB, S. 41/12)
	frei	Einen Artikel für eine Wandzeitung schreiben (SB, S. 36/11) Eine Biographie über eine historische Person schreiben (SB, S. 41/10b) Reisetagebuch (C, S. 24/10)
Sprechen	gelenkt	Ein historisches Ereignis beschreiben (SB, S. 30/5; SB, S. 39/2c) Partnerdialog (SB, S. 40/8) Rollenspiel (C, S. 24/8)
	frei	Von einer Reise / einem Ausflug erzählen (SB, S. 35/9) Von einem besonderen Ereignis erzählen (SB, S. 40–41/9) Eine historische Person vorstellen (SB, S. 41/10c)
Sprachmittlung	Spanisch-Deutsch	Dolmetschen (SB, S. 36/10b) Textinhalt wiedergeben (SB, S. 44/1b) Fragen zum *camino inca* beantworten (C, S. 30/1, 2, 3)
	Deutsch-Spanisch	Fragen zum *Festival de la Pachamama* beantworten (C, S. 22–23/5)
Sprachliche Mittel	Wortschatz	Lektionswortschatz (C, S. 19/1)
	Verben	Das *pretérito indefinido* (Wh.) (SB, S. 30/3b; SB, S. 48/1 fak.) Die kontrastive Verwendung von *pretérito indefinido* und *pretérito imperfecto* (Wh.) (SB, S. 48/2 fak.; C, S. 21/3; C, S. 22/4) Das *presente de subjuntivo* (Wh.) (C, S. 26/3) Das *imperfecto de subjuntivo* (SB, S. 39–40/6a, b, c fak.; SB, S. 40/7; SB, S. 49/5 fak.; C, S. 27/4; C, S. 28/5) Die kontrastive Verwendung von *presente de subjuntivo*, *imperfecto de subjuntivo* und Indikativ (SB, S. 49/4) fak. Das *pretérito indefinido*, das *pretérito imperfecto* und das *imperfecto de subjuntivo* (C, S. 28/6) Unpersönliche Satzkonstruktionen mit *se* + Verb (SB, S. 33–34/6; C, S. 23/6)
	Relativsätze	Die Relativpronomen *el cual* und *quien* (SB, S. 34/7; C, S. 23–24/7) Die Relativpronomen *el que*, *donde* und *que* (Wh.) (SB, S. 35/8)
	Präpositionen	Die Präpositionen *desde*, *desde hace* und *hace* (Wh.) (SB, S. 48/3) fak.
	Autocontrol	Übungen zur Selbstkontrolle (C, S. 32–33)

Methodentraining	Worterschließung	Worterschließung über andere Sprachen (SB, S. 30/3a; C, S. 20–21/2; C, S. 29/1)
		Worterschließung über Wortfamilien und andere Sprachen (SB, S. 32/2)
		Die Bildung von Wörtern erkennen (SB, S. 33/4a, b)
	Informationen sammeln und auswerten	Informationsrecherche über eine historische Person (SB, S. 30/4a; SB, S. 41/10a)
		Informationsrecherche über indigene Sprachen Lateinamerikas (SB, S. 44/2c)
	Etwas präsentieren	Die Biographie von Kolumbus präsentieren (SB, S. 30/4b, c fak.)
		Eine Power-Point-Präsentation erarbeiten und vorstellen (SB, S. 45/Punto final 2)
	Wortschatzarbeit	Wortfamilien bilden (SB, S. 33/4c; C, S. 25–26/2)
		Wörter umschreiben (SB, S. 39/5; SB, S. 44/3a)
		Antonyme/Synonyme zuordnen (SB, S. 49/6) fak.
		Wortfelder bilden (SB, S. 49/7; SB, S. 49/8) fak.
	Wörterbucharbeit	Arbeit mit dem einsprachigen Wörterbuch (SB, S. 33/5)
	Bildbeschreibung	Beschreibung einer historischen Zeichnung (SB, S. 36/10a)
		Beschreibung und Interpretation einer Karikatur (SB, S. 44/4)
Landeskunde	Die Entdeckung Amerikas	Geschichts-Quiz (SB, S. 28/1)

S. 28–30 ¡ACÉRCATE!

Ein Quiz über die Entdeckung Amerikas liefert einen Einstieg in das Thema *conquista*.

Wortschatz	*(ser) principal, el objetivo, conquistar, (ser) cristiano/-a, la carabela, el muchacho / la muchacha, la Pinta, la Niña y la Santa María, alrededor de + número, el conquistador / la conquistadora, Chichén Itzá, Yucatán, el emperador / la emperadora, Atahualpa, Cuauhtémoc, pasar de… a…, navegar, (ser) redondo/-a, apoyar, (ser) peligroso/-a, partir, Puerto de Palos, la conquista, el caso, el dios / la diosa, la guerra, el/la oyente* **transparent:** *el Nuevo Mundo, entrar en la historia como, el descubridor / la descubridora, la expedición / las expediciones, la ruta, (ser) comercial, India, Asia, (ser) católico/-a, el territorio, (ser) actual, el/la inca, (ser) conocido/-a, (ser) azteca, la invitación / las invitaciones, el descubrimiento, (ser) americano/-a, reaccionar, la enfermedad, la catástrofe*

2

Lösungen, Hörtexte und Vorschläge für den Unterricht

VORSCHLAG FÜR DIE TEXTERARBEITUNG

ACTIVIDAD DE PREAUDICIÓN

S. 28/1 **1. Vorentlastung des Hörtextes und Einstimmung auf das Thema**
📄 14 Über das Quiz rufen S ihre Vorkenntnisse (aus Filmen, Büchern, dem Geschichtsunterricht usw.) zur Entdeckung Amerikas ab. Sie arbeiten in EA und nutzen die Kopiervorlage, um die richtigen Lösungen anzukreuzen. Bei Zweifeln können sie im Pequeño Diccionario (SB, ab S. 158) nachschlagen. Das zur Bearbeitung des Quiz' wichtige Vokabular, was S sich nicht selbst erschließen können, schlagen sie eigenständig nach. Die Übung eignet sich auch gut als vorbereitende Hausaufgabe zur Lektion.

📄 15 **2. Wortschatzarbeit und Vorentlastung des Hörtextes**
Im Zusammenhang mit dem methodischen Schwerpunkt Lesen sollen auch Worterschließungsstrategien bewusst gemacht und geübt werden. S arbeiten mit der Kopiervorlage und überlegen sich, was ihnen dabei hilft, die unbekannten Wörter zu erschließen. Sie vergegenwärtigen sich, dass nicht jedes neue Wort im Wörterbuch nachgeschlagen werden muss und es zudem individuell verschiedene Wege gibt, sich die Wörter zu erschließen.

🎧 14 **3. Hörverstehen**
S hören nun ein Radiointerview mit einem Geschichtsprofessor, welcher Fragen zur Eroberung Lateinamerikas beantwortet. Anhand des Hörtextes überprüfen sie ihre Antworten zum Quiz (SB, S. 30/2). Die Lösung wird gemeinsam im Plenum gesichert.

Hinweis Binnendifferenzierung: Langsamere S müssen das Interview sicherlich zweimal hören, um ihre Antworten zu überprüfen bzw. zu korrigieren. S, die schon nach einem Hördurchgang damit fertig sind, können sich beim zweiten Hören weitere Informationen zur Entdeckung und Eroberung von Amerika aus dem Hörtext notieren. Ihre Stichpunkte können sie später für die Übung 5a (SB, S. 30) nutzen.

4. Festigung der neuen Redemittel
Zur Festigung des neuen Wortschatzes bearbeiten S als HA die Vokabelübung im Cuaderno (S. 19/1).

ACTIVIDAD DE PREAUDICIÓN

S. 28/1 Siehe Vorschlag für die Texterarbeitung, Punkt 1.
📄 14

Lösung 1a – 2b – 3b – 4a – 5b – 6b – 7c – 8a – 9a – 10a

COMPRENSIÓN AUDITIVA

 14 S. 30/2 Siehe Vorschlag für die Texterarbeitung, Punkt 3.

Hörtext und Lösung Locutor de radio: *Buenas tardes, bienvenidos al programa «Nuestra historia». Hoy nuestro invitado es Eduardo Sánchez, profesor de historia y Doctor por la Universidad de la UNAM, en Ciudad de México. ¡Buenos días, profesor Sánchez!*
Prof. Sánchez: *¡Buenos días! Gracias por la invitación.*
Locutor de radio: *Gracias a usted. Nuestro tema de hoy es «El descubrimiento del Nuevo Mundo». Cuando hoy se habla de la historia de América Latina, casi siempre se empieza hablando del año 1492.*

Prof. Sánchez: *Sí, en 1492 llegaron los conquistadores españoles a América, pero no podemos olvidar que ahí ya vivían diferentes pueblos indígenas.*
Locutor de radio: *¿Cómo nació la idea de este viaje?*
Prof. Sánchez: *Todos sabemos que se reconoce a Cristóbal Colón como el descubridor de América. Él quería descubrir otra ruta a Asia porque pensaba que la Tierra era redonda.*
Locutor de radio: *¿Era ese el principal objetivo de su expedición?*
Prof. Sánchez: *Sí, encontrar una nueva ruta comercial a la India. Colón pensaba que navegando hacia el Oeste llegaría a la India. Los reyes de Portugal no querían apoyar el proyecto de Colón, pero los Reyes Católicos, Isabel y Fernando, decidieron pagar su viaje.*
Locutor de radio: *¿No era peligroso?*
Prof. Sánchez: *Por supuesto. Mucha gente pensaba que Colón estaba loco, pero el 3 de agosto de 1492 finalmente partió del Puerto de Palos en Andalucía con tres barcos.*
Locutor de radio: *Las famosas carabelas de Colón...*
Prof. Sánchez: *La Pinta, la Niña y la Santa María. Cuando el 12 de octubre de 1492 Colón llegó a territorios americanos, empezó la conquista de América.*
Locutor de radio: *¿Qué pueblos vivían en América en aquella época?*
Prof. Sánchez: *Bueno, había muchísimos pueblos indígenas diferentes. Por ejemplo en México vivían los mayas y los aztecas. Más al sur, en los Andes, en Perú, vivían los incas...*
Locutor de radio: *¿Y cómo reaccionaron los indígenas cuando llegaron los españoles?*
Prof. Sánchez: *Algunos casos son muy interesantes. Especialmente el de Hernán Cortés, el conquistador de México.*
Locutor de radio: *¿Puede explicarnos por qué?*
Prof. Sánchez: *Cuando Hernán Cortés llegó a Tenochtitlan, la capital del imperio azteca, los indígenas pensaron que era el dios Quetzalcoatl, que debía regresar en aquella época según una profecía.*
Locutor de radio: *¿Cómo? ¿Los aztecas pensaron que Cortés era un dios?*
Prof. Sánchez: *Sí. Moctezuma, el emperador de los aztecas, recibió a los españoles con regalos...*
Locutor de radio: *¿Y que hizo Cortés?*
Prof. Sánchez: *Conquistó todo su imperio esclavizando a sus habitantes... Murieron muchísimos indígenas: La población de México pasó de 25 a 2 millones desde 1521 a 1580 por las guerras, los trabajos durísimos y las enfermedades nuevas que los españoles llevaron a América.*
Locutor de radio: *Una catástrofe para la población azteca... Algunos de nuestros oyentes tienen preguntas, profesor Sánchez...*

Cuaderno, S. 19/2a, b Selektives und detailliertes HV: S hören den Radiobeitrag einer Historikerin über die Reise von Kolumbus nach Amerika. Im ersten Hördurchgang achten S nur auf die präsentierten Daten und vervollständigen diese. Im zweiten Hördurchgang notieren sie die Geschehnisse zu den genannten Daten.

VOCABULARIO

Cuaderno, S. 19/1 Siehe Vorschlag für die Texterarbeitung, Punkt 4.

LA LENGUA

Hablar sobre acontecimientos históricos (repasar el pretérito indefinido)

S. 30/3a Worterschließungsstrategien: S erschließen sich die für die folgende Übung notwendigen neuen Vokabeln mithilfe anderer Sprachen. Die Übung kann mündlich im Plenum durchgeführt werden, wobei S erklären, wie sie auf die Bedeutung gekommen sind.

Lösung *esclavizar:* versklaven – *cristianizar:* christianisieren – *la colonia:* die Kolonie – *brutalmente:* brutal – *independiente:* unabhängig

S. 30/3b S vervollständigen den Lückentext mit den passenden Verben. Diese müssen ins *pretérito indefinido* gesetzt werden. Bei der leichteren Variante der Differenzierungsaufgabe (SB, S. 115) stehen die Verben schon an der richtigen Stelle und müssen nur noch ins *indefinido* gesetzt werden.

Lösung 1. *descubrió* – 2. *empezó* – 3. *cayó* – 4. *conquistó* – 5. *esclavizaron, cristianizaron* – 6. *tuvo* – 7. *llegaron a ser* – 8. *perdió*

Hinweis Bei Wiederholungsbedarf zum *pretérito indefinido* können S die Übung 1 auf S. 48 bearbeiten.

BÚSQUEDA DE INFORMACIÓN

S. 30/4a, b S informieren sich als HA anhand der Leitfragen im Internet, in Enzyklopädien o. ä. über das Leben von Kolumbus. Sie machen sich Stichpunkte und präsentieren ihre Informationen. Dazu können entweder einzelne S ausgelost werden, die vor der ganzen Klasse ihre Informationen vorstellen, oder es werden 3er-Gruppen gebildet, in denen alle S ihre Informationen präsentieren und vergleichen.

Lösungsvorschlag a) 1. *Nació probablemente en Génova, en 1451.*
2. *Hizo cuatro viajes.*
3. *Estuvo sobre todo en las islas de América Central (Bahamas, Cuba, Española, Puerto Rico, Jamaica), pero al final llegó también al continente*. Colón buscaba oro*.*
4. *Los últimos años de su vida los pasó en España. Murió en Valladolid en el año 1506.*
b) Lösung individuell

Hinweis Zur Bearbeitung der Übung werden Wörterbücher benötigt. Die mit * markierten Wörter in der Lösung sind unbekannt.

S. 30/4c Zur Verbesserung ihrer Note kann L einzelnen S anbieten, über einen weiteren selbst ausgewählten Aspekt von Kolumbus' Leben zu recherchieren und eine kleine Präsentation dazu zu halten.
fakultativ Mögliche Themen wären z. B. die Diskussion um seine Herkunft oder sein Leben vor den Entdeckungsreisen.

Lösung individuell

EXPRESIÓN ORAL / YA LO SÉ

S. 30/5a, b S sollen die Ereignisse im Rahmen der Eroberung chronologisch vorstellen und sich dazu auf die Bilder auf S. 28–29 stützen. Zur Vorbereitung fertigen sie eine Mindmap über die *conquista* an oder ergänzen die vorgefertigte Mindmap auf der Kopiervorlage 16. Dazu verwenden sie auch die Informationen aus Übung 3b (SB, S. 30). Auf der Kopiervorlage 17 bringen sie die Bilder in eine chronologische Reihenfolge und machen sich Stichpunkte zu jedem Bild. Diese können sie für den Vortrag nutzen. Um beim Vortrag auf die einzelnen Bilder zu verweisen, kann die Folie aufgelegt werden.

Hinweis Besteht Wiederholungsbedarf zur kontrastiven Verwendung der (Vergangenheits-)Zeiten, kann vorher im Plenum die Folie 15 A+B besprochen werden. Als Erinnerungsstütze zur Konjugation kann KV 18 ausgeteilt werden.

Lösungsvorschlag *En esta imagen vemos a Colón (foto: Colón). Él quería demostrar que la tierra es redonda y encontrar una nueva ruta a la India. Pero al principio nadie quería pagar su viaje. Finalmente, los Reyes Católicos de España decidieron pagar la expedición. Esta imagen muestra a Colón con los Reyes Católicos antes del viaje (foto: los Reyes Católicos y Colón). Así que por fin pudo empezar el viaje. Salió del Puerto de Palos el 3 de agosto de 1492, con tres carabelas que se llamaban la Pinta, la Niña y la Santa María y que vemos en esta imagen (foto: las carabelas de Colón). El 12 de octubre llegaron a América, como lo vemos en esta imagen (foto: Colón llega a América). Después del descubrimientro de América por Colón, empezó la conquista. Uno de los conquistadores era Hernán Cortés. Lo vemos en esta imagen (foto: Hernán Cortés). Cortés conquistó lo que hoy conocemos como México, donde vivían en ese tiempo los aztecas. Esta imagen muestra Tenochtitlan, la capital de los aztecas (foto: Tenochtitlan). Y en esta imagen vemos a Moctezuma que era el emperador de los aztecas (foto: Moctezuma). La última imagen ilustra la llegada de Cortés a Tenochtitlan (foto: Hernán Cortés y Moctezuma). Allí, los aztecas recibieron bien a los españoles porque pensaban que eran dioses, pero después los españoles los esclavizaron brutalmente.*

S. 31–36 2A LOS «PRIMEROS AMERICANOS»

Der Sachtext liefert Basisinformationen zu den bekanntesten präkolumbischen Völkern: Inka, Maya und Azteken.

Sprachliche Mittel	unpersönliche Satzkonstruktionen mit *se* die Relativpronomen *el/la cual, quien/quienes*
Wortschatz	*avanzado/-a, los/las mexicas, el/la cual, el cielo, enseñar a alguien a + inf., utilizar, el taco, la quesadilla, quien/quienes, a menudo, entre, el cálculo, calcular, la duración, desarrollar, la lluvia, romperse, el quechua* **transparent:** *el americano / la americana, la llegada, América Central, el templo, el conocimiento, la astronomía, la ceremonia, el fuego, el maíz, cientos de + sust., el dialecto, el matemático / la matemática, el arquitecto / la arquitecta, la pirámide, (ser) solar, el calendario, exactamente, la civilización / las civilizaciones, la maravilla, las siete maravillas del mundo moderno, la operación / las operaciones*

Lösungen, Hörtexte und Vorschläge für den Unterricht

VORSCHLAG FÜR DIE TEXTERARBEITUNG

ACTIVIDAD DE PRELECTURA

S. 31/1 **1. Globales Leseverstehen und thematische Vorentlastung**

S betrachten den Text (SB, S. 31–32) in max. einer halben Minute. Anhand des Titels, der Fotos mit Bildunterschriften und des Textbildes (Darstellung, Fettgedrucktes usw.) erkennen sie, dass es sich wahrscheinlich um einen Informationstext über die Inka, Maya und Azteken handelt. Im Plenum werden kurz die Fragen besprochen *¿Qué tipo de texto es? ¿De qué creéis que trata?* Anschließend tragen S in einem Brainstorming im Plenum zusammen, was sie schon über die präkolumbischen Kulturen wissen. Das kann auch schriftlich an der Tafel erfolgen.

2. Wortschatzarbeit

Bevor S den Text im Detail lesen und verstehen, suchen sie die angegebenen transparenten Wörter im Text heraus und sagen, was diese bedeuten und wie sie sich die Bedeutung erschlossen haben (SB, S. 32/2). Das kann mündlich im Plenum oder schriftlich als HA gemacht werden.

3. Selektives und detailliertes Leseverstehen

S lesen die zehn aufgeführten Sätze (SB, S. 32/3), unbekanntes Vokabular wird ggf. im Plenum besprochen oder von S selbstständig nachgeschlagen. Bei Bedarf erklärt L kurz die Bedeutung der neuen Struktur *se + verbo (se sabe…)*. Anschließend lesen sie den Lektionstext in EA und ergänzen die Sätze, indem sie einfügen, von welchem der drei Völker jeweils die Rede ist. Sie schreiben Textzitate bzw. die Zeilenzahlen auf, um es zu belegen.

Um dem unterschiedlichen Lesetempo der S gerecht zu werden, kann die Übung als HA bearbeitet werden. Bei Zeitmangel bearbeitet eine Hälfte der Klasse die ersten fünf Sätze und die andere Hälfte die restlichen.

Bei Übung 1 im Cuaderno (S. 20) weisen S ihr Textverstehen nach, indem sie anhand des Lektionstextes herausfinden, welche Informationen falsch sind und sie entsprechend auf Deutsch korrigieren.

Hinweis Bei Übung 3 (SB, S. 32) sollte L die S dazu ermutigen, nicht jedes unbekannte Wort im Text nachzuschlagen, sondern nur diejenigen, die für die Bearbeitung der Übung – nämlich für die Ergänzung der Sätze – wichtig sind und die sie sich nicht mithilfe der bekannten Strategien erschließen können. Durch Übung 2 ist der Text schon lexikalisch vorentlastet.

COMPRENSIÓN LECTORA

S. 32/2 Siehe Vorschlag für die Texterarbeitung, Punkt 2.

Lösung *el conocimiento* (→ *conocer*): die Kenntnis, das Wissen
la ceremonia: die Zeremonie
el arquitecto: der Architekt
el maíz: der Mais
el dialecto: der Dialekt
el cálculo (→ engl. *calculation*, franz. *le calcul*): die Berechnung
la duración (→ engl. *duration*, franz. *durer*): die Dauer
el calendario: der Kalender
exactamente: exakt, genau
la civilización: die Zivilisation
la maravilla (→ *maravilloso/-a*): das Wunder
la operación: die Operation

S. 32/3 Siehe Vorschlag für die Texterarbeitung, Punkt 3.

Lösung 1. *los aztecas y los mayas:* «Los aztecas tenían conocimientos muy avanzados en matemáticas [...].» (l. 18–19); «Los mayas eran grandes matemáticos y arquitectos.» (l. 37–38); «Los mayas ya contaban con el cero entre sus números y por eso podían hacer cálculos complicados.» (l. 41–43)
2. *los mayas:* «[...] se hablaban cientos de dialectos diferentes.» (l. 32–33); «[...] hasta hoy hablan 44 lenguas mayas diferentes.» (l. 35–36)
3. *los aztecas y los incas:* «Para honrar a sus dioses [...]» (l. 21); «También los incas creían en sus dioses: Viracocha era el dios del sol y creador de todos los seres vivos y Pachamama era la diosa de la tierra.» (l. 68–70)
4. *los incas:* «[...] hablaban una sola lengua, el quechua.» (l. 55–56)
5. *los incas:* «El imperio inca fue el más grande de América.» (l. 53–54)
6. *los aztecas:* «Los aztecas tenían conocimientos muy avanzados en matemáticas y astronomía.» (l. 18–19)
7. *los mayas:* «Los mayas eran grandes matemáticos y arquitectos.» (l. 37–38)
8. *los mayas:* «[...] desarrollaron un calendario de exactamente 365 días.» (l. 44–46)
9. *los aztecas:* «En aquella época [Tenochtitlan] era una de las ciudades más grandes del mundo [...].» (l. 11–13)
10. *los incas:* «[...] los incas tenían conocimientos muy avanzados de medicina. Ya en aquella época se hacían operaciones complicadas, en las cuales, por ejemplo se hacían amputaciones de brazos y piernas.» (l. 63–67)

Cuaderno, S. 20/1a, b Siehe Vorschlag für die Texterarbeitung, Punkt 3.

LA LENGUA

Sistematizar y ampliar el vocabulario

S. 33/4a, b, c S erarbeiten sich Wortbildungsregeln im Spanischen und fügen Wörter der gleichen Wortfamilie
📄 19 zusammen. Die Kenntnis von Wortbildungsregeln kann S helfen, unbekanntes Vokabular zu verstehen, indem sie auf schon bekannte Wörter der gleichen Wortfamilie zurückgreifen. Das Erkennen der Wortklasse hilft ihnen beim Erschließen unbekannter Wörter aus dem Kontext und bei der Arbeit mit dem Wörterbuch.
Für die Übungsteile a und b kann die Kopiervorlage genutzt werden.

Hinweis Folgende Wörter in 4a sind unbekannt: *actitud, exactitud, razonable, fácilmente, dificultad, confortable, trabajadora, creador, generalmente, longitud, comprensible.* Da es darum geht, über Wortbildungsregeln Worterschließungstechniken zu schulen, stellen die unbekannten Wörter aber kein Problem für die Bearbeitung der Übung dar.
Manche Wörter auf *-dor/a* können sowohl Substantiv als auch Adjektiv sein, z. B. *descubridor, trabajadora, creador* und *vendedora*. Ggf. überprüfen und ergänzen S ihre Auflistung mithilfe eines einsprachigen oder zweisprachigen Wörterbuches.

Lösung a)

adjetivo	adverbio	sustantivo
razonable	simplemente	el conquistador (m.)
posible	fácilmente	la actitud (f.)
confortable	generalmente	la mitad (f.)
comprensible	normalmente	el descubridor (m.)
descubridor		la exactitud (f.)
trabajadora		la civilización (f.)
creador		la región (f.)
vendedora		la realidad (f.)
		la emperadora (f.)
		la dificultad (f.)
		la religión (f.)
		la trabajadora (f.)
		el creador (m.)
		la duración (f.)
		la ciudad (f.)
		la vendedora (f.)
		la longitud (f.)

b) *Las palabras que terminan en -able e -ible son normalmente adjetivos.*
Las palabras que terminan en -mente son normalmente adverbios.
Las palabras que terminan en -dor/a, -tud, -ción, -ión, -tad y -dad son normalmente sustantivos.
Algunas palabras que terminan en -dor/a también pueden ser adjetivos.
Los sustantivos que terminan en -tud, -ción, -ión, -tad y -dad son siempre femeninos.
Los sustantivos que terminan en -dor son siempre masculinos y los que terminan en -dora son siempre femeninos.

c) *llegar – la llegada* (l. 2)
conocer – los conocimientos (l. 18)
calcular – los cálculos (l. 43)
llover – la lluvia (l. 49)
la vida – vivían (l. 13), *viven* (34), *vivos* (l. 70)
Matemáticas – los matemáticos (l. 37)

crear – el creador (l. 69)
el médico – la medicina (l. 64)

S. 33/5 S üben den Umgang mit dem einsprachigen Wörterbuch, indem sie Synonyme, Antonyme und Wortfamilien nachschlagen. Dies hilft ihnen beim Überarbeiten eigener Texte, um z. B. häufige Wortwiederholungen zu vermeiden.

Lösungsvorschlag
– *un sinónimo de calcular: contar, hacer cálculos*
– *un sinónimo de crear: producir, hacer*
– *un antónimo de vida: la muerte*
– *un antónimo de llegar: partir*
– *una palabra de la misma familia de escribir: la escritura, el escritor / la escritora*
– *una palabra de la misma familia de calcular: el cálculo*
– *una palabra de la misma familia de llover: la lluvia, lluvioso/-a*
– *una palabra de la misma familia de administrar: la administración, administrativo*
– *contextos de crear: producir algo de la nada (p.ej.: Dios creó cielo y tierra.), fundar por primera vez una cosa (p.ej. crear un nuevo género de literatura)*
– *contextos de contar: contar dinero/personas/cosas etc., contar algo a alguien (p.ej. contarle un secreto a alguien), contar con alguien (p.ej. Puedes contar conmigo.), importar*

Hinweis Ziel der Übung ist nicht, dass S unreflektiert die Einträge aus dem Wörterbuch abschreiben; sie sollen sie auch verstehen und in der Lage sein, sie im Unterricht zu erklären.

Cuaderno, S. 20/2a, b S machen sich mit dieser Übung noch einmal bewusst, dass sie die Bedeutung vieler spanischer Wörter aus anderen Sprachen herleiten können, dass sie aber ggf. orthographisch angepasst werden müssen.

Reactivando el pretérito imperfecto y el pretérito indefinido

Cuaderno, S. 21/3a, b Wiederholungsübung zur kontrastiven Verwendung von *imperfecto* und *indefinido*. S reflektieren die Gebrauchsweise der beiden Vergangenheitszeiten und bilden dann Sätze mit den entsprechenden Zeitformen. Da die Kontrastierung der Vergangenheitszeiten für die S häufig schwierig ist, bietet es sich an, die Übung in PA im Unterricht zu bearbeiten und dann im Plenum zu besprechen.

Cuaderno, S. 22/4 S ergänzen den Lückentext mit den entsprechenden Verben im *imperfecto* und *indefinido* und
🎧 8 kontrollieren ihre Lösungen über den Hörtext selbst.

Hinweis Diese Wiederholungsübungen zu *imperfecto* und *indefinido* können an jeder beliebigen Stelle eingesetzt werden. Ggf. werden sie nur von denjenigen S bearbeitet, die dabei noch unsicher sind. In den folgenden Übungen müssen S die Vergangenheitszeiten z. T. anwenden.

Practicar construcciones impersonales con *se* + verbo (▶ Resumen, S. 46/1)

Die unpersönliche Struktur *se* + *verbo* wird im Spanischen relativ häufig verwendet, v. a. dann, wenn im Deutschen eine Passivkonstruktion gebraucht wird. Da das Passiv im Spanischen weniger gebräuchlich ist, lernen S zunächst diese Konstruktion. Neben dem Passiv entspricht die Konstruktion auch dem deutschen „man".

S. 33–34/6a, b, c Im Übungsteil a reflektieren S die Bedeutung bzw. die Gebrauchsweise von *se* + *verbo*, indem sie die Sätze ins Deutsche übertragen. Sie orientieren sich dabei am Kontext. Auch die abgedruckten Schilder helfen bei der Erschließung der Bedeutung. Ggf. weist L darauf hin, dass das Verb angepasst wird, je nach dem, ob das Bezugswort im Singular oder im Plural steht (z. B. *se habla* *alemán*, aber *se hablan varios dialectos*), wobei es diesbezüglich im spanischsprachigen Raum regionale Unterschiede gibt.

In Übungsteil b und c wenden sie die Struktur an, indem sie die Sätze auf Spanisch formulieren bzw. die Sätze mit *se + verbo* vervollständigen.

Hinweis   Die Schwierigkeit der Übung 4c liegt v. a. an der Zeitform, die die S selbst auswählen und damit die unpersönliche Konstruktion bilden müssen.

Lösungsvorschlag   a) 1. Man weiß, dass die Inkas sehr fortgeschrittene Kenntnisse der Medizin hatten.
2. Schon in jener Zeit wurden komplizierte Operationen durchgeführt.
3. Welche Sprache spricht man in Guatemala?
4. Neben Spanisch werden in Mexiko mehr als 60 indigene Sprachen gesprochen.
5. Hier darf man das Handy nicht benutzen.
6. Wie schreibt man diese Wörter?

b) 1. *Se sabe, que los aztecas eran grandes arquitectos.*
2. *Se vende esta casa.*
3. *En este hotel se habla también alemán.*
4. *¿Cómo se escribe esta palabra?*

c) 1. *se fundó*
2. *se construyeron*
3. *se conquistó*
4. *se conocía*
5. *se hablaba*
6. *se hablaban, se utilizan*

Cuaderno, S. 22–23/5a, b   In Übungsteil b sollen S Fragen zu einem deutschen Zeitungsartikel auf Spanisch beantworten. Zur Vorbereitung lesen sie die Fragen und den Artikel, in dem sie die für die Fragen relevanten Abschnitte unterstreichen. Bei der Beantwortung der Fragen auf Spanisch bietet sich häufig die Konstruktion *se + verbo* an.

Cuaderno, S. 23/6   S üben die unpersönliche Konstruktion *se + verbo* in einem Lückentext.

Repasar los pronombres relativos en contextos informales

S. 35/8   S wiederholen den Gebrauch des Relativpronomens *que* (mit vorangestellter Präposition). Sie beschreiben die Fotos von Mexiko, indem sie die Satzfragmente sinnvoll miteinander verbinden. Ggf. schlagen sie noch einmal im Resumen (S. 25/8) nach.

Lösungsvorschlag   1. *Esto es Tulúm, la ciudad maya que se encuentra en la costa del Mar Caribe.*
2. *Este es el Templo de Kukulkán del que tengo más fotos en casa.*
3. *Este es mi compañero al que conocí en una excursión.*
4. *Esta es la Pirámide del Sol desde la que la vista es fantástica.*
5. *Estas son las ruinas de Palenque a las que no se puede subir, por razones de protección.*

Hinweis   Diese Übung kann prinzipiell zu jeder Zeit eingesetzt werden, bietet sich aber vor der Einführung der Relativpronomen *el cual* und *quien* an. Ggf. bearbeiten sie nur S mit Wiederholungsbedarf als HA.

Practicar los pronombres relativos *el cual* y *quien* (▸Resumen, S. 46/2, 3)

Die Gebrauchsweise der Relativpronomen *el cual* und *quien* dürfte den S keine Schwierigkeiten bereiten, da sie bereits das Relativpronomen *que* mit vorangestellter Präposition kennen. Ggf. schlagen sie zur Bearbeitung der Übungen im Resumen nach. Es sollte aber herausgearbeitet oder von L darauf hingewiesen werden, dass *el cual* und *quien* in formelleren Kontexten bzw. in der Schriftsprache gebraucht werden, während *que* eher informell bzw. mündlich ist.

Cuaderno, S. 23–24/7   Diese Lückenübung, bei der die Relativpronomen *el cual* und *quien* eingesetzt werden sollen, bietet sich zum Einstieg an, da die Präpositionen den Relativpronomen hier schon zugeordnet sind (▶ Resumen, S. 46/2, 3).

Hinweis   Die Übung geht auf S. 24 weiter.

S. 34/7   In schnellen Klassen kann die Übung mündlich, ggf. in 5er-Gruppen, bearbeitet werden: Jeweils ein S liest einen Abschnitt vor und setzt dabei schon das passende Relativpronomen mit Präposition ein. Bei der leichteren Variante der Differenzierungsübung (SB, S. 115) sind die Präpositionen den Relativpronomen schon zugeordnet.

Lösung   *en las cuales – para los cuales – por la cual – del cual – sin el cual – a quien – con los cuales*

EXPRESIÓN ORAL

Cuaderno, S. 24/8   In einem Rollenspiel beschreiben S sich gegenseitig historische Bilder zum Thema *descubrimiento* (S. 87–88).

S. 35/9   S bekommen als HA den Auftrag, Bilder von einem interessanten Ort herauszusuchen, den sie schon besucht haben. Die Bilder werden mitgebracht und S erzählen ihren MS von dem Ort: wann und mit wem sie dort waren, warum er ihnen gefallen hat und einige geschichtliche Informationen. Dies kann in kleineren Gruppen – damit möglichst viele S gleichzeitig zu Wort kommen – oder im Plenum geschehen. Wenn die kleinen Vorträge im Plenum gehalten werden sollen, sollten die Bilder digital mitgebracht werden, damit sie dem Plenum per Beamer gezeigt werden können.

Lösung   individuell

Hinweis   Spätestens zur sprachlichen Vorbereitung dieser Übung sollte die Verwendung von *imperfecto* und *indefinido* wiederholt werden (Cuaderno, S. 21–22/3 und 4).

COMPRENSIÓN AUDITIVA / MEDIACIÓN

S. 36/10a   Im Plenum wird gemeinsam auf Deutsch reflektiert, wie man ein Bild am sinnvollsten beschreibt bzw. welche Aspekte eines Bildes überhaupt beschrieben werden sollten und in welcher Reihenfolge. Es wird gemeinsam eine Vorgehensweise erarbeitet und an der Tafel festgehalten. Anschließend lesen S die Hinweise im Methodenteil (SB, S. 136–137) und ergänzen die Liste. Diese Reflexionsphase ist wichtig, weil Bildbeschreibung ein häufiges Thema bei mündlichen Prüfungen ist. Dann beschreiben S die Zeichnung, wobei sie sich an der erarbeiteten Liste zur Vorgehensweise orientieren. Dabei spekulieren sie darüber, wer die Personen auf der Zeichnung sein und in welcher Situation sie sich befinden könnten. Damit wird eine Brücke zu Lektionsteil 2B geschlagen.

Lösungsvorschlag   *Es un dibujo que muestra un encuentro entre dos grupos de personas. En total vemos a ocho personas, siete hombres y una mujer. A la derecha vemos a tres hombres a caballo. La mujer está en el centro del dibujo, delante de un árbol verde, entre esos tres hombres y los otros cuatro que están en el dibujo a la izquierda. Ellos parecen ser indígenas porque llevan ropa tradicional. La mujer también lleva un vestido tradicional. Uno de los indígenas tiene un pájaro grande en las manos, y parece que se lo quieren regalar a los otros. Creo que el dibujo muestra el primer encuentro entre los conquistadores españoles – los hombres a caballo – y los aztecas en México. Me parece interesante porque muestra un momento importante de la historia.*

S. 36/10b S dolmetschen zwischen einem mexikanischen Museumsführer und einem deutschen Touristen.
🎧 18 In einem ersten Hördurchgang sollten sich S Notizen zu den zu dolmetschenden Stellen machen. Beim zweiten Hördurchgang geben sie in den Sprechpausen die gefragten Informationen auf Deutsch wieder. Dabei murmelt jede/r S die eigene Lösung vor sich hin. Anschließend erfolgt eine Sicherung im Plenum. Dazu kann L die Fragen des deutschen Touristen vorlesen und einige S stellen ihre Lösungsmöglichkeiten vor, die dann ggf. im Plenum diskutiert werden.

Hörtext und Lösungsvorschlag

Guía: Bienvenidos al Museo de Historia Mexicana. Nuestra visita guiada empieza aquí, delante de esta reproducción de una ilustración de un códice antiguo de los aztecas. Mírenla bien… Ilustra el momento del primer encuentro entre los aztecas y los conquistadores españoles. Aquí, a la derecha, ustedes pueden ver a un capitán español, puede que sea Hernán Cortés, montado a caballo, y a algunos de sus soldados, que llevan la armadura típica de aquella época…

Turista alemán: Was hat er gesagt? Ist das da Cortés? Das ist das einzige Wort, das ich verstanden habe.

(S: Das ist ein aztekisches Bild. Es zeigt die erste Begegnung zwischen den Azteken und den spanischen Eroberern. Er sagt, es kann sein, dass es Cortés ist.)

Guía: … lanzas, espadas y cascos. Y lo que ven aquí a la izquierda es…

Turista 1: Perdone que le interrumpa, señor… ¿Es verdad que los aztecas no conocían los caballos, que les tenían mucho miedo?

Guía: Sí, los caballos eran desconocidos en esta parte del mundo. Los españoles los habían traído de Europa. Para los aztecas eran como monstruos, y se sabe que les tenían muchísimo miedo… Bueno, ¿qué decía? Ah sí… Aquí, a la izquierda, se pueden ver los mensajeros de Moctezuma, del emperador de los aztecas. Se ve muy bien que llevan ropa totalmente diferente, que representan una cultura totalmente diferente de la europea. Sepan que…

Turista alemán: Sag' mal, warum hat er auf die Pferde gezeigt? Was ist mit denen?

(S: Die Azteken kannten keine Pferde und hatten Angst vor ihnen. Sie wurden erst von den Spaniern nach Mexiko gebracht.)

Turista 2: Oiga, y ¿qué están haciendo los aztecas? Parece que están ofreciendo algo.

Guía: Bueno, es obvio que les han traído regalos a los conquistadores. Lo pueden ver claramente aquí, en el centro, miren… Aquí están ofreciéndoles los regalos. Parece que reciben a los conquistadores con mucho respeto. Sepan ustedes que había una leyenda, una profecía, por la que tenían tanto respeto, e incluso miedo. Era la profecía de la vuelta del dios Quetzalcoatl.

Turista 2: ¿La vuelta? ¿Cómo puede volver un dios? ¿Se había ido? ¿Por qué iba a volver?

Guía: La profecía decía que Quetzalcoatl se había ido hacia el este y que volvería algún día, y lo más interesante: que volvería por el mar. Exactamente como los conquistadores que venían por el mar, en carabelas, como saben ustedes ya. Las carabelas les parecían a los aztecas como montañas que se movían por el mar. Y aún más, la profecía decía que Quetzalcoatl volvería para destruir el imperio azteca.

Turista 2: ¿¡Destruirlo!?

Guía: Así es. Y por eso es natural que los aztecas tuvieran muchísimo respeto y miedo a los conquistadores, ¿comprenden? Los aztecas creían que eran mensajeros del dios Quetzalcoatl y que venían para destruir el imperio azteca. Y claro, por eso los aztecas…

Turista alemán: Er hat ganz oft „profecía" gesagt, oder? Heißt das Prophezeiung? Was für eine Prophezeiung denn?

(S: Ja, es gab eine Prophezeiung, die besagte, dass der aztekische Gott Quetzalcoatl, der weggegangen war, eines Tages zurückkehren würde und zwar über das Meer. Als die Azteken die Spanier in ihren Schiffen ankommen sahen, dachten sie, es wären Götter und behandelten sie respektvoll. Außerdem wollte der Gott laut der Prophezeiung das Aztekenreich zerstören; deswegen hatten die Azteken Angst vor den Spaniern.)

Guía: Ahora vamos a ver una de la piezas principales del museo. Síganme, por favor. Cuidado con el escalón…

Hinweis	Die Informationen aus dem Hörtext können je nach Themenwahl später für den Punto Final 2 hilfreich sein.
Cuaderno, S. 24/9 🎧 9–10	S hören zwei Ausschnitte aus einem authentischen Hörspiel über Kolumbus und markieren die jeweils richtige Antwort.

BÚSQUEDA DE INFORMACIÓN / YA LO SÉ

S. 36/11a, b	In 4er-Gruppen (s. Gruppeneinteilung, Methodenpool, S. 146) erstellen S eine Wandzeitung mit Texten und Illustrationen zu einem der vorgeschlagenen Themen. Sie orientieren sich an dem Ablaufplan in vier Punkten. Anschließend stellen die Gruppen ihre fertigen Wandzeitungen vor, sie werden im Kursraum aufgehängt und von den MS evaluiert. Dafür können im Voraus gemeinsame Kriterien zusammengestellt werden. Ggf. wird das beste Produkt gewählt (s. Klebepunkte, Methodenpool, S. 145).
Hinweis	L sollte darauf aufmerksam machen, dass es nichts bringt, in den Texten zu viel unbekanntes Vokabular zu verwenden, da ansonsten das Produkt für die MS unverständlich wird. Außerdem sollten ein- und zweisprachige Wörterbücher für die Erstellung der Artikel zur Verfügung gestellt werden. Z. T. können Teile der Wandzeitungen für den Punto final 2 wiederverwendet werden.
Lösung	individuell

MI RINCÓN

Cuaderno, S. 24/10	S verfassen einen kurzen Tagebucheintrag über eine fiktive Reise, bei der sie nicht wissen, wann und wo sie ankommen werden, wie es auch bei der ersten Reise Kolumbus' der Fall war.

S. 37–41 2B LA CONQUISTA DE TENOCHTITLAN

Mittels eines Comics erfahren S, welche Rolle Hernán Cortés in der Eroberung Amerikas gespielt hat und wie die aztekische Hauptstadt Tenochtitlan und damit ihr Imperium fiel.

Sprachliche Mittel	das *imperfecto de subjuntivo*
Wortschatz	el gobernador / la gobernadora, acompañar, confiar algo a alguien, confiar en, enterarse de, el hombre, desear + inf., ordenar que + subj., marcharse, (ser) rápido/-a, el náhuatl, el tesoro, durante, matar, huir, la retirada **transparent:** *a finales de* + Zeitangabe, *el oro, el mensajero / la mensajera, el/la líder, animar, destruir, el/la soldado, dar la bienvenida, la Plaza de San Martín, rebelarse contra, proteger, pedir a alguien que + subj., tranquilizar(se), la muerte, la Noche Triste*

Lösungen, Hörtexte und Vorschläge für den Unterricht

VORSCHLAG FÜR DIE TEXTERARBEITUNG

ACTIVIDAD DE PRELECTURA

S. 37/1	**1. Vorentlastung des Lektionstextes** Zur thematischen Vorentlastung des Textes schauen S sich die Seiten 37 und 38 an und erkennen, dass es sich beim zweiten Teil um einen Comic handelt, der von Azteken und spanischen

Soldaten in einer aztekischen Stadt handelt. Der Einleitungstext ist ein Sachtext über den Eroberer Mexikos Hernán Cortés. Die Textsorte erkennen S an der Gestaltung, den Jahreszahlen im Text und den Fotos.

2. Umwälzung des Textes

S lesen den Einführungstext (SB, S. 37) in EA, um global die Informationen zu verstehen. Anschließend bekommen sie den Auftrag, mithilfe der Folie ein Personendiagramm zu erstellen, in dem sie die Zusammenhänge zwischen den genannten Personen und Orten bildlich darstellen. Sie arbeiten in 3er- oder 4er-Gruppen und erarbeiten sich den Text bzw. die neuen Vokabeln selbst, um die Aufgabe bewältigen zu können. Anschließend stellt jede Gruppe ihr Diagramm dem Plenum vor und kommentiert es.

3. Leseverstehen: Teil 1

Globales LV: S lesen nun den Comic in EA. Die Bilder erleichtern das globale Verstehen. S weisen ihr Globalverstehen nach, indem sie auf der Kopiervorlage die Überschriften den einzelnen Bildern zuordnen. Falls nötig, schlagen sie unbekanntes Vokabular aus dem Comic im Vokabelanhang nach.

Hinweis In stärkeren Lerngruppen ist dieser Zwischenschritt evtl. nicht notwendig und S können direkt zu den Leseverstehensübungen im SB und Cuaderno übergehen. Alternativ können sich stärkere S auch selbst Überschriften ausdenken, statt die vorgegebenen zu verwenden.

4. Leseverstehen: Teil 2

Selektives LV: S weisen ihr Textverständnis nach, indem sie die Aussagen als wahr, falsch oder nicht im Text vorhanden kennzeichnen und die falschen Sätze gemäß dem Text korrigieren (SB, S. 39/2a). Dann fertigen sie einen Zeitstrahl mit den angegebenen Jahreszahlen und dazugehörigen Geschehnissen an (SB, S. 39/2b). Dazu lesen sie ggf. die entsprechenden Stellen im Text nach. Außerdem beantworten S die Fragen zum Text im Cuaderno (S. 25/1), evtl. als HA.

5. Umwälzung des Textinhalts

Freiwillige oder ausgeloste S präsentieren anhand der Aufzeichnungen (Übungen im SB, S. 39/2a, b und C, S. 25/1) anschließend in einzelnen Kurzvorträgen die Geschehnisse, die zur Eroberung von Tenochtitlan führten (SB, S. 39/2c). Alle S bereiten sich darauf vor, indem sie als HA ihre Aufzeichnungen entsprechend ordnen und ggf. Satzverknüpfungen nachschlagen.

COMPRENSIÓN LECTORA

S. 39/2a, b, c Siehe Vorschlag für die Texterarbeitung, Punkte 4 und 5.

Lösung a)
1. *Falso: Cortés fue un conquistador español.*
2. *Falso: Cortés no tenía miedo. Pero algunos de sus hombres tenían miedo y querían regresar a Cuba.*
3. *Falso: Los españoles destruyeron sus propios barcos porque Cortés lo quiso así.*
4. *No está en el texto.*
5. *Falso: Cortés no hablaba náhuatl. Necesitaba a Malinche para traducir.*
6. *No está en el texto.*
7. *Correcto*
8. *Falso: Los españoles se quedaron porque querían el oro de los aztecas.*
9. *No está en el texto.*
10. *Falso: Después de un año Cortés y sus hombres regresaron a Tenochtitlan.*

b) *–1511: Cortés fue al «Nuevo Mundo» para acompañar al gobernador Diego de Velázquez en la conquista de Cuba.*
–1518: Cortés se fue hacia México para continuar sus descubrimientos.

–1519: *Cortés y sus hombres llegaron a Tenochtitlan.*
–1520: *Los españoles mataron a muchos aztecas en Tenochtitlan. Por eso, los aztecas se rebelaron contra ellos y contra Moctezuma. Mataron a Moctezuma y los españoles tuvieron que huir la noche del 30 de junio al 1 de julio.*
–1521: *Cortés y sus hombres regresaron a Tenochtitlan para buscar los tesoros y conquistaron la ciudad.*

c) Lösung individuell

S. 39/3 Mit ihrem Vorwissen versetzen sich S in die Lage von Cortés und schreiben einen kurzen inneren Monolog, in dem sie seine Gedanken zu den Situationen in den Bildern 1 und 3 (SB, S. 37) formulieren. S können in EA oder in PA arbeiten. Dadurch wird die Schreibaufgabe (SB, S. 41/12a) vorbereitet.

Lösungsvorschlag –Dibujo 1: *¡No lo puedo creer! Este templo es fascinante. Parece que estos aztecas son buenos arquitectos. ¿Qué estará diciendo Moctezuma? ¡No entiendo nada! Ah, quiere que nos quedemos en su palacio. Pues claro, ¡seguro que ahí hay oro! Solo tengo que descubrir dónde lo esconden.*
–Dibujo 3: *Sí, mis hombres tienen razón: esta ciudad es realmente muy grande y muy bonita. Pero pronto va a ser una ciudad española. Tengo que conquistarla para conquistar, desde aquí, el resto del imperio azteca. No creo que sea un problema para mis hombres. Pero primero, lo más importante es encontrar esos tesoros aztecas.*

Cuaderno, S. 25/1 Siehe Vorschlag für die Texterarbeitung, Punkt 4.

COMPRENSIÓN AUDITIVA

S. 39/4a Übung zum Hör-Sehverstehen. L kann die CD nach jeder Sequenz anhalten und S sagen im
🎧 20 Plenum, zu welchem Bild aus dem Comic sie passt und warum.

Hörtext 1. Soldado 1: *En este mercado hay de todo, ¡es increíble!*
Soldado 2: *Pero llevan ropa un poco extraña, los aztecas. ... Y parece que están comiendo mucho pescado...*
Soldado 1: *¡¿Y por qué no se ve nada de oro?!*
2. Cortés: *¡Lo matarán! ¡Estamos perdidos! ¿Qué haremos sin la ayuda de Moctezuma?*
3. Moctezuma: *¿Es posible que sean mensajeros del gran Quetzalcoatl? Tienen su aspecto, tienen la piel blanca. Prometió que volvería algún día. ¿Ha llegado la hora? Ya se han dado las ocho señales... ¿Desaperecerá el imperio azteca? ¿Qué debo hacer? ... Les voy a recibir con respeto...*
4. Soldados: *¡Sálvese quien pueda! ¡Nos van a matar!*

Lösungsvorschlag 1. *Es la tercera imagen del cómic. Los dos hombres hablan sobre el mercado que se ve en la imagen.*
2. *Es la quinta o sexta imagen del cómic. Ahí habla Cortés, tiene miedo de que los aztecas maten a Moctezuma y que él no los pueda proteger más.*
3. *Es Moctezuma que piensa que los españoles tal vez sean mensajeros del dios azteca. Solo puede ser la primera imagen porque ahí Moctezuma ve por primera vez a los españoles.*
4. *Es la séptima imagen. Se escucha que los españoles tienen miedo de que los aztecas los maten. Por eso huyen de la ciudad.*

S. 39/4b S hören die Situationen erneut und notieren alles, was sie verstehen. Anschließend werden die
🎧 20 Ergebnisse im Plenum gesammelt.

Lösung individuell

LA LENGUA

Parafrasear vocabulario

S. 39/5 S üben Wörter auf Spanisch zu umschreiben, um darauf z. B. bei Referaten oder Präsentationen zurückgreifen zu können.

Lösungsvorschlag
– *desear que: es como «querer que», pero con otro verbo*
– *ordenar que: decir a alguien que haga una cosa*
– *el gobernador: es una persona que trabaja para el gobierno, p.ej. Diego de Velázquez era uno*
– *huir de: cuando una persona tiene miedo en un lugar y se va corriendo*
– *marcharse de: es como «irse»*
– *rebelarse contra: no hacer lo que una persona quiere que se haga*
– *la retirada: lo que dice Cortés cuando huyen de Tenochtitlan*
– *acompañar: ir con una persona a un lugar*
– *el tesoro: oro, por ejemplo*
– *proteger: es como «cuidar de alguien»; no dejar que a otra persona le pase algo malo*
– *el mensajero: es la persona que te trae o lleva un mensaje*
– *tranquilizar: es como «calmar»*
– *confiar: estar seguro/-a que una persona no te va a hacer nada malo*
– *el líder: es como el jefe; es la persona que ordena algo*
– *el oro: era eso lo que los españoles buscaban en el Nuevo mundo; es un producto muy caro de color más o menos amarillo*

> **Tipp: Vokabeln abfragen**
> Statt einzelne S neue Vokabeln abzufragen oder einen Vokabeltest zu schreiben, können S (oder L) selbst ein Vokabel-„Tabu" erstellen. Dabei schreiben sie auf Karteikarten je ein neues Wort und darunter ein bis zwei Wörter, die bei der Umschreibung nicht genannt werden dürfen. S spielen in kleinen Gruppen und fragen sich dabei gegenseitig die neuen Vokabeln ab.

Sistematizar el vocabulario

Cuaderno, S. 25–26/2a, b S sollten zuerst Übungsteil b bearbeiten. Indem sie die Adjektive/Partizipien markieren und das dazugehörige Verb erkennen, machen sie sich die Strategie der Worterschließung über bereits bekannte Wörter der gleichen Wortfamilie bewusst.
In Übungsteil 2a vervollständigen sie die Tabelle, indem sie aus den (z. T. unbekannten Wörtern) die fehlenden Wortklassen ableiten. Die erfragten Wörter sind alle bekannt.

Reactivando el presente de subjuntivo

Cuaderno, S. 26/3 Als Vorbereitung auf die Einführung des *imperfecto de subjuntivo* wiederholen S die Verwendungsweise des *subjuntivo* nach den bekannten Auslösern im Präsens.

Practicar el imperfecto de subjuntivo (▶ Resumen, S. 46–47/4)

S. 39/6a S suchen im Lektionstext (Einleitungstext und Comic) Sätze, die Wünsche und Überraschung ausdrücken, sie werden im Plenum gesammelt und an der Tafel oder auf Folie festgehalten. Gemeinsam werden die Auslöser für Wünsche und Überraschung und auch die Verbformen benannt und markiert. Evtl. stellen die S an dieser Stelle schon fest, dass die Verbformen der 3. Pers. Plural des *indefinido* ähneln, jedoch andere Endungen haben. L benennt die neue Verbform als Vergangenheitsform des *subjuntivo*, bzw. als *imperfecto de subjuntivo*.

2

Mögliches Tafelbild und Lösung

- El gobernador Diego de Velázquez quería que lo (acompañara) [...]. (p. 37/l. 2-3)
- Cortés les ordenó que (destruyeran) sus propios barcos [...]. (p. 37/l. 11)
- ¡Yo no me esperaba que los aztecas (fueran) tan ricos! (viñeta 2)
- No pensaba que los aztecas (tuvieran) ciudades tan bonitas... (viñeta 3)
- [...] los aztecas ordenaron a los españoles que se (fueran) de la ciudad (viñeta 4)
- Cortés le pidió que (tranquilizara) a su pueblo. (viñeta 5)

Cuaderno, S. 27/4a, b Anhand dieser Übung erarbeiten sich S die Bildung und Gebrauchsweise des *imperfecto de subjuntivo*. Zur Bildung schlagen sie die Endungen im Resumen (SB, S. 46/4) nach. Im Übungsteil b können sie auch auf Deutsch formulieren, wann der *imperfecto de subjuntivo* gebraucht wird, nämlich wenn der *subjuntivo*-Auslöser in der Vergangenheit steht.

Hinweis Ggf. kann L schon an dieser Stelle darauf hinweisen, dass das *pretérito perfecto* hier eine Ausnahme darstellt. Da diese Zeitform einen Bezug zur Gegenwart hat, folgt das Verb im *presente de subjuntivo*, wenn der Auslöser im Perfekt steht.

S. 40/6b S entscheiden anhand der Zeitform, in der die Auslöser für den *subjuntivo* stehen, welche Form die richtige ist.

Lösung
1. *fueran* (→ tenían miedo de que)
2. *continuemos* (→ es importante que)
3. *dieran* (→ querían que)
4. *buscara* (→ ordenó que)
5. *fuera* (→ les soprendió que)
6. *tranquilice* (→ pídele que)

Cuaderno, S. 27/4c Ggf. als HA festigen S die Bildung des *imperfecto de subjuntivo*, indem sie die entsprechenden Verbformen in das Kreuzworträtsel eintragen (▶ Resumen, S. 46–47/4).

S. 40/6c *fakultativ* In 4er-Gruppen würfeln S und bilden nacheinander die erwürfelten Formen der angegebenen Verben im *imperfecto de subjuntivo* (1 = yo; 2 = tú usw.). In jeder Gruppe sollte ein/e S vertreten sein, der/die die Formen des *imperfecto de subjuntivo* schon gut beherrscht. Er/Sie korrigiert ggf. die von den MS genannten Formen.

S. 40/7 S bilden mindestens zehn sinnvolle Sätze und setzen die Infinitive ins *imperfecto de subjuntivo*.

Lösungsvorschlag
– No me gustaba que Cortés destruyera los barcos.
– Era fantástico que los mensajeros de Moctezuma nos dieran tantos regalos de oro.
– Me impresionó que la ciudad de Tenochtitlan fuera tan grande.
– Me pareció increíble que Moctezuma nos recibiera en su palacio.
– Me llamó la atención que la intérprete de Cortés, Malinche, supiera hablar dos lenguas.
– Me parecía increíble que al principio los aztecas nos trataran con mucho respeto.
– Era fantástico que pudiéramos fácilmente formar alianzas con otros pueblos indígenas.
– No me gustaba que matáramos a tantos indígenas.
– Tenía miedo de que los aztecas nos puedieran matar.
– No me gustaba que tuviéramos que dejar el oro al huir de la ciudad.

EXPRESIÓN ORAL

S. 40/8 — S setzen sich in PA zusammen. Sie bekommen etwas Zeit, ihre Rollen vorzubereiten und machen sich dazu ggf. Stichpunkte, ohne aber ganze Sätze auszuformulieren. L kann darauf hinweisen, dass S auf die Auslöser des *imperfecto de subjuntivo* achten sollen. Wenn genügend Zeit ist, tauschen S im Anschluss die Rollen und ggf. auch die Partner.

Hinweis Binnendifferenzierung: Rolle A ist etwas einfacher als Rolle B.

Lösungsvorschlag
B: *Hola. ¿Qué tal? Sabes, acabo de volver de Alemania; fue impresionante.*
A: *¿Ah sí? ¿Y no tenías miedo de que no te llevaras bien con tu familia de intercambio?*
B: *Pues sí, tenía un poco de miedo, pero desde el primer momento me llevé muy bien con ellos. Me sorprendió que todos fueran tan simpáticos.*
A: *¿Es verdad que los alemanes son muy serios?*
B: *No, en realidad no son tan serios. Me impresionó que las personas fueran tan abiertas y curiosas, también los adultos.*
A: *¿Y el tiempo? ¿Es verdad que llueve mucho en Alemania?*
B: *Bueno, el tiempo no es tan bueno como en México, es verdad. Al principio me molestó la lluvia, pero al final ya no.*
A: *¿Y qué te llamó la atención en especial?*
B: *Me llamó la atención que la escuela fuera tan importante para los alumnos alemanes. Por lo menos, más importante que para mí.*
A: *¿Qué lugares te impresionaron sobre todo?*
B: *En mi opinión uno de los lugares más interesantes es Wuppertal. ¡La ciudad es increíble! Pero Berlín también me impresionó y no podía creer que la ciudad antes había estado dividida por un muro.*
A: *Todo suena muy interesante. Tienes que contarme más la próxima vez y enseñarme tus fotos. ¡Hasta luego!*

S. 40–41/9a, b — S machen sich Notizen zu einem besonderen (positiven oder negativen) Erlebnis, was sie in der letzten Zeit hatten und machen sich Stichpunkte, wie sie das Erlebnis wiedergeben können. Dann werden Paare ausgelost (s. Methodenpool, S. 146) und S erzählen sich gegenseitig von ihrem Erlebnis. Wenn sie Überraschung, Gefallen, Missfallen usw. ausdrücken wollen, denken sie an die Verwendung des *imperfecto de subjuntivo*. Um die Geschichte zu strukturieren, können sie die vorgeschlagenen Redemittel verwenden. Zur Sicherung können anschließend mehrere S die Erlebnisse ihres Partners / ihrer Partnerin wiedergeben.

Lösung individuell

Cuaderno, S. 28/6 — Tandembogen (S. 92): S wiederholen in PA die Verwendung des *pretérito imperfecto* und *indefinido* und üben den *imperfecto de subjuntivo*. Nach dem ersten Durchgang tauschen sie die Rollen.

BÚSQUEDA DE INFORMACIÓN

S. 41/10a, b, c — S wählen eine der drei historischen Figuren Malinche, Cortés und Moctezum aus und schreiben eine Biographie über sie. Dazu recherchieren sie die benötigten Informationen im Internet und im Pequeño Diccionario (SB, ab S. 158). Sie tauschen ihren Text möglichst mit einem/einer MS, der/die über die gleiche Person geschrieben hat, und korrigieren ihre Texte gegenseitig. Freiwillige oder ausgeloste S (s. Auswahlverfahren, Methodenpool, S. 145) stellen ihre Biographie dann im Plenum in einem ca. einminütigen Vortrag vor.

Lösung individuell

2

COMPRENSIÓN AUDIOVISUAL

S. 41/11 Mithilfe der Kopiervorlagen für die DVD erarbeiten S sich die Hör-Sehtexte.

◉ KV DVD4–6

Hinweis KV DVD6: L sollte eine Szene auswählen.

EXPRESIÓN ESCRITA / YA LO SÉ

S. 41/12a, b, c S suchen sich eine Szene und eine beliebige Person aus dem Comic aus, für die sie einen inneren Monolog schreiben. In schwächeren Gruppen kann L vorher mit ihnen gemeinsam die Leitfragen durchgehen, an denen S sich beim Schreiben aus der Perspektive der Figur orientieren können. Die fertigen Texte werden unter S ausgetauscht und Fehler korrigiert. Im Plenum oder in Kleingruppen lesen S ihre inneren Monologe vor und MS raten, um welches Bild und welche Figur es sich handelt.

Lösungsvorschlag Cortés (p. 38, viñeta 2): *¡No puede ser! Todo estaba funcionando tan bien: nos habíamos hecho amigos de Moctezuma y él nos protegía. Ya estaba llegando el tiempo de preguntarle dónde tienen los tesoros. Seguro que me lo iba a decir pronto, como piensa que soy un mensajero de su dios… Y ahora estos aztecas locos se tienen que rebelar. ¿Por qué ya no escuchan a su emperador? Si esto sigue así tendremos que ir a buscar más soldados para regresar después a buscar el oro.*

Cuaderno, S. 28/5a, b S wenden den *imperfecto de subjuntivo* an, indem sie aufschreiben, was sie als Kind an ihren Eltern, Geschwistern, Freunden usw. (nicht) mochten und umgekehrt (▶ Resumen, S. 46–47/4). Ggf. machen langsamere S nur den Übungsteil a, schnellere nur den etwas schwierigeren Übungsteil b. Alternativ bearbeiten alle S Übungsteil a und diejenigen, die schneller fertig sind, machen zusätzlich Teil b.

MI RINCÓN DE LECTURA

Cuaderno, S. 29/1 S lesen die englischen Wörter und suchen im Text spanische Wörter, die ihnen ähneln. So erschließen sie sich die Bedeutung einiger unbekannter Vokabeln.

Cuaderno, S. 29/2 S überfliegen den Text in fünf Minuten, um zu verhindern, dass sie jedes unbekannte Wort nachschlagen. Ist der Text global verstanden, sollten S in der Lage sein, in eigenen Worten zu erklären, was es mit dem Untertitel auf sich hat.

TALLER DE MEDIACIÓN

Cuaderno, S. 30/1, 2, 3 Auf Basis des Informationstextes beantworten S die Fragen zum *camino inca* auf Deutsch. Zur Vorbereitung unterstreichen sie zuerst die relevanten Passagen im Text. Ein Wörterbuch sollte nicht nötig sein. Die Antworten werden im Plenum gesichert, wobei gemeinsam überprüft wird, ob die Kriterien in der gelb unterlegten Liste eingehalten wurden.

S. 42–45 ALGO MÁS

Nachdem die S sich im Laufe der Lektion mit historischen Fakten auseinandergesetzt haben, thematisiert dieser Lektionsteil u. a. die Auswirkungen der *conquista*, wie sie z. T. heute noch auf gesellschaftlicher, politischer und auch sprachlicher Ebene in Lateinamerika präsent sind.

Lösungen, Hörtexte und Vorschläge für den Unterricht

HABLAR DE TEXTOS

Un descendiente maya cuenta…

S. 44/1a Diese Aufgabe bereitet auf die klassische Textarbeit in der Oberstufe vor. S lesen den Kommentar (S. 42) von dem Maya-Jungen Aníbal und reflektieren die heutige Situation der indigenen Bevölkerung Lateinamerikas (als Konsequenz der spanischen Eroberung), indem sie die Fragen beantworten. S können den Text in EA lesen und dann in PA oder in 3er-Gruppen die Fragen besprechen. Sie machen sich Stichpunkte zu jeder Frage und anschließend werden die Lösungen im Plenum gesichert und ggf. diskutiert.

Lösungsvorschlag
1. *La situación de los descendientes de los mayas en Guatemala sigue siendo difícil. Aníbal, por ejemplo, vive en un pueblo sin electricidad y agua en las casas. Pero ya la situación está un poco mejor: ahora por ejemplo hay más escuelas donde también se enseñan los dialectos y las tradiciones mayas.*
2. *Aníbal piensa que los problemas sociales y económicos de los indígenas empezaron con la conquista de América Latina por los españoles.*
3. *Aníbal cuenta que ahora el tema de la educación está mejor: sus padres por ejemplo, no pudieron ir a la escuela, y él antes tenía que caminar casi una hora a la escuela. Pero ahora hay una escuela en su pueblo, así que ya es más fácil para las personas tener una educación. En la escuela aprenden por ejemplo español, un dialecto maya, inglés y también algunas tradiciones mayas.*
4. *Aníbal quiere estudiar en la universidad para ser ingeniero y ayudar a las personas que viven en pueblos aislados, por ejemplo construyendo calles y puentes.*

S. 44/1b S fassen die im Text geschilderte Situation der Mayas auf Deutsch zusammen. Das kann schriftlich als HA geschehen oder mündlich in PA.

Lösungsvorschlag Aníbal erzählt, dass die Situation der Maya-Bevölkerung in Guatemala immer noch mit den Folgen der spanischen Eroberung zu kämpfen hat: Sie werden zum Teil immer noch als Menschen zweiter Klasse betrachtet und diskriminiert. Auch die Lebensbedingungen sind oft schlecht. Er selbst lebt zum Beispiel in einem kleinen Dorf ohne Strom und fließendes Wasser. Aber in letzter Zeit bessern sich zumindest die Chancen auf Bildung: Seine Eltern sind nie zur Schule gegangen und sind Analphabeten. Er selbst musste als Kind fast eine Stunde zur Schule laufen, aber jetzt gibt es eine Schule in seinem Dorf, wo neben Spanisch und Englisch auch der Maya-Dialekt *kekchí* und traditionelle Maya-Werte, wie der Respekt vor der Natur, unterrichtet werden.

Los primeros americanismos

S. 44/2a, b Bevor S den kurzen Informationstext lesen, überlegen sie in Kleingruppen, was sie unter einem „Amerikanismus" im Spanischen verstehen würden und nennen ggf. Beispiele. Dann liest ein/e S den Text laut vor und es wird geklärt, was tatsächlich unter dem Begriff verstanden wird. Daraufhin besprechen S im Plenum, was der Unterschied zwischen den beiden Amerikanismen *marketing* und *patata* ist.

Lösungsvorschlag
a) Lösung individuell
b) *La palabra «marketing» es un americanismo que viene del inglés. Patata, en cambio, es un americanismo que viene de una lengua indígena de América Latina y es mucho más vieja que la palabra «marketing».*

Hinweis Ein weiterer Unterschied besteht darin, dass *marketing* etwas beschreibt, das es als Konzept in der spanischsprachigen Welt schon gab. Es wurde einfach der englische Begriff übernommen. *Patata* wurde in den spanischen Wortschatz übernommen, weil das Produkt an sich unbekannt war, es also gar keinen anderen Namen dafür geben konnte.

S. 44/2c S vertiefen ihr Wissen über indigene Sprachen in Lateinamerika, indem sie sich im Internet
📄 21 informieren, wo die Sprachen *taíno*, *náhuatl*, *quechua*, *aimara* und *guaraní* gesprochen werden oder wurden. Zur Visualisierung können sie dafür die Kopiervorlage nutzen.

Hinweis Informationen zur Sprache *taíno* findet man unter der Eingabe „idioma taíno", zu *aimara* unter „idioma aimara" und zu *guaraní* unter „idioma guaraní" in einer Online-Suchmaschine.

Lösung
–Taíno: Cuba, Haití, República Dominicana, Puerto Rico, Jamaica
–Náhuatl: México, El Salvador, Estados Unidos, Guatemala, Canadá, Nicaragua
–Quechua: Argentina (regiones de Jujuy, Salta, Tucumán, Santiago del Estero), Bolivia, Colombia (regiones de Cauca, Nariño, Putumayo), Chile (región de El Loa), Ecuador, Perú
–Aimara: en la región de los Andes centrales: Bolivia (regiones de La Paz, Oruro, Potosí), Perú (regiones de Moquegua, Puno, Tacna), Chile (región de Norte Grande), Argentina (regiones de Salta, Jujuy)
–Guaraní: en la región del Cono Sur: Paraguay, Bolivia, en el noreste de Argentina, en el sur de Brasil

Alternative L kann einzelnen S zur Verbesserung ihrer Note oder bei Interesse am Thema anbieten, je ein Kurzreferat über eine der Sprachen zu halten: Wo sie gesprochen werden/wurden, wer sie spricht oder gesprochen hat, wann und warum sie ggf. ausgestorben sind, wie viele Sprecher es gibt, ob es ein Schriftsystem gibt und wie es aussieht, was ggf. die Besonderheiten der Sprache sind usw.

Yo soy indio

S. 44/3a, b, c Zur lexikalischen Vorentlastung des Gedichts erschließen sich S zunächst die vorgegebenen
📄 22 unbekannten Wörter und fragen sich gegenseitig in PA ab, indem sie sie paraphrasieren. Schwä-
📄 23 chere S können bei Bedarf mit der Kopiervorlage 22 arbeiten.
In 3er- oder 4er-Gruppen bearbeiten S Übungsteil b. Sie erschließen sich den Text eigenständig und beantworten die Fragen gemeinsam. Alternativ bekommt jede Gruppe eine der vier Fragen zugewiesen und bearbeitet sie. Redemittel zu Inhalt und Struktur von (lyrischen) Texten finden sie auf S. 153 f. Der Austausch der Ergebnisse mit den anderen Gruppen kann in Form eines Expertenpuzzles geschehen (s. Methodenpool, S. 145). Die Kopiervorlage 23 eignet sich zur Unterstützung bei Übungsteil b.
Anschließend äußern S ihre Meinung über das Gedicht und begründen sie, z. B. schriftlich als HA oder mündlich in zwei bis drei Sätzen in einem Blitzlicht (s. Methodenpool, S. 144). Redemittel zu der Meinungsäußerung finden sie bei Bedarf auf S. 154.

Hinweis Diese Aufgabe ist sehr komplex und es sollte mindestens eine ganze Unterrichtsstunde dafür eingeplant werden.
Mit Ausnahme von *los ancianos* dürften die Wörter aus Übungsteil a passiv bekannt oder mithilfe bekannter Wörter leicht zu erschließen sein. *Anciano* können sie sich über das englische *ancient* oder das französische *ancien/ne* erschließen oder das Wort notfalls nachschlagen.

Für Übungsteil b sollten S auch die Möglichkeit haben, ein Wörterbuch heranzuziehen. Bei der Vorstellung ihrer Ergebnisse erläutern S ihren MS ggf. unbekanntes Vokabular.

Lösungsvorschlag a) *nombrar: darle un nombre a algo o alguien – gobernar: hacer el trabajo del gobierno en una región o en un país – el error: algo que no está bien o que es falso – el pensamiento: lo que una persona piensa – la mirada: la forma como una persona mira – el sentimiento: lo que una persona siente – los ancianos: las personas viejas*

b) 1. El poema trata de los sentimientos de un indígena al escuchar la palabra «indio». Para él significan cosas buenas y malas: malas porque «indio» es un nombre que le dieron los conquistadores, y buenas porque «ser indio» lo hace diferente a los «hombres blancos» y lo hace sentirse más cerca de su propia cultura.

2. El yo lírico es un indígena mexicano. Sus sentimientos cambian durante el poema. Al principio tiene más sentimientos malos y parece enfadado porque «indio» es el nombre que le dieron los blancos que pensaban que eran mejores que los indígenas. Pero hacia el final se siente mejor con ese nombre. Dice que ahora esa palabra lo «enorgullece» (l. 9), y que por ser «indio» se siente «verdaderamente mexicano» (l. 17).

3.

el contenido	la estructura
–Se repiten varias frases y palabras: «Yo soy indio», «los (hombres) blancos», «mis abuelos», «propio», «mexicano», «tierra» → El tema tiene que ver con los indígenas y su relación con los «hombres blancos». –El yo lírico cuenta lo que siente y piensa sobre la palabra «indio» que le dieron los blancos. –En las primeras estrofas parece que no le gusta ese nombre, porque el yo lírico usa muchas palabras negativas como «ignorancia» (l. 3), «dominio y discriminación» (l. 6). –Desde la mitad hasta el final del poema, parece que ya no tiene problemas con el nombre y las palabras que usa cuando habla de él son más positivas: «me enorgullece» (l. 9), «no me avergüenza» (l. 11), «mis propias raíces» (l. 13), etc. → Los sentimientos del yo lírico cambian durante el poema de negativo a positivo.	–Hay once estrofas. –Cada estrofa consta de dos versos; solo hacia el final hay una estrofa que tiene tres versos. –Cada estrofa comienza con la frase «Yo soy indio», que es al mismo tiempo el título del poema. –En las primeras cuatro estrofas, después del «Yo soy indio» viene una frase que comienza con «porque…». En las estrofas que siguen después, la frase comienza siempre con «ahora…». –No hay rimas, pero hasta la mitad del poema muchas veces los versos terminan en «los (hombres) blancos», después el yo lírico no habla más sobre los hombres blancos sino más sobre su propia vida y cultura («mis propias raíces» l. 13, «rostro propio» l. 15, «mi propia mirada y sentimiento» l. 16, etc.).

4. El «error histórico de los blancos» (l. 12) se puede entender de dos formas: por un lado, los conquistadores españoles nombraron «indios» a los indígenas de América Latina porque cuando llegaron allí pensaron que estaban en la India y que los habitantes, por lo tanto, eran indios. Por el otro lado la violencia con la que los hombres blancos conquistaron América y lo que hicieron con los habitantes indígenas también se puede entender como «error histórico».

c) Lösung individuell

HABLAR DE IMÁGENES

S. 44/4a, b, c Gemeinsam im Plenum betrachten S die Karikatur auf S. 43 und tragen zusammen, welche Situation dargestellt ist und woran sie das erkennen. Dabei gehen sie noch nicht im Detail auf die Sprechblase ein. Redemittel finden sie auf S. 137.
In PA oder 3er-Gruppen machen sie sich Gedanken zu der Aussage in der Sprechblase und nehmen im Plenum dazu Stellung. Das kann v. a. in schwächeren Gruppen auch auf Deutsch

geschehen, wobei L die Äußerungen der S auf Spanisch paraphrasiert. Ggf. steuert L, indem er/sie Fragen vorgibt, z. B.: Was sagt die Äußerung über die Spanier aus? Was hatten sie für ein Bild über die indigenen Zivilisationen? Wie sahen sie sich selbst? Was lässt den Spanier seine Meinung ändern?

Auf Grundlage der Ergebnisse der vorigen Arbeitsschritte tauschen sich S weiterhin in Gruppen darüber aus, was ihrer Meinung nach die Intention des Karikaturisten ist. Nach einer ca. dreiminütigen Gruppenarbeitsphase werden die möglichen Lösungen der Gruppen im Plenum zusammengetragen (z. B. in Form eines Blitzlichts, s. Methodenpool, S. 144) und ggf. diskutiert. Dabei helfen den S die vorgegebenen Redemittel. L achtet darauf, dass die Gruppen ihre Interpretationen anhand der Karikatur und ihres Hintergrundwissens zur Entdeckung Amerikas begründen.

Lösungsvorschlag a) *En la caricatura a la derecha vemos a tres hombres, y a la izquierda una ciudad bastante grande con pirámides. Por las pirámides pienso que podría ser Tenochtitlan. Los hombres se sorprenden al ver la ciudad. Parece que son conquistadores españoles que están llegando a la capital azteca.*

b) *La frase muestra que los españoles pensaban que la civilización europea era más desarrollada que las civilizaciones indígenas, y que pensaban que los indígenas eran salvajes. Pero cuando llegan a Tenochtitlan ven que es una ciudad muy grande, tal vez más grande que las ciuades españolas. Por eso, el conquistador español se sorprende y piensa que está soñando.*

c) *El caricaturista tiene la intención de denunciar a los españoles de la época de la conquista: ellos pensaban que eran mejores y más avanzados que los indígenas, aunque en realidad los indígenas de América Latina ya tenían civilizaciones muy avanzadas. Eran grandes matemáticos y arquitectos y sabían muchas cosas. Además, los aztecas, por ejemplo, habían construido una de las ciudades más grandes de mundo: Tenochtitlan. Así que el caricaturista quiere criticar la forma de pensar de los conquistadores españoles.*

Hinweis Zum Abschluss der Lektion und vor Bearbeitung des Punto final 2 kann L die Folie auflegen. S
F 8 finden die inhaltlichen Fehler in der Darstellung.

PUNTO FINAL 2: CREAR UNA PRESENTACIÓN

4 Durch eigenständige Recherche und Präsentation eines weiterführenden Aspekts über eine präkolumbische Kultur vertiefen S ihre Kenntnisse über dieselbe und üben, ein Thema in authentischen (spanischsprachigen) Materialien zu recherchieren und die Ergebnisse auf Spanisch unter Einbeziehung digitaler Medien zu präsentieren. Dadurch bereiten sie sich auf ähnliche Referate in der Oberstufe vor. Um die Vorbereitungszeit zu reduzieren, können Materialien aus der Lektion wiederverwendet werden (s. blauer Zettel, S. 45).

Als erstes lesen sich alle S die Arbeitsanweisung durch und es wird im Plenum besprochen, was gemacht werden soll. Danach sollte als erstes gemeinsam eine *ficha de evaluación* erstellt werden, damit S sich bei der Vorbereitung der Präsentationen daran orientieren können. Ggf. kann dafür auch die Kopiervorlage 4 wiederverwendet werden bzw. als Grundlage dienen. Damit die Präsentationen zeitlich nicht ausufern, sollte L auch von Anfang an eine Vorgabe bzgl. der Dauer machen und ggf. eine Höchstzahl von Power-Point-Folien festlegen.

S. 45/a
- Alternative 1: S suchen sich aus den fünf Themen eines aus, das sie interessiert, und tun sich mit zwei MS zusammen, die sich für dasselbe Thema entschieden haben.
- Alternative 2: S tun sich zu dritt zusammen und einigen sich auf ein Thema.
- Alternative 3: S tun sich zu dritt zusammen und die Themen werden zugelost (s. Methoden zur Gruppeneinteilung, Methodenpool, S. 146). Das hat den Vorteil, dass alle Themen vertreten sind.

Bei besonderem Interesse können die Gruppen auch andere Aspekte zu dem Themenbereich wählen und dazu eine Präsentation vorbereiten.

Anschließend machen sie in den Gruppen ein Brainstorming, bei dem sie alle Aspekte aufschreiben, die ihnen zu dem Referatsthema einfallen (ggf. auf Deutsch), und wählen daraus diejenigen

Aspekte aus, die sie am meisten interessieren. Die Aspekte werden auf die einzelnen Gruppenmitglieder verteilt.

S. 45/b Als HA sammelt jede/r S in diversen Medien Informationen, Bilder usw. zu seinen/ihren Aspekten. Dann werden alle Informationen in der Gruppe vorgestellt und gemeinsam eine PowerPoint-Präsentation aus ausgewählten Informationen erstellt. Außerdem werden die unbekannten Vokabeln notiert, die dem Plenum bei der Präsentation erklärt werden müssen.
Hierfür sollten S mindestens eine Woche Zeit haben.

Hinweis L sollte noch einmal darauf hinweisen, dass S sich zu jeder Information und zu verwendeten Bildern und sonstigen Materialien die Quelle notieren sollen, die in einem Quellenverzeichnis am Ende der Präsentation aufgelistet werden sollen.

S. 45/c Die Gruppen stellen ihre Power-Point-Präsentationen vor und die MS bewerten sie mithilfe der zuvor erstellten Kriterien. Es ist wichtig, dass jede Gruppe ein Feedback von den MS (und L) bekommt, wobei L darauf hinweisen sollte, dass es produktiver ist, zuerst positive Kritik zu äußern und dann ggf. Probleme anzusprechen.

Lösung individuell

S. 48–49 REPASAR LA LENGUA 2 (FAKULTATIV)

Lösungen

GRAMÁTICA

Repasando el pretérito indefinido

S. 48/1 S geben die E-Mail im *pretérito indefinido* wieder.

Hinweis Zur Erleichterung kann L den ersten Satz vorgeben (s. Lösung). An manchen Stellen muss auch das *pluscuamperfecto* (Vorzeitigkeit) oder das *imperfecto* verwendet werden (s. Unterstreichungen in der Lösung).

Lösung *La primera noche, Federico no pudo dormir bien con el jetlag y todo… pero el primer día, él y su familia pasaron un día estupendo. Por la mañana fueron a la oficina de información turística de la ciudad y les dijeron que en ese periodo había muchas fiestas indígenas en la región. Después desayunaron en un bar y leyeron los folletos que les habían dado en la oficina de información turística. No habían llevado una guía de viaje y no habían tenido tiempo para comprar una. Pero Federico estaba seguro de que iban a necesitarla. Por la tarde dieron una vuelta por la ciudad. Claro, ese día no lo vieron todo, faltaba muchísimo. Pero ya vio que este país es impresionante…*

Repasando el pretérito indefinido y el pretérito imperfecto

S. 48/2 S ergänzen den Lückentext mit den passenden Formen von *imperfecto* und *indefinido*.

Lösung *nació – vivía – se ganaba – interesaban – sabía – había – hablaban – contaban – sabía – quería – venían – habló – quiso – expuso – aprobó – financió – fue – preparó – era – tenían – consiguió – salió*

Repasando las preposiciones *desde*, *desde hace* y *hace*

S. 48/3 S ergänzen den Lückentext mit den Präpositionen *desde*, *desde hace* und *hace* und konjugieren die Verben in der richtigen Zeit und Form.

Lösung Hace – mandaste – desde hace – estamos – desde – estamos – Hace – encontré/encontramos – desde – puede – Desde hace – hay

Repasando el subjuntivo

S. 49/4 S konjugieren die Verben in den Sätzen im Indikativ Präsens, *subjuntivo* oder *imperfecto de subjuntivo* und benennen zur Begründung den Auslöser.

Lösung 1. *sea (no creo que)* – 2. *llevaran (deseaba que)* – 3. *esperaran (tenía miedo de que)* – 4. *cante (le fascina que)* – 5. *estudia (es verdad que)* – 6. *llegara (no le importaba que)* – 7. *entiendas (para que)* – 8. *hay (está claro que)*

S. 49/5 S vervollständigen den Text mit den Formen des *imperfecto de subjuntivo* (▶ Resumen, S. 46–47/4).

Lösung *fuera – fuera – fueran – se comunicaran – bebieran – fuera – se ayudaran – fuera*

VOCABULARIO

Sistematizar el vocabulario

S. 49/6a S suchen aus dem Kasten die Gegensatzpaare heraus.

Lösung *primero/-a – último/-a*
vivir – morir
llegar – irse
el imperio – la república
histórico/-a – moderno/-a
la respuesta – la pregunta
falso/-a – correcto/-a
nuevo/-a – antiguo/-a

S. 49/6b S suchen im *¡Acércate!*-Quiz (SB, S. 29) die Synonyme zu den vorgegebenen Wörtern.

Lösung *el camino – la ruta*
importante – principal
el barco – la carabela
la región – el territorio
la excursión – la expedición
el tiempo – la época
ocupar – conquistar

Hinweis Das Wort *la excursión* ist nicht bekannt, die S können sich die Bedeutung aber leicht aus dem Englischen oder Französischen erschließen.

S. 49/7 S suchen zu den vorgegebenen Wörtern je mindestens zwei Wörter aus dem gleichen Wortfeld. Diese Übung könnte man als Wettbewerb anlegen: L stoppt die Zeit (z. B. 20 Sekunden), in der S in PA zu jedem Wort möglichst viele Wörter aus dem gleichen Wortfeld finden. Wer die meisten Wörter findet, hat gewonnen.

Lösungsvorschlag *la ciudad: los habitantes, las calles*
el calendario: los meses, los días
el palacio: el rey, el gobierno
la guerra: matar, luchar
el cálculo: los números, las matemáticas
la ceremonia: la fiesta, celebrar
la civilización: los pueblos, la gente
la escritura: escribir, el libro
la operación: la medicina, curar
el imperio: el rey, el emperador
el creador: construir, el dios
la religión: la catedral, el dios

Hinweis Die Wörter *escritura* und *creador* sind unbekannt; ihre Bedeutung kann vor Bearbeitung der Übung gemeinsam im Plenum erschlossen werden.

S. 49/8 S erstellen je ein Wortfeld zu *la conquista* und *las culturas precolombinas*. Diese Übung ist eine gute Vorbereitung auf den Punto final 2.

Lösungsvorschlag –*La conquista: conquistar, llegar, descubrir, luchar, los soldados, las carabelas, los españoles, matar, el tesoro, el oro*
–*Las culturas precolombinas: los aztecas, los mayas, los incas, los indígenas, el oro, el náhuatl, el quechua, el palacio, Tenochtitlan, la medicina, el calendario, el cálculo, la operación, el maíz, el chocolate*

Hinweis Soll die Übung als Vorbereitung auf den Punto final 2 bearbeitet werden, können S für zusätzliche Assoziationen ein Wörterbuch benutzen.

BALANCE 1 (FAKULTATIV) S. 50–51

Lösungen und Hörtexte

COMPRENSIÓN AUDITIVA

S. 50/1a, b, c Zur thematischen Vorentlastung tauschen sich S in PA aus, wovon ein junger Inka im heutigen
🎧 23 Peru träumen könnte.
Globales HV: Beim ersten Hördurchgang notieren S aus den vorgegebenen Möglichkeiten die Themen des Hörtextes. Sie sollten sie mit etwas Abstand untereinander auflisten, um im Übungsteil c die weiteren Informationen und Details ergänzen zu können. Es ist wichtig, das Ergebnis vor dem nächsten Übungsteil im Plenum zu sichern.
Nun hören S den Text erneut und notieren sich die zentrale Information zu dem jeweiligen Thema und anschließend weitere Details.

Hörtext Carlos: *Mi nombre es Carlos Alberto Nina Paullo. Soy el menor de ocho hermanos y tengo 22 años. Trabajo desde hace dos años en el restaurante «Anyes» para ayudar a mi mamá y para poder estudiar. Estudio en el Instituto Esitur la carrera de Turismo, pues quiero ser guía turístico. Sueño con abrir mi propio negocio.*
Todos los días me despierto cerca de las seis de la mañana; a esa hora ya hay mucha luz, me baño y camino alrededor de 15 minutos hacia mi lugar de trabajo. Será un día largo, trabajo de ocho de la mañana a once de la noche. Trabajo de camarero en un restaurante del pueblo de Aguascalientes, cerca de Machu Picchu. En mi trabajo tengo que sonreír, ser amable y estar todo el tiempo pendiente de cualquier turista que pase por el restaurante e intentar convencerlos de que nuestro lugar es el mejor. El dinero que gano depende, cuando hay temporada alta y hay mucha gente llego a ganar 70 soles al día, cuando no hay mucha gente gano alrededor de 15 soles, un poco más de cinco dólares. No hay seguro... en realidad nada es seguro.
Soy de un pueblo llamado Santa Teresa, está a unos minutos de aquí. Ya desde pequeño, desde que tenía unos ocho años, trabajaba con mi familia, así que trabajar ya sé lo que significa.
En el futuro me gustaría dejar el Perú; primero, por la plata, y luego por la experiencia. Me gustaría conocer más lugares turísticos y trabajar ahí, pero sé que debo aprender mucho más, otros idiomas. Quiero estudiar primero inglés, y luego portugués y francés.
Este año tuve que dejar la escuela para poder conseguir dinero y estudiar durante el próximo año, solo me falta uno. Con los dos mil soles que puedo ganar al mes tengo lo necesario, pero si pongo ese dinero en mi educación, tengo que dejar la escuela para el siguiente mes y volver a ahorrar dinero para seguir estudiando, así que estudio seis meses y trabajo seis meses.
La vida la veo complicada por el momento, pero espero que los planes que he hecho salgan lo mejor posible. En el futuro me gustaría tener una familia, pero primero debo tener estabilidad económica, y para eso debo trabajar más duro, pues mi educación depende de que abra o no un negocio.

Lösung a) Lösung individuell
b) *el trabajo, el día a día, el futuro, el dinero*

c)

	información central	*más información*
tema 1: el trabajo	*trabaja como camarero en un restaurante*	*–tiene que ser simpático*
tema 2: el día a día	*trabaja seis meses y estudia seis meses*	*–cuando trabaja, se despierta temprano todos los días* *–trabaja desde las 8 de la mañana hasta las 11 de la noche*

tema 3: el futuro	*quiere dejar el país*	*–quiere ser guía de turistas* *–quiere aprender inglés, portugués y francés* *–quiere tener una familia*
tema 4: el dinero	*trabaja para ayudar a su madre con el dinero y para poder estudiar*	*–a veces gana más dinero en el restaurante, a veces menos* *–puede ganar dos mil soles al mes*

S. 50/2 Ggf. mit ihren Stichpunkten zu Übung 1c erklären S sich in PA, warum der Junge sechs Monate im Jahr arbeitet und sechs studiert. Anschließend wird die Frage im Plenum beantwortet und ggf. diskutiert.

Lösungsvorschlag *El chico necesita el dinero que gana en seis meses de trabajo para poder pagar sus estudios durante otros seis meses.*

EXPRESIÓN ORAL

S. 50/3 Anhand ihrer Aufzeichnungen von Aufgabe 1c stellen S in PA den jungen Inka mündlich vor und ergänzen sich dabei gegenseitig.

S. 50/4 Auf Grundlage der Leitfragen machen S sich Stichpunkte zur Beschreibung des Bildes. Dabei greifen sie inhaltlich auf das in Lektion 2 erworbene Sachwissen zur spanischen Eroberung Lateinamerikas zurück. Anschließend präsentieren sie das Bild mithilfe der bekannten Redemittel im Plenum oder in Kleingruppen.

Hinweis Bei Bedarf finden S Hilfe zur Bildbeschreibung im SB auf S. 136 f.

Lösungsvorschlag *Es un dibujo histórico que muestra la llegada de los españoles al Nuevo Mundo. En el centro del dibujo se ven los descubridores españoles que están llegando a la costa del continente americano. En el fondo se ve una carabela en el mar y en la parte derecha hay una pequeña barca, de donde los hombres están saliendo. Algunos de ellos miran hacia el cielo. Parece que están contentos de que por fin llegaron a tierra. En la parte izquierda podemos ver a unos indígenas que están observando la llegada de los españoles.*
Me parece que los indígenas les tienen miedo a los españoles porque se están escondiendo detrás de unas plantas.

COMPRENSIÓN LECTORA

S. 51/5a, b S suchen die angegebenen Wörter in dem Blogeintrag und erschließen sie aus dem Kontext oder mithilfe anderer Sprachen.
Anschließend lesen sie den Text und schreiben sich die jeweils richtige Antwort auf. Bei der Sicherung im Plenum begründen sie ihre Antworten mit Textzitaten.

Lösung a) *el continente:* der Kontinent (lexikalische Ähnlichkeit) – *aceptar:* akzeptieren (lexikalische Ähnlichkeit und Kontext) – *justo:* gerecht (franz. *juste*) – *respetar:* respektieren (lexikalische Ähnlichkeit und Kontext) – *avanzar:* fortschrittlich sein / vorankommen (franz. *avancer*)
b) – 1 c → *Dice «los europeos»* (l. 2) *en tercera persona. Después habla de «nuestro continente»* (l. 9) *cuando habla de América Latina.*
 – 2 b → *«Yo personalmente prefiero ver esta fecha como ‹encuentro de dos mundos›.»* (l. 5)
 – 3 a, b → *«[el encuentro] no solo cambió la vida de los indígenas sino también todo el mundo.»* (l. 5–6)

– 4 a → «[...] *pero podemos aceptarla [la historia] y luchar para que nuestro continente sea más justo. Tenemos orígenes diferentes y es importante que respetemos todas las lenguas y tradiciones.*» (ll. 9–10).

MEDIACIÓN

S. 51/6 Sprachmittlung Spanisch–Deutsch: S fassen den Text aus Übung 5 in vier Sätzen auf Deutsch zusammen.

Lösungsvorschlag Der Text stellt die Frage, ob man von „Eroberung" oder „Entdeckung" sprechen sollte. Der Autor des Textes sagt, dass der Begriff „Entdeckung" nicht passend sei, da es den amerikanischen Kontinent und die indigenen Kulturen schon vor der Ankunft der Spanier im 15. Jahrhundert gab, sodass es aus Sicht der indigenen Bevölkerung also eher eine Eroberung war. Der Autor selbst spricht sich für den Begriff „Zusammentreffen zweier Welten" aus, da sich für beide Seiten nach 1492 viel verändert hat. Außerdem sagt er, dass man die Geschichte nicht ändern könne, man aber für mehr Gerechtigkeit und Toleranz im heutigen Lateinamerika kämpfen solle.

EXPRESIÓN ESCRITA

S. 51/7 S äußern sich aufgrund des in der *Unidad 2* erworbenen Sachwissens über die Eroberung zu der Frage, wie die indigene Bevölkerung den Tag der Ankunft der spanischen Eroberer wohl sieht.

Hinweis Eine kurze Information zum 12. Oktober finden S in Algo más auf S. 43.

Lösungsvorschlag *No creo que el 12 de octubre en realidad sea un día de fiesta para los indígenas porque fue el día en el que empezó la conquista. Sin embargo, antes se celebraba en América Latina la llegada de Colón (p. 43). Pero ahora ese día ya no se celebra la llegada de los europeos sino el Día del Respeto a la Diversidad Cultural en el continente. Puede ser que los pueblos indígenas, hoy en día, también celebren este día porque ahora ya se muestra respeto e interés por su cultura.*

Hinweis Auch im Cuaderno finden sich zwei Balances für die eigenständige Überprüfung des Lernstandes. Die Lösungen finden die S über den angegebenen Webcode.

3 CONTRASTES ANDALUCES S. 52–71

Diese *Unidad* nimmt Andalusien in den Fokus und beleuchtet unterschiedliche Themen wie Vielfalt, Probleme der Region und Stierkampf. In der abschließenden Lernaufgabe debattieren S über das Für und Wider von Fleischkonsum.

ÜBERSICHT

Gliederung	¡Acércate! Text A: Ni blanco ni negro Text B: Las corridas: ¿arte o violencia? Algo más Resumen Repasar la lengua 3 (fak.)
Lernziele	Gegensätze darstellen Überraschung ausdrücken (Wh.) Bedingungen formulieren etwas vergleichen / Vorteile und Nachteile abwägen eine Argumentationslinie aufbauen / die eigene Meinung verteidigen Argumente bewerten
Methodentraining	Methoden: etwas präsentieren, ein Interview durchführen, eine Diskussion vorbereiten Methodische Schwerpunkte: Dialogisches Sprechen, Monologisches Sprechen
Grammatik	Konnektoren: *tanto ... como, frente a ..., igual ... que, aunque, mientras que, en cambio, por un lado ..., por otro lado* irreale Bedingungssätze im Präsens *ni ... ni* *cualquier/a* Bedeutungsänderung der Adjektive *grande, antiguo/-a, viejo/-a, nuevo/-a, único/-a, pobre* *antes de que* + *subj.* Infinitivkonstruktionen (Wh.) der Konditional (Wh.) *ser* und *estar* (Wh.) *ojalá (que)* + *subj.* (Wh.) *sin embargo, por un lado, por el otro, mientras que, en cambio* (Wh.) der Begleiter *algún* (Wh.)
Folien	F9: *Buscando trabajo en Alemania* F10A+B: *Interpretando una caricatura*
Kopiervorlagen	KV25: *Andalucía: tierra de contrastes* KV26: *Cómo expresar contrastes* KV27: *Un concurso sobre Andalucía* KV28: *Ni blanco ni negro* KV29: *Formando antónimos* KV30: *Una entrevista sobre las corridas de toros* KV31: *Los adjetivos delante y detrás del sustantivo* KV32: *Evaluación de un debate* KV33: *Prueba de vocabulario 3* KV DVD7, 8: *Escena 8 (opción A, opción B)*

ÜBUNGEN IM SCHÜLERBUCH (SB) UND IM CUADERNO (C)

Leseverstehen	global	Text A (SB, S. 56/2) Liedtext (SB, S. 66/5) Mi rincón de lectura (C, S. 47/1; C, S. 47/2)
	selektiv	Algo más (SB, S. 66/2)
	detailliert	Text A (SB, S. 56/3) fak.
	selektiv und detailliert	Text A (C, S. 37/1) Text B (SB, S. 61/2a, b; C, S. 40/1) Algo más (SB, S. 66/1; SB, S. 66/3)
Hörverstehen	global	¡Acércate! (C, S. 36/1) *Provincias andaluzas* (C, S. 36/3)
	selektiv	*La Feria de Abril* (SB, S. 58/10a)
	global und selektiv	Kontraste in Andalusien (SB, S. 54/2)
	global und detailliert	Stierkämpfe in Lima (C, S. 40/3)
	selektiv und detailliert	Stierkampf (SB, S. 61/3)
	global, selektiv und detailliert	Übung zum Hör-Sehverstehen (SB, S. 58/11; C, S. 36/2; C, S. 39/6)
Schreiben	frei	Einen Meinungsartikel zum Fleischkonsum schreiben (SB, S. 63/10) Einen Blogeintrag verfassen (C, S. 44/9b)
Sprechen	gelenkt	Partnerdialog: Diskussion über Stierkampf (SB, S. 63/9) Debatte über Fleischkonsum (SB, S. 67/Punto final 3) Partnerdialog: Reservierung für die Alhambra (C, S. 36/4)
	frei	Gegensätze benennen (SB, S. 52/1b) Eine Provinz vorstellen (SB, S. 54/3) Ein Interview vorbereiten und führen (SB, S. 59/13) Meinungsäußerung (SB, S. 61/2c fak.; SB, S. 66/6b) *Al-Ándalus* vorstellen (SB, S. 66/4)
Sprachmittlung	Spanisch-Deutsch	Den Inhalt einen Hörtextes wiedergeben (SB, S. 58/10b) Einen Lesetext zusammenfassen (C, S. 47/3)
	Deutsch-Spanisch	Fragen zu einem Zeitungsartikel beantworten (SB, S. 58–59/12) Ein Plakat erklären (C, S. 45/1)
Sprachliche Mittel	Redemittel	Etwas abwägen (SB, S. 57/5) Diskutieren (SB, S. 63/8; C, S. 44/9a) Ein Lied beschreiben (SB, S. 66/6a) Kontraste darstellen (SB, S. 71/6) fak.

	Verben	Das *imperfecto de subjuntivo* nach *ojalá (que)* (SB, S. 58/9a, b fak.)
		Infinitivkonstruktionen (SB, S. 62/6)
		Der Konditional (Wh.) (SB, S. 70/1) fak.
		ser und *estar* (Wh.) (SB, S. 70/3) fak.
		Das *presente de subjuntivo* nach *ojalá (que)* (Wh.) (SB, S. 71/4)
		Der *subjuntivo* nach *antes de que* (C, S. 40/2)
	Bedingungssätze	Der irreale Bedingungssatz im Präsens (SB, S. 57/6; SB, S. 57/7 fak.; SB, S. 57/8; SB, S. 62/4; C, S. 38/4; C, S. 39/5)
		Der reale Bedingungssatz im Präsens (Wh.) (SB, S. 70/2) fak.
	Die Stellung von Adjektiven	Bedeutungsveränderung bestimmter Adjektive (SB, S. 62/5; C, S. 43/8)
	Pronomen	Indefinitpronomen (SB, S. 71/5 fak.; C, S. 42/6; C, S. 42/7)
	Autocontrol	Übungen zur Selbstkontrolle (C, S. 48–49)
Methodentraining	Textsorten erkennen	Ein Zeitungsinterview (SB, S. 55/1)
	Wortschatzarbeit	Wortschatz systematisieren: Antonyme (SB, S. 56/4a; C, S. 37/2)
		Wortbildung: die Präfixe *des-*, *in-* und *im-* (SB, S. 57/4b; C, S. 38/3)
		Vokabelnetz/Themenkarten (SB, S. 63/7)
		Wortschatz systematisieren: Wortfamilien (C, S. 41/4)
		Unregelmäßige Substantiv- und Adjektivendungen (C, S. 41–42/5)
Landeskunde	Andalusien	Vorwissen zu Andalusien abrufen (SB, S. 52/1a)
		Ein Quiz über Andalusien erstellen (SB, S. 54/4)
		Vorwissen zu Stierkämpfen abrufen (SB, S. 60/1)

S. 52–54 ¡ACÉRCATE!

Über Fotos und einen Hörtext erhalten S einen Eindruck von dem Kontrastreichtum und der landschaftlichen, architektonischen und kulturellen Vielfalt im südspanischen Andalusien.

Sprachliche Mittel	Konnektoren: *tanto ... como*, *frente a ...*, *igual ... que*, *aunque*, *mientras que*, *en cambio*, *por un lado ...*, *por otro lado*
Wortschatz	*frente a, en la misma, hacer + inf., el edificio, (ser) agradable, ganarse la vida, (ser) gigantesco/-a, dar vueltas, el lujo, la tierra, el campesino / la campesina, (ser) infernal, igual ... que ..., el cantaor / la cantaora, la sevillana, la feria, oír, por un lado ... por otro lado, tanto ... como, tomar el sol, desértico/-a, en seguida, ponerse a + inf.*

3

> **transparent:** *el contraste, andaluz/a, andaluces, la temperatura media, el reportero / la reportera, hace poco, el contrario, (ser) dinámico/-a, arquitectónico/-a, la plaza de toros, (ser) africano/-a, el artículo, estar a pocos metros de, el señorito, enorme, el flamenco, la discoteca, defender, el arte, el crimen, (ser) brutal, la conversación / las conversaciones, el bar*

Lösungen, Hörtexte und Vorschläge für den Unterricht

VORSCHLAG FÜR DEN EINSTIEG

ACTIVIDAD DE PREAUDICIÓN

📄 25 **1. Vorentlastung des Hörtextes und Einstimmung auf das Thema**
Um sich auf das Oberthema der Lektion und den Hörtext einzustimmen, tragen S im Plenum zusammen, was sie bereits über Andalusien wissen (SB, S. 52/1a). Alternativ könnten zwei bis drei S zum Einstieg ein kurzes Referat vorbereiten.
Anschließend schauen S sich die Fotos auf der Doppelseite (SB, S. 52/53) an, suchen Gegensatzpaare heraus und benennen die Kontraste (SB, S. 52/1b). Dazu können sie mit der Kopiervorlage arbeiten.

🎧 24 **2. Hörverstehen**
S hören nun den Hörtext, eine Reportage über das kontrastreiche Andalusien. Nach dem ersten Hören benennen sie die Themen, über die gesprochen wird und ordnen sie chronologisch (SB, S. 54/2a). L kann die von S genannten Themen zuerst an der Tafel sammeln, anschließend werden sie gemeinsam entsprechend der Reihenfolge im Hörtext nummeriert.
In einem weiteren Hördurchgang notieren S den im Hörtext genannten Kontrast zu den vorgegebenen Themen (SB, S. 54/2b). Diese Aufgabe ist recht komplex, da S z.T. mit fremdem Vokabular konfrontiert werden. Auf S. 116 findet sich eine leichtere Version der Aufgabe, bei der die gesuchten Kontraste schon vorgegeben sind und von S nur noch zugeordnet werden müssen. In jedem Fall sollten vor der Bearbeitung die vorgegebenen Themen durchgegangen und unbekanntes Vokabular geklärt werden. Zur Visualisierung unbekannter Wörter können z. T. die Fotos auf S. 52–53 herangezogen werden.

Alternative Differenzierung: In schwächeren Lerngruppen kann die Hörübung 2a im SB durch die im Cuaderno (S. 36/1) ersetzt werden. Auch hierbei sortieren S Informationen aus einem Hörtext chronologisch.
🎧 13

📄 26 **3. Neue Redemittel**
S lesen nun das Transkript des Hörtextes (SB, S. 120–121) und erarbeiten sich das noch unbekannte Vokabular selbstständig mithilfe der bekannten Strategien und der Vokabelliste. Zusätzlich schreiben sie die Redemittel zur Formulierung von Gegensätzen hinaus oder markieren sie auf der Kopiervorlage. Sie werden anschließend auf einer Folie (ggf. in einer Mindmap) gesammelt und durch schon bekannte Redemittel ergänzt. Die Folie kann dann für alle S kopiert werden.

4. Meinungsäußerung
S äußern sich spontan und kurz dazu, welche Informationen über Andalusien sie überrascht haben (SB, S. 54/2c). Das kann in einem Blitzlicht geschehen (s. Methodenpool, S. 144). Ggf. erinnert L daran, dass Ausdrücke wie *Me sorprende/sorprendió que…, No sabía que…* usw. den *(imperfecto de) subjuntivo* erfordern. Die Übung kann auch schriftlich als HA bearbeitet werden. Leistungsstärkere S können dabei schon die neu erarbeiteten Redemittel anwenden.

COMPRENSIÓN AUDITIVA

S.54/2a Siehe Vorschlag für den Einstieg, Punkt 2.

🎧 24

Hörtext Locutor de radio: *¡Hola y bienvenidos al programa «Viajar por España»! Hoy tenemos aquí a Manuel, un joven reportero que hace poco hizo un viaje por Andalucía. ¿Podrías contarnos tus impresiones de ese viaje?*
Manuel: *Hola, sí, claro. Pues, Andalucía, ¡qué mezcla de contrarios! Aunque yo ya sabía que Andalucía era tierra de contrastes, en mi último viaje pude verlo con mis propios ojos: los pueblos blancos donde parece que el tiempo se paró hace 50 años frente a ciudades modernas y dinámicas como Sevilla o Málaga.*
En la misma Sevilla me sorprendieron los contrastes arquitectónicos que te hacen viajar entre los siglos XII y XXI. O la plaza de toros de Málaga en medio de un barrio de edificios modernos. Lo que más me sorprendió fueron los contrastes entre personas llevando una vida muy agradable y gente luchando duro para ganarse la vida: En la Costa de Sol, por ejemplo, puedes ver a inmigrantes africanos vendiendo artículos para turistas a pocos metros de hoteles de cinco estrellas y centros comerciales gigantescos. También llama mucho la atención ver a los señoritos ricos dando vueltas en coches de superlujo mientras en sus tierras trabajan campesinos bajo un sol infernal.
Además hay una mezcla enorme entre el mundo tradicional y el mundo moderno: Igual puedes escuchar a cantaores de flamenco o ver gente bailando sevillanas en las ferias que oír la música más actual en las grandes discotecas.
Preguntando a la gente por las corridas de toros, tienes por un lado a los que las defienden con pasión diciendo que es un arte y por el otro a los que dicen que es un crimen brutal contra los animales.
En Andalucía todo es posible. Tanto puedes hacer surf y tomar el sol en sus playas fantásticas, como esquiar en Sierra Nevada. Mientras el parque nacional de Doñana, rico en agua es un paraíso para los pájaros, te mueres de calor en Almería con sus tierras desérticas.
Andalucía tiene algo especial. Pero lo mejor de mi viaje fueron los encuentros y las conversaciones. Al entrar en un bar, tomando unas tapas, en seguida la gente se pone a hablar contigo y después de unos minutos te sientes como en casa. Así lo pude ver también en las entrevistas que hice…
Locutor de radio: *Muchísimas gracias, Manuel, por esas impresiones de un viaje tan interesante.*

Lösung *la arquitectura – los turistas – la música – las corridas de toros – el deporte – el clima / la naturaleza – la gente*

S.54/2b Siehe Vorschlag für den Einstieg, Punkt 2.

Lösung
1. *los pueblos blancos – ciudades modernas y dinámicas**
2. *los señoritos ricos dando vueltas en coches de superlujo – campesinos* trabajando bajo* un sol infernal**
3. *una mezcla enorme entre un mundo tradicional y – el mundo moderno*
4. *personas llevando una vida muy agradable – gente luchando duro para ganarse la vida**
5. *escuchar cantaores de flamenco – oír la música más actual (en las grandes discotecas*)*
6. *gente que defiende las corridas de toros – los que dicen que es un crimen* brutal* contra los animales*
7. *hacer surf y tomar el sol en las playas – esquiar (en Sierra Nevada)*
8. *un paraíso rico en agua – tierras* desérticas**

Hinweis Die Wörter mit * sind unbekannt bzw. werden erst in diesem Lektionsteil eingeführt. Leistungsstärkere S sollten inzwischen in der Lage sein, auch unbekannte Wörter in einem Hörtext zu erkennen, selbst wenn sie sie nicht verstehen. Weniger leistungsstarke S erkennen diese Wörter

	evtl. nicht. Sie sollten dennoch in der Lage sein, die Gesamtaussage zu verstehen und die gesuchten Kontraste ggf. zu umschreiben.
S. 54/2c	Siehe Vorschlag für den Einstieg, Punkt 4.
Lösung	individuell
Cuaderno, S. 36/1 🎧 13	Siehe Vorschlag für den Einstieg, Punkt 2.
Cuaderno, S. 36/2 🎧 14	Übung zum Hör-Sehverstehen: S weisen ihr Globalverstehen nach, indem sie das zum Hörtext passende Bild ankreuzen.
Cuaderno, S. 36/3a, b 🎧 15–16	S schlagen die Karte auf der vorletzten Seite des SB auf, auf der die andalusischen Provinzen abgebildet sind. Anhand der geographischen Informationen erkennen sie, von welchen zwei Provinzen im Hörtext die Rede ist und schreiben die Namen auf die Striche. Im zweiten Übungsteil hören sie den Text erneut und notieren drei Informationen zu jeder Provinz.
Hinweis	Diese Übung sollte vor der Übung SB, S. 54/3 bearbeitet werden.

BÚSQUEDA DE INFORMACIÓN / EXPRESIÓN ORAL

S. 54/3	S arbeiten in arbeitsteiligen 4er-Gruppen. Sie teilen die acht andalusischen Provinzen (SB, vorletzte Seite) unter sich auf und jede/r S informiert sich in HA zu zwei Provinzen und bereitet eine kurze Präsentation dazu vor. Dabei orientieren sie sich inhaltlich an den vorgegebenen Aspekten. Nützliche Redemittel finden S im Methodenanhang auf S. 183 bzw. 195. Anschließend präsentieren sie sich in den Gruppen gegenseitig ihre Provinzen.
Hinweis	Die neuen Redemittel im Kasten sollen die S bei der Formulierung von Kontrasten unterstützen. S müssen sie aber nicht verwenden, wenn sie für ihre Vorstellung nicht relevant sind.
Lösung	individuell

YA LO SÉ

S. 54/4a, b 📄 27	S wälzen das bisher gewonnene Wissen über Andalusien um, indem sie einen Fragebogen erstellen. Möglich wäre auch die Erstellung von Quizkarten (s. Kopiervorlage), mit denen man anschließend einen Wettbewerb in der Klasse machen kann.
Lösung	individuell

EXPRESIÓN ORAL

Cuaderno, S. 36/4	In einem Rollenspiel stellen S einen Telefonanruf eines Touristen in der Alhambra in Granada nach. Sie erfragen bzw. geben Auskünfte. Diese Übung kann an jeder beliebigen Stelle der Lektion eingesetzt werden.

S. 55–59 3A NI BLANCO NI NEGRO

In einem Zeitschrifteninterview mit einem jungen Andalusier lernen S verschiedene Facetten und Vor- und Nachteile des Lebens in Andalusien aus dessen Sicht kennen. Das Interview behandelt auch aktuelle Themen wie die Jugendarbeitslosigkeit in Spanien bzw. insbesondere in Andalusien.

Sprachliche Mittel	irreale Bedingungssätze im Präsens *ni … ni* *cualquier/a* *la ventaja / la desventaja es*
Wortschatz	*(no) … ni … ni …, cualquier/cualquiera, más bien, la ventaja, la desventaja, poblado/-a, afectar, parecido/-a, quizá(s), gastar, el campo, o sea, causar, aparte de, el empleo, el sueldo, (ser) digno/-a, a no ser que + subj., llegar, alquilar, contratar, el desempleo, el estado* **transparent:** *el andaluz / la andaluza, serio/-a, la situación / las situaciones, el (Océano) Atlántico, grave, la industria, el turismo, el campo de golf, seco/-a, crear, el sector, la opción / las opciones, la posibilidad, el portal, la publicidad, la excepción / las excepciones, emigrar, económicamente, los estudios, la estadística, (estar) motivado/-a, (ser) frustrante, pedir, resolver, movilizarse, la condición / las condiciones, el cambio*

Lösungen, Hörtexte und Vorschläge für den Unterricht

VORSCHLAG FÜR DIE TEXTERARBEITUNG

ACTIVIDAD DE PRELECTURA

S. 55/1
🎧 25

1. Bestimmung der Textsorte / Aufbau einer Leseerwartung

L leitet den Lektionsteil mit der Aussage ein, dass S eine weitere Facette von Andalusien kennenlernen werden. Die S werden aufgefordert, den Lektionstext zu betrachten und sie erkennen über die Gestaltung und den Aufbau des Textes recht einfach, dass es sich um ein Interview in einer Art Zeitschrift handelt. L fragt S, was mit dem Titel *Ni blanco ni negro* gemeint sein könnte bzw. was S sich vorstellen, wovon der Text dem Titel zufolge handeln könnte. Anschließend liest L oder ein/e S den Einleitungstext vor (alternativ wird er auf der CD gehört) und S lesen mit. Unbekanntes Vokabular (*serio/-a, situación, ventaja, desventaja, poblado/-a*) wird nur bei Bedarf im Plenum geklärt. Nachdem der Ausgangspunkt des folgenden Interviews deutlich ist, fragt L weiter, was denn Vorteile und Probleme des Lebens in Andalusien sein könnten. Mithilfe ihrer Kenntnisse aus ¡Acércate! und ihres Weltwissens tragen S ihre Ideen zusammen (z. B. Schere zwischen arm und reich, dadurch entstehende soziale Probleme, Umweltprobleme/Trockenheit, Massentourismus, Aufeinanderprallen von Tradition und Moderne usw.). Diese erste Vorentlastung des Lektionstextes kann auf Deutsch erfolgen.

2. Leseverstehen

Nun lesen zwei S den Text mit verteilten Rollen vor. Die restlichen S lesen mit und bekommen den Auftrag, stichpunktartig die angesprochenen Themen aufzulisten (SB, S. 56/2a). Dazu verstehen sie den Text global. Die Themen werden anschließend im Plenum zusammengetragen und es werden gemeinsam die Schlüsselwörter in den betreffenden Absätzen gesucht und an der Tafel festgehalten (SB, S. 56/2b). Bei Bedarf werden in diesem Rahmen auch Vokabelfragen gemeinsam besprochen; können S sich die Wörter nicht selbstständig mithilfe der bekannten Strategien erschließen, semantisieren L/S für die MS oder L übersetzt das entsprechende Wort.

Als HA bearbeiten S Übung 1a und b im Cuaderno (S. 37) und weisen dadurch ihr selektives und detailliertes Textverstehen nach.

Hinweis Binnendifferenzierung: Übung 1 im Cuaderno ist sehr komplex. Ggf. kann ein Teil der S stattdessen die leichtere Kopiervorlage bearbeiten, bei der sie den Text erneut lesen und die tatsächlich genannten Vor- und Nachteile des Lebens in Andalusien in die Tabelle eintragen. Neues Vokabular schlagen sie dabei ggf. selbstständig im Vokabelanhang nach. Beides wird in der nächsten Stunde im Plenum besprochen, damit alle S die gleichen Informationen haben.

3. Umwälzung des Textinhalts

fakultativ Nachdem der Text nun global und im Detail verstanden sein dürfte, äußern sich S in einem Blitzlicht (s. Methodenpool, S. 144) zu der Aussage von Salvador (SB, S. 56/3 fak.). Der/Die erste S erklärt, was Salvador damit meint und äußert seine/ihre Meinung dazu bzw. ob er/sie in Salvadors Situation genauso handeln würde. Alle weiteren S geben ihre eigene Meinung dazu ab und können auch auf die Vorredner/innen eingehen.

Hinweis Da die irrealen Bedingungssätze noch nicht thematisiert wurden, reicht es, wenn S dazu den Konditional gebrauchen (z. B. *Yo también intentaría quedarme en el país. Yo buscaría trabajo en otro país.*, usw.).

■ COMPRENSIÓN LECTORA

S. 56/2a, b Siehe Vorschlag für die Texterarbeitung, Punkt 2.

Lösungsvorschlag a) *lo especial de Andalucía*
la situación laboral de los jóvenes
el medio ambiente
el turismo
la emigración
la educación
cómo resolver el problema

b) –*lo especial de Andalucía: fantástica* (ll. 8–10)
–*la situación laboral de los jóvenes: el paro, sueldos malos, pocas posibilidades* (ll. 35–53)
–*el medio ambiente: paisajes y naturaleza, sequías, campos secos* (ll. 8–10, 19, 25–26)
–*el turismo: «Andalucía vive casi solo del turismo», boom inmobiliario, «[…] con los sueldos que pagan casi no se puede vivir»* (ll. 20–39)
–*la emigración: «muchos españoles se van a otros países para poder tener un trabajo más digno», pocas posibilidades, «[…] es muy difícil encontrar trabajo»* (ll. 38–53)
–*la educación: «[…] el 37% de los jóvenes andaluces no acaba la ESO», «[…] los jóvenes no están motivados para estudiar porque piensan que no vale la pena», frustrante* (ll. 66–71)
–*cómo resolver el problema: entrar en el mercado laboral, ayudas del Estado, fundar su propia empresa, movilizarse, cuidar mejor el medio ambiente* (ll. 78–90)

S. 56/3 Siehe Vorschlag für die Texterarbeitung, Punkt 3.
fakultativ

Lösung individuell

Cuaderno, S. 37/1a, b Siehe Vorschlag für die Texterarbeitung, Punkt 2.

LA LENGUA

Sistematizar el vocabulario

Cuaderno, S. 37/2 S finden im Lektionstext die passenden Antonyme.

> **Tipp: Vokabeln lernen**
> Das paarweise Aufschreiben von Synonymen oder Antonymen ist eine Strategie zum Vokabellernen.

Cuaderno, S. 38/3 S lernen das Präfix *des-* kennen, mit dem häufig Antonyme gebildet werden. Gleichzeitig wiederholen sie Vokabeln, indem sie die Bedeutung der Wörter und ihrer Antonyme auf Deutsch notieren. Die gesuchten Wörter sind z. T. schon bekannt oder kommen im Lektionstext vor.

Hinweis S sollten zunächst versuchen, die Übung ohne zweisprachiges Wörterbuch zu bearbeiten, da auch die unbekannten Wörter leicht zu entschlüsseln sind.

S. 56–57/4a, b Diese Übung bietet sich als HA an. Im ersten Übungsteil bilden S Antonympaare mit den vorgegebenen Wörtern. Einige der gesuchten Wörter sind unbekannt; falls S nicht von alleine darauf
📄 29 kommen, schlagen sie im Wörterbuch nach. Anschließend legen sie eine dreispaltige Tabelle (*des-, in-, im-*) an, in die sie die gefundenen Antonyme je nach Präfix eintragen. Sie nennen die deutsche Entsprechung der Präfixe.
Alternativ bearbeiten sie die (zeitsparende) Kopiervorlage.

Hinweis Übung 3 im Cuaderno (S. 38) sollte vor dieser Übung bearbeitet worden sein.

Lösung a) *humano – inhumano; conectar – desconectar; el interés – el desinterés; posible – imposible; útil – inútil; creíble – increíble; agradable – desagradable; el empleo – el desempleo; la justicia – la injusticia; la ventaja – la desventaja; la igualdad – la desigualdad; la paciencia – la impaciencia; aparecer – desaparecer*

b)

		des-	*in-*	*im-*
1.	*humano*		*inhumano*	
2.	*conectar*	*desconectar*		
3.	*el interés*	*el desinterés*		
4.	*posible*			*imposible*
5.	*útil*		*inútil*	
6.	*creíble*		*increíble*	
7.	*agradable*	*desagradable*		
8.	*el empleo*	*el desempleo*		
9.	*la justicia*		*la injusticia*	
10	*la ventaja*	*la desventaja*		
11.	*la igualdad*	*la desigualdad*		
12.	*la paciencia*			*la impaciencia*
13.	*aparecer*	*desaparecer*		

des- = un-, -los-, nach-, de(s)-
in-/im- = un-

S. 57/5 S setzen die vorgegebenen Redemittel zur Formulierung von Gegensätzen und Darstellung von Vor- und Nachteilen ein, indem sie die Sätze passend umformulieren.

Lösung 1. *La ventaja es que Andalucía tiene paisajes superbonitos, la desventaja es que existen muchos problemas.*

2. *No tienes posibilidades de encontrar un buen trabajo a no ser que conozcas a alguien que te ayude.*
3. *Por un lado hay muchos hoteles de cinco estrellas para los turistas, pero por otro lado también hay muchos inmigrantes que llevan una vida bastante pobre.*
4. *Vivir en Andalucía tiene muchas facetas. No es ni blanco ni negro.*
5. *Aparte del paro hay problemas de medio ambiente.*

Expresar condiciones irreales en el presente (II) (▶ Resumen, S. 68/1)

S. 57/6a S erschließen sich mithilfe der vorgegebenen Textstellen selbst, welche Verbformen notwendig sind, um einen irrealen Bedingungssatz zu formulieren. Die Textstellen können gemeinsam im Plenum angeschaut und die Regel abgeleitet werden. Ggf. sollte der erste der Sätze auf Deutsch übersetzt werden, um zu verdeutlichen, was mit irrealen Bedingungssätzen gemeint ist.

Lösung
–*Si <u>tuvieran</u> un trabajo <u>se quedarían</u> para estar cerca de la familia y de los amigos.*
–*Si mis padres no me <u>ayudaran</u> económicamente, no <u>podría</u> continuar con mis estudios.*
–*Si <u>tuviera</u> más dinero, me <u>gustaría</u> alquilar un piso para tener más independencia.*
–*Si <u>hubiera</u> más ayudas del Estado, así quizás algunos <u>intentarían</u> fundar su propia empresa.*
–*Si todos nos <u>movilizáramos</u> juntos, tal vez podríamos conseguir cambios y ventajas económicas.*
→ Im Nebensatz (*si*-Satz) steht das *imperfecto de subjuntivo*, im Hauptsatz der Konditional.

Hinweis Die Unterteilung in Bedingungssatz I, II und III kennen S aus dem Englisch- und Französischunterricht.
L kann als Merksatz geben, dass auf *si* niemals der Konditional folgt.

S. 57/6b S formen nun die Sätze entsprechend dem Beispiel in Bedingungssätze um. Auf S. 116 findet sich eine leichtere Variante, bei der die Satzstruktur schon vorgegeben ist und die Infinitive nur in die entsprechende Form (*imperfecto de subjuntivo* bzw. Konditional) gebracht werden müssen.

Lösung
1. *Si los jóvenes españoles encontraran trabajo en España, no se irían a otros países.*
2. *Si consiguiéramos resolver nuestros problemas, muchos jóvenes vivirían mejor en Andalucía.*
3. *Si no se gastara tanta agua en los campos de golf, los campesinos podrían regar su tierra.*
4. *Si tuvieran dinero, muchos jóvenes fundarían una empresa.*
5. *Si hubiera más posibilidades de encontrar trabajo, la situación no sería tan frustrante para los jóvenes.*
6. *Si el primo de Salvador no tuviera un portal de publicidad en Internet, no ganaría mucho dinero.*

Cuaderno, S. 38/4a, b Der erste Übungsteil eignet sich als HA. S verdeutlichen sich nochmals die Verwendung von *imperfecto de subjuntivo* und Konditional im Bedingungssatz II. S tendieren oft dazu, auch im *si*-Satz den Konditional zu verwenden (wie im Deutschen). Als Vorbereitung können sie auch schon im Rollenspiel (S. 93) die *si*-Sätze grün und Hauptsätze rot unterstreichen.
Zu Beginn der nächsten Stunde machen S das Rollenspiel zum irrealen Bedingungssatz II in PA.

Hinweis Das Rollenspiel ist ziemlich anspruchsvoll und kann mehrmals mit wechselnden Rollen geübt werden.

S. 57/7 Spielerische Übung zur Festigung der Satzstruktur im irrealen Bedingungssatz II: Sie kann in
fakultativ Kleingruppen geübt werden, damit alle S möglichst häufig zu Wort kommen. Alternativ führt man sie als Kettenübung im Plenum durch. Vorteil bei letzterem Vorgehen ist, dass L korrigierend eingreifen kann bzw. sich Fehler notieren und sie anschließend gebündelt besprechen kann.

Hinweis Oft müssen S erst lange über Vokabeln nachdenken, um einen sinnvollen Satz bilden zu können, sodass sich solche Übungen sehr in die Länge ziehen können. Vor allem in schwachen Lerngruppen kann es daher sinnvoll sein, die Übung schriftlich als HA bearbeiten zu lassen. Dazu gibt L eine Anzahl von Sätzen vor.

Lösung individuell

Alternative Spielerische schriftliche Übung: Alle S schreiben folgenden Satzanfang auf ein weißes Blatt: *Si tuviera mucho dinero...* Diese Zeile wird nach hinten geknickt und das Blatt wird nach rechts weitergereicht. Der Sitznachbar / Die Sitznachbarin schreibt nun, was er/sie mit dem Geld anfangen würde (z. B. *podría viajar mucho.*) und vollendet damit den Satz. Ohne das Blatt umzuknicken, wird es weitergereicht und der/die folgende MS schreibt einen neuen *si*-Satz darunter, wobei der letzte Satz wieder aufgegriffen wird (*Si pudiera viajar mucho...*). Der obere Satz wird abgeknickt und der/die nächste S vollendet wiederum den neuen Satz (z. B. *conocería muchísimos países.*), usw. Zum Schluss werden die gelungensten Sätze vorgelesen.

S. 57/8 S arbeiten in 4er-Gruppen, bilden zunächst einmal die richtige Form des *si*-Satzes und ergänzen diesen dann mit eigenen Ideen (im Konditional). Gruppen, die schneller fertig sind, denken sich weitere Sätze aus.

Lösung
–*Si fuera un político importante, ...*
–*Si encontraras 500 € en la calle, ¿...?*
–*Si en Alemania hiciera mucho calor todos los días, ...*
–*Si mis amigos y yo pudiéramos ir a Andalucía, ...*
–*Si supierais hacer magia, ¿...?*
–*Si mis padres me dejaran ir a América Latina, ...*

Cuaderno, S. 39/5 S festigen die Struktur von Bedingungssätzen, indem sie die richtige Form der Verben (Konditional bzw. *imperfecto de subjuntivo*) einsetzen (▶ Resumen S. 68/1).

S. 58/9a S kennen bereits *ojalá + presente de subjuntivo* in der Bedeutung von „hoffentlich". L schreibt einen Beispielsatz an die Tafel (z. B. *¡Ojalá pueda ir a Andalucía en verano!*) und lässt ihn von S im Plenum übersetzen. L kontrastiert den Satz mit *¡Ojalá pudiera ir a Andalucía en verano!* S überlegen gemeinsam, was dieser Satz bedeuten könnte und wie man *ojalá + imperfecto de subjuntivo* im Deutschen ausdrücken könnte (z. B. Es wäre schön, wenn ... / Ich wünschte, ich könnte ... / Wenn doch nur ...!). Es wird herausgearbeitet, dass in Satz 1 noch die Möglichkeit besteht, dass der Sprecher tatsächlich im Sommer nach Andalusien fährt, während das im zweiten Satz irreal oder zumindest unwahrscheinlich ist.
Anschließend formulieren sie die Wunschvorstellungen von María. Dabei müssen sie stets den Infinitiv ins *imperfecto de subjuntivo* setzen. Die Übung kann mündlich im Plenum oder schriftlich als HA bearbeitet werden.

Lösung
–*¡Ojalá supiera tocar la guitarra!*
–*¡Ojalá no hiciera tanto calor en los meses de verano!*
–*¡Ojalá tuviera más dinero para poder viajar!*
–*¡Ojalá pasara unas semanas en Guatemala!*
–*¡Ojalá mis amigos y yo fuéramos juntos a Sierra Nevada en invierno!*
–*¡Ojalá pudiera estudiar lenguas!*
–*¡Ojalá encontrara un buen trabajo!*
–*¡Ojalá no hubiera tantos jóvenes sin trabajo!*
–*¡Ojalá ninguno de mis amigos emigrara a otro país!*

Hinweis Um sich zu verdeutlichen, dass die Aussagen unwahrscheinlich bzw. irreal sind, können S an jeden Satz einen weiteren Satz mit *pero* anhängen (z. B. *Ojalá supiera tocar la guitarra, pero no sé hacerlo.*). In starken Lerngruppen kann auch besprochen werden, welche Sätze auch mit *ojalá + presente de subjuntivo* funktionieren würden.
S, die schneller fertig sind, können schon mit Übung 9b anfangen.

3

S. 58/9b
fakultativ
S bilden Sätze mit *ojalá + imperfecto de subjuntivo*: Sie denken sich spontan einen irrealen Wunsch aus und äußern ihn in einem Blitzlicht (s. Methodenpool, S. 144).

Lösung individuell

COMPRENSIÓN AUDITIVA / MEDIACIÓN

S. 58/10a
🎧 27
Selektives Hörverstehen: S hören ein Interview über die *Feria de Abril* und machen sich Notizen zu den Fragen: Was ist die *Feria de Abril*? Wann findet sie statt? Wie lange dauert sie? In langsameren Lerngruppen bietet es sich an, die CD zwischendurch anzuhalten, sodass S Zeit haben, an der entsprechenden Stelle die Antworten zu den Fragen zu notieren.

Hörtext und Lösung
Estudio: *… Y ahora, en la sección de actualidad de nuestro programa de hoy vamos a conectar en directo con Sevilla, donde ayer empezó la «Feria de Abril». Allí se encuentra Manuel, nuestro reportero. ¡Buenas tardes, Manuel!*
Manuel: *¡Buenas tardes a todos!*
Estudio: *Manuel, cuéntanos: ¿cómo es el ambiente en estos momentos en el barrio de los Remedios.*
Manuel: *Aquí en el recinto de la Feria el ambiente es fantástico y todas las calles y las casetas están llenas de gente comiendo y bebiendo. Precisamente tengo aquí a mi lado a Pepe y a Macarena, dos hermanos que desde niños siempre han venido a la Feria.*
Pepe y Macarena: *¡Buenas tardes!*
Manuel: *Pepe, ¿podrías explicarnos brevemente qué es exactamente la Feria de Abril?*
Pepe: *Pues, <u>es una fiesta que se celebra en Sevilla</u>. La primera vez que se celebró la Feria fue a mediados del siglo XIX y originariamente fue una feria para la compra y venta de animales.*
Macarena: *Bueno, ese fue el origen, porque hoy en día es una celebración completamente popular, aunque las corridas de toros y los caballos sigan siendo el centro de atención.*
Pepe: *Es verdad. Fíjate, las 15 calles que hay en el recinto de la Feria tienen nombres de toreros famosos sevillanos, y durante el día tenemos el paseo de caballos con carros por las calles hasta las ocho de la tarde.*
Manuel: *Macarena, ¿puedes decirnos, por favor, cuándo es la Feria de Abril y cuánto dura?*
Macarena: *Bueno, la Feria cada año es en fechas diferentes, porque depende del calendario cristiano. La tradición dice que <u>la Feria comienza dos semanas después de Semana Santa</u>, pero eso cada año es diferente.*
Pepe: *<u>Y la Feria dura siempre una semana, de lunes a domingo</u>. Todos los años, el lunes por la noche tiene lugar la «cena del pescaíto» y después el alcalde de la ciudad comienza oficialmente la Feria con el encendido del alumbrado a las doce de la noche, con más de 22.000 bombillas. Todos los días hay muchísima gente, pero el viernes suele llegarse al millón de personas.*
Manuel: *Increíble… Y bueno, ¿podéis explicarme por qué lleváis esta ropa?*
Macarena: *Como puedes ver, casi todas las chicas llevan el vestido de sevillana, y es que, además de comer y beber, bailar es lo más importante.*
Pepe: *Los chicos suelen ir vestidos con traje y corbata, siempre muy elegantes.*
Manuel: *Macarena, has dicho que la comida y la bebida son muy importantes…*
Macarena: *Sí, es típico comer pescado, tortilla de patata, pimientos fritos…*
Pepe: *Y de beber, vino de Jerez o manzanilla. Pero lo mejor es que lo pruebes tú mismo…*
Manuel: *Encantado… Pues ya habéis oído, voy con Pepe y Macarena a comer y beber algo.*
Estudio: *Gracias Manuel por la información, y disfruta mucho de la Feria de Abril…*

S. 58/10b
🎧 27
Sprachmittlung Spanisch-Deutsch: Im zweiten Übungsteil hören sie das Interview noch einmal detaillierter und machen sich Notizen zu den aufgeführten Themen. Danach geben sie in PA mündlich die Informationen dazu zusammenhängend auf Deutsch wieder. In schwächeren Lerngruppen bietet es sich an, die Informationen zu den einzelnen Aspekten im Plenum zusammenzutragen.

Lösungsvorschlag Die *Feria de Abril* ist ein Volksfest, das in Sevilla gefeiert wird und das aus dem 19. Jahrhundert stammt. Damals konnte man auf der *Feria* Tiere kaufen (*el origen de la Feria*). Es gibt Essens- und Getränkestände, die *casetas*, und es wird auch viel getanzt. Die Frauen tragen dazu traditionelle Kleider und die Männer ziehen sich elegant an (*la ropa*). Außerdem gibt es Stierkämpfe und Pferdeshows (*los toros y los caballos*).

Cuaderno, S. 39/6
🎧 17–19
S hören ein Gespräch unter Freunden über einen Lottogewinn und was sie mit dem Geld anfangen würden. Während des Hörens verbinden sie die Personen mit den Bildern der Träume. Dabei bleiben drei Bilder und eine Person (Agustín) übrig, die keine Träume äußert.

COMPRENSIÓN AUDIOVISUAL

S. 58/11
⊚ KV DVD7+8
Mithilfe der Kopiervorlagen für die DVD erarbeiten sich S den Hör-Sehtext.

MEDIACIÓN

S. 58–59/12a, b, c Sprachmittlung Deutsch-Spanisch: S lesen den deutschen Artikel über spanische Fachkräfte in Deutschland und machen sich dabei Notizen auf Spanisch zur Beantwortung der Fragen. S sollten dazu kein Wörterbuch verwenden, damit sie üben, unbekannte Wörter zu umschreiben. Dann beantworten sie die Fragen in einem Fließtext als E-Mail. Ggf. erinnert L sie an formale Aspekte einer E-Mail wie Begrüßung, kurze Einleitung und Abschliedsfloskel.

Lösungsvorschlag *Hola, Pepe:*
¿Qué tal? ¿Por qué te interesa tanto la situación de los españoles en Alemania? ¿Tu familia está pensando irse de España? En realidad yo no conozco ningún español aquí, pero en el periódico he encontrado un artículo sobre ese tema.
Según el artículo, la situación laboral en Alemania es mucho mejor que en España. Las empresas alemanas están buscando empleados en España para darles trabajo en Alemania. Dicen que la formación de los jóvenes españoles es muy buena, a veces mejor que la de los alemanes, así que la posibilidad de que encuentren un trabajo es bastante alta. Pero claro, para algunos es muy duro, y no solo por la lengua porque muchos de ellos ya hablan alemán o lo están aprendiendo. El artículo habla sobre dos españoles y uno de ellos dice que no se puede imaginar quedarse en Alemania para siempre porque le gusta mucho Andalucía. Y claro, aquí en Alemania no hace tanto sol como en España…
Bueno, espero que te haya ayudado. Si tienes más preguntas, escríbeme.
Un abrazo,
Christian

Hinweis
F 9
Im Anschluss an diese Sprachmittlungsübung bietet sich die Arbeit mit Folie 9 – ebenfalls zur Sprachmittlung – an.

YA LO SÉ / EXPRESIÓN ORAL

S. 59/13a, b In PA überlegen S sich mögliche Fragen, die ihnen der Reporter Manuel stellen könnte und beantworten sie, ggf. mithilfe der Redemittel im Kasten oder dem Themenwortschatz auf S. 195. In schwächeren Lerngruppen könnten zuerst im Plenum mögliche Fragen auf Deutsch gesammelt werden.
Zum Schluss stellen die Paare ihre Dialoge vor.

Lösung individuell

S. 60–63 3B LAS CORRIDAS: ¿ARTE O VIOLENCIA?

Der Lektionstext stellt zwei konträre Ansichten zum Thema Stierkampf vor: Für Antonio Hinojosa ist der Stierkampf ein wichtiger Teil der spanischen Kultur und Tradition, Francisco Iglesias sieht darin dagegen reine Tierquälerei. Die S setzen sich mit den verschiedenen Ansichten und Argumenten auseinander.

Sprachliche Mittel	Bedeutungsänderung der Adjektive *grande, antiguo/-a, viejo/-a, nuevo/-a, único/-a, pobre* *antes de que* + *subj.* Infinitivkonstruktionen (Wh.)
Wortschatz	*(estar) a favor de, (ser) suficiente, la costumbre, el pintor / la pintora, el maltrato, la cría intensiva, la lucha, (ser) hipócrita, la muestra, el torero / la torera, la sangre, el Coliseo, avergonzarse de, prohibir, en absoluto, recuperar* **transparent:** *el argumento, justificar, la fiesta nacional, (ser) antiguo/-a, la sociedad globalizada, conservar, el/la artista, el escritor / la escritora, tematizar, la libertad, antes de que + subj., el ritual, la razón / las razones, mencionar, la importancia, el atractivo turístico, la fuerza, el defensor / la defensora, (estar) en contra de, (ser) torturado/-a por, (ser) inteligente, (ser) auténtico/-a, la tortura, Roma, (ser) ridículo/-a, (ser) inhumano/-a, totalmente, (estar) horrorizado/-a, analizar, seguramente, (ser) absurdo/-a, identificar(se) con, permitir, el comentario, (ser) tolerante, respetar*

Lösungen, Hörtexte und Vorschläge für den Unterricht

VORSCHLAG FÜR DIE TEXTERARBEITUNG

ACTIVIDAD DE PRELECTURA

S. 60/1 **1. Einstieg in die Thematik**
In 4er-Gruppen sitzen S um Tische herum, auf denen jeweils ein Din-A3-Blatt ausgelegt ist, auf dem *las corridas de toros* steht. Sie haben eine Minute Zeit, ihre Assoziationen zum Stierkampf auf Deutsch auf das Blatt zu schreiben. Anschließend werden die Blätter aller Gruppen nebeneinander ausgehängt und es werden die einzelnen Stichpunkte besprochen und ggf. erläutert.
Hat L das Gefühl, dass die S sehr interessiert sind und verschiedene Ansichten zum Thema haben, kann mit Punkt 2 fortgefahren werden, ansonsten mit Punkt 3.

2. Vorentlastung des Lektionstextes
Die kontroverse Diskussion zum Thema Stierkampf ist ja schon im Titel der Lektion angelegt und den S sicher auch in Ansätzen bekannt. Um den Lektionstext inhaltlich vorzuentlasten schreibt jede/r S nun (mindestens) ein Pro- und ein Kontraargument für/gegen Stierkampf auf. Dann gehen S in der Klasse herum und befragen die MS nach ihren Argumenten, bis jeder (mindestens) drei Argumente auf jeder Seite hat. So ist der Lektionstext inhaltlich schon vorentlastet und S sind auf das Thema eingestimmt.

Alternative Statt Pro- und Kontraargumenten können S auch allgemein Meinungen (mit Begründung) zum Stierkampf sammeln und diese dann in eine Pro- und Kontratabelle eintragen.

3. Leseverstehen
S sehen sich den Text an und tragen kurz im Plenum zusammen, wie der Text aufgebaut ist (ein Abschnitt mit Argumenten für den Stierkampf, ein Abschnitt mit Gegenargumenten und Kom-

mentare, eine Art Leserbriefe, dazu). Nachdem dadurch eine Leseerwartung aufgebaut ist, werden zwei Gruppen gebildet: Gruppe 1 erschließt sich den ersten Abschnitt (Antonio Hinojosa), Gruppe 2 den zweiten (Francisco Iglesias). S schlagen das nicht-transparente Vokabular eigenständig in der chronologischen Wortliste nach, sofern es nicht annotiert ist. Jede Gruppe schreibt die Argumente der jeweiligen Person heraus (SB, S. 61/2a). Anschließend tauschen die Gruppen sich aus und ergänzen den Standpunkt des jeweils anderen. Gemeinsam oder als HA wird dann die Übung 1 im Cuaderno (S. 40) bearbeitet, bei der sie die allgemeinen positiven und negativen Aspekte des Stierkampfes in die Tabelle schreiben.

Alternative Statt in arbeitsteiligen Gruppen lesen S den Text in Stillarbeit, ggf. als HA, und erschließen sich unbekannte Vokabeln eigenständig bzw. schlagen sie nach. Zur Sicherung des Textverständnisses bearbeiten sie Übung 2a (SB, S. 61) und anschließend, ggf. gemeinsam mündlich im Plenum, Übung 1 (Cuaderno, S. 40).

4. Meinungsäußerung

Vier S lesen die Kommentare zum Text im Plenum vor. Mithilfe der in Übung 2a angelegten Tabelle mit den Argumenten von Antonio und Francisco äußern S, welches Pro- und welches Kontraargument ihnen am tragfähigsten erscheint bzw. sie am meisten überzeugt (SB, S. 61/2b). Dann äußern sie selbst mündlich im Blitzlicht (s. Methodenpool, S. 144) oder schriftlich in einem kurzen Kommentar ihre Meinung zum Stierkampf mithilfe der Redemittel; die *comentarios* dienen als sprachliches Modell (SB, S. 61/2c fak.).

F 10A+B ### 5. Umwälzung des Themas

S sagen, ob die Karikatur auf der Folie eher Antonios oder Franciscos Meinung entspricht. Sie beschreiben und analysieren sie mithilfe der Redemittel.

COMPRENSIÓN LECTORA

S. 61/2a, b Siehe Vorschlag für die Texterarbeitung, Punkte 3 und 4.

Lösungsvorschlag a)

Francisco	Antonio
–No se puede hablar de arte o de cultura: es una tortura para el animal.	–Es la «fiesta nacional» de España.
–No es necesario ver un espectáculo con violencia y sangre.	–Es una antigua tradición que hay que cuidar para que no desaparezcan las costumbres.
–No es un atractivo turístico: a la mayoría de los turistas no les gusta.	–Las corridas forman parte de la cultura y de las tradiciones españolas.
–Las corridas son una mala publicidad para España.	–Es hipócrita hablar de maltrato animal si al mismo tiempo se come carne de cría intensiva.
–Hay otras tradiciones en España, no se puede identificar España solamente con las corridas.	–El toro tiene una buena vida antes de la plaza.
–Muchos españoles se avergüenzan de la costumbre.	–La industria de los toros crea empleo.
	–Las corridas son un atractivo turístico.

b) Lösung individuell

S. 61/2c Siehe Vorschlag für die Texterarbeitung, Punkt 4.
fakultativ

Lösung individuell

Cuaderno, S. 40/1 Siehe Vorschlag für die Texterarbeitung, Punkt 3.

3

Cuaderno, S. 40/2 S finden mithilfe des Textes einen neuen Auslöser des *subjuntivo* heraus: *antes de que*. L kann als Tipp geben, dass es sich um eine Konjunktion und nicht um ein Verb handelt.

COMPRENSIÓN AUDITIVA

S. 61/3a, b, c
🎧 31
📄 30

S werden im Hörtext Antworten auf die aufgeführten Fragen hören, allerdings in anderer Reihenfolge. Zur Vorbereitung lesen sie die Fragen und überlegen kurz, was sie selber darauf antworten würden bzw. was sie glauben. Die Antworten können in einem kurzen Blitzlicht (s. Methodenpool, S. 144) zusammengetragen werden oder S tauschen sich in einer Murmelphase mit einem/einer MS aus.

Dann hören sie den Text und verbinden auf der Kopiervorlage die Fragen mit den passenden Antworten bzw. mit der Nummer der Antwort im Hörtext.

Anschließend hören sie die Antworten ein weiteres Mal und notieren sich in Stichpunkten auf der KV die Argumente der Personen. Dabei sollte L die CD nach jedem Abschnitt kurz anhalten, bis S fertig geschrieben haben.

Hinweis L sollte die KV zuvor auseinanderschneiden oder von S an der Strichellinie umknicken lassen, da bei Übung 2 die Lösung zu Übung 1 erkennbar ist.

Hörtext
1. Señora 1: *Las mujeres son personas más sensibles y por lo general más tolerantes, así que respetan más la vida de los animales. En esas escuelas para toreros no hay chicas, y está claro que es una tradición machista.*
Chica 1: *Lo que ha dicho no es cierto. También hay chicas que torean y ha habido algunas muy famosas en los últimos años. Si hay más hombres que mujeres es porque reúnen mejores condiciones, igual que en Fórmula 1 u otros deportes. En las plazas también hay muchas mujeres que se interesan por los toros y además, los toreros tienen mucho éxito entre el público femenino.*
2. Chica 2: *¿Un deporte? La pregunta es totalmente ridícula. ¿Cómo la corrida puede ser deporte si siempre gana el torero? En un deporte hay igualdad de condiciones, es una competición justa, la corrida obviamente no lo es.*
Chico 1: *Pero los toreros son deportistas profesionales que tienen que estar en forma. Se puede decir que se trata de una lucha, como el boxeo, con reglas y normas. Claro que es brutal, pero el boxeo también lo es.*
3. Chica 3: *Yo estoy completamente en contra de las corridas de toros, pero sé que en otros países como en Francia hay un espectáculo parecido donde el toro al final no muere. Aunque no me gusta, podría aceptar que se trate de una tradición, pero no como en España. ¿Cómo puede ser legal torturar a un animal de esa forma mientras los espectadores aplauden y gritan? Y eso durante tantos minutos, mientras el toro sangra hasta morir...*
4. Señora 2: *Por supuesto. Para mí las corridas de toros son una tortura animal sin sentido. En algunas regiones las corridas están prohibidas y yo espero que pronto lo estén en otras comunidades...*
Señor: *Pero si prohibimos los toros eliminamos una parte importante de nuestra cultura. Además, los toros tienen también gran importancia para la economía de nuestro país y crean muchos puestos de trabajo. Cada año llegan a España turistas que se interesan por nuestra cultura y van a las plazas de toros.*
Señora 2: *¿Realmente cree eso? ¿Conoce a alguien que viaje a España para ver los toros? Los turistas vienen a nuestro país por el buen clima, las playas, los monumentos históricos y el paisaje.*
Señor: *Y por nuestra cultura, y los toros son parte de ella.*
Señora 2: *Los que vienen a España por esa parte de nuestra cultura pueden quedarse en su casa.*
5. Chico 2: *Pues hay de todo, pero la mayoría de los jóvenes españoles no se siente en absoluto identificado con los toros. Casi todos los que van a las plazas de toros son personas mayores. Pero en algunas regiones de España también los jóvenes se interesan mucho por las corridas. En Andalucía, por ejemplo, hay escuelas donde los chicos aprenden a torear.*

Lösung a) Lösung individuell
b), c)
- Entrevista 1, pregunta 5:
  Señora: Las mujeres son más sensibles, respetan más a los animales.
  Chica: No es cierto, a muchas chicas les gustan los toros, pero los hombres tienen mejores condiciones.
- Entrevista 2, pregunta 1:
  Chica: No es un deporte porque el toro no puede ganar.
  Chico: Es un deporte porque hay reglas y los toreros tienen que estar en buena forma.
- Entrevista 3, pregunta 4:
  Chica: Sería mejor que el toro no tuviera que morir, no se debería permitir que se torture a un animal.
- Entrevista 4, pregunta 2:
  Señora: Se deberían prohibir, es una tortura para el animal. La mayoría de los turistas viajan a España por otras razones.
  Señor: Las corridas son importantes para la cultura española, crean empleo y muchos turistas visitan España para ver una corrida.
- Entrevista 5, pregunta 3:
  Chico: La mayoría de los jóvenes no se identifican con las corridas, pero en algunas regiones sí.

Cuaderno, S. 40/3a, b
🎧 20

Globales Hörverstehen: Nach einem ersten Hördurchgang markieren S das Thema des authentischen Hörtextes.
Detailliertes Hörverstehen: S hören den Text erneut und markieren die richtige Antwort.

LA LENGUA

Repasar oraciones condicionales irreales en el presente (▶ Resumen, S. 68/1)

S. 62/4 S formulieren in PA oder 3er-Gruppen abwechselnd irreale Bedingungssätze. In schwächeren Lerngruppen kann vorher noch einmal im Plenum geklärt werden, dass die kursiven Infinitive im si-Satz ins *imperfecto de subjuntivo* gesetzt werden müssen. Den zweiten Satzteil mit dem Verb im Konditional denken S sich selbst aus.

Lösung individuell

La posición de los adjetivos (▶ Resumen, S. 68/4)

📄 31 Anhand der Kopiervorlage erarbeiten sich S die stellungsabhängige Bedeutung der Adjektive *antiguo/-a, viejo/-a, grande, nuevo/-a, pobre* und *único/-a*.

S. 62/5a, b Beim Lückentext entscheiden S, ob die angegebenen Adjektive im jeweiligen Satz vor oder nach dem Substantiv stehen müssen.
Anschließend denken sie sich vier weitere Sätze mit den Adjektiven *nuevo/-a* und *viejo/-a* aus, jeweils einmal vor und einmal hinter dem Substantiv. Sie können die Sätze auch als Lückentext anlegen, der Sitznachbar / die Sitznachbarin setzt dann die Adjektive an der richtigen Stelle ein.

Lösung a) 1. *Grandes artistas de Andalucía, como Picasso y García Lorca, han tematizado la corrida de toros en sus obras.*
2. *Andalucía es una región grande, pero también es una región pobre.*
3. *Mucha gente opina que los toros son unos pobres animales.*
4. *Córdoba es una ciudad antigua.*
5. *La antigua mezquita de Córdoba es una catedral.*
6. *Jeannette Bleeker es la única torera alemana.*

7. *Muchos dicen que Picasso fue un artista único.*
b) Lösung individuell

Cuaderno, S. 43/8a, b S setzen die Adjektive in der richtigen Position – vor oder nach dem Substantiv – ein (▶ Resumen, S. 68/4). Dann wählen sie ein Adjektiv aus Übungsteil a aus und denken sich selbst zwei kontrastive Beispielsätze aus.

Repasar y practicar construcciones con infinitivo

S. 62/6 S wiederholen schon bekannte Infinitivkonstruktionen in einer Einsetzübung. Die Übung kann an jeder beliebigen Stelle zur Wiederholung eingesetzt werden. Sie kann mündlich in PA oder schriftlich als HA durchgeführt werden.
Die Infinitivkonstruktionen können die S evtl. in der Debatte beim Punto final 3 gebrauchen.

Hinweis L sollte S noch einmal vor Augen führen, dass es beim Vokabellernen immer wichtig ist, die Verbanschlüsse mitzulernen.

Lösung *acabo de – tengo ganas de aprender a – deja de – se pone a / tiene ganas de – me toca*

Sistematizar el vocabulario temático

S. 63/7a, b S üben das Strukturieren von Wortschatz, indem sie den thematischen Wortschatz der *Unidad 3B* zum Thema Stierkampf in einer Mindmap oder auf einer Vokabelkarte sammeln. Dabei ordnen sie die Wörter nach Wortarten und erweitern das Wortnetz oder die Vokabelkarte mit weiteren Wörtern, die zum Thema passen. Die Übung eignet sich als HA.
Anschließend tauschen S ihre Ergebnisse mit einem/einer MS aus und ergänzen ihres ggf.

Lösungsvorschlag

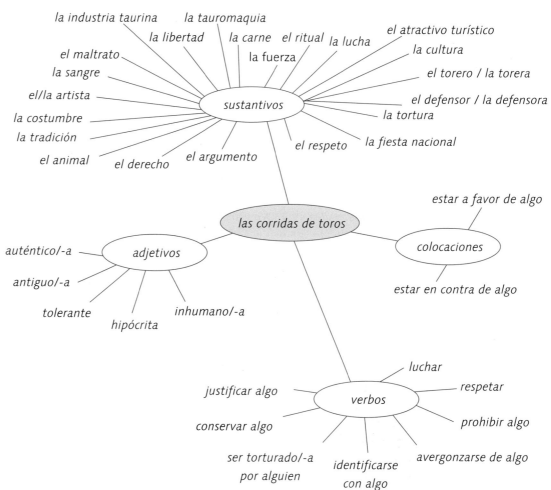

Sistematizando el vocabulario: familias de palabras

Cuaderno, S. 41/4a Auch diese Übung zeigt eine Möglichkeit der Systematisierung von Wortschatz auf, nämlich die Systematisierung nach Wortfamilien. Zuerst ergänzen S die Tabelle mit den fehlenden Substantiven, Adjektiven und Verben.

Cuaderno, S. 41/4b 🎧 21 S hören kurze Nachrichten, in denen Wörter aus der Liste von Übung 4a vorkommen. Sie notieren diese.

Hinweis Im ersten Kurztext kommen zwei Wörter vor.

Cuaderno, S. 41/4c S denken sich nun selbst einen kurzen Nachrichtentext aus und verwenden darin mindestens zwei der Wörter aus Übung 4a.

Sistematizar el vocabulario: terminaciones irregulares o invariables del sustantivo y adjetivo

Cuaderno, S. 41–42/5a, b, c S machen sich unregelmäßige oder unveränderliche Substantiv- oder Adjektivendungen bewusst. Bei 5a schreiben sie die Artikel der Substantive auf die Linien. Zur Bewusstmachung kreuzen sie in Übungsteil b diejenigen Substantive an, die die Faustregel nicht erfüllen. Als Tipp kann L angeben, dass es elf Wörter sind. Anschließend überprüfen S ihre Lösungen mit einem Wörterbuch.
In Übungsteil c schreiben S jeweils die feminine bzw. maskuline Form der Substantive und Adjektive auf.

Presentar argumentos y expresar su opinión

S. 63/8 In Vorbereitung auf den Punto final 3 sammeln S Redemittel zum Diskutieren. Sie bilden dafür vier Gruppen. Jede Gruppe befasst sich mit einer Kategorie bzw. Tabellenspalte. Dazu können sie auch im Methodenanhang (SB, S. 135) nachschlagen und erneut den Lektionstext 3B durchgehen. Die Ergebnisse sollten anschließend auf einer Folie gesammelt werden, welche kopiert und auch zu einem späteren Zeitpunkt immer wieder herangezogen und ergänzt werden kann.

Lösungsvorschlag

aceptar una opinión	rechazar una opinión	expresar su opinión	acentuar su opinión
–Estoy de acuerdo con…	–Los argumentos son ridículos.	–Realmente…	–¿Estamos locos o qué?
–Tienes razón.	–No estoy de acuerdo con…	–Pienso que…	–Estamos en el siglo XXI.
–¡Claro que sí!	–No veo las cosas como tú.	–Creo que…	–Por esta razón me parece hipócrita…
–Es una buena idea.	–Creo que no es así.	–Para mí…	–¿No es suficiente decir que…?
–Es verdad.	–No creo que sea así.	–Lo bueno/malo es…	–También tenemos que mencionar…
–Sí, ¿por qué no?	–No es verdad.	–Me parece interesante/importante que…	
–Estoy a favor de…	–No tienes razón.		
	–¡Por favor!		
	–Es absolutamente absurdo…		
	–Estoy en contra de…		
	–Estoy harto/-a de escuchar siempre los viejos argumentos…		

3

Reactivando los pronombres indefinidos

Cuaderno, S. 42/6 S wiederholen die Indefinitpronomen *ninguno*, *todo*, *mucho*, *alguno*, indem sie die Substantive an die richtige Stelle der Tabelle zuordnen.

Repasando *cualquier* y pronombres indefinidos

Cuaderno, S. 42/7 S vervollständigen den Lückentext mit den passenden Formen von *cualquier* und den weiteren Indefinitpronomen.

Hinweis Weitere Wiederholungsübungen zu den Indefinitpronomen finden sich in Repasar la lengua 3 (SB, S. 71/5) und im Repaso de gramática im Cuaderno (S. 70/4; S. 71/5).

EXPRESIÓN ORAL

S. 63/9 S diskutieren in einem Partnerdialog, ob nach dem Verbot des Stierkampfs in Katalonien ganz Spanien diesem Beispiel folgen sollte. S bereiten ihre jeweilige Partnerkarte in ca. drei Minuten in EA vor – gehen die Aussagen durch, überlegen sich Formulierungen, schlagen ggf. Vokabular nach usw. – und üben dann den Dialog mündlich in PA. Die Redemittel aus Übung 8 (SB, S. 63) können ihnen behilflich sein.

Lösungsvorschlag
A: *¿Ya te has enterado de que en Cataluña se prohibieron las corridas de toros?*
B: *Sí, por supuesto. Y pienso que se deberían prohibir en toda España.*
A: *¿Realmente piensas así? Me parece que podrías ser un poco más tolerante. ¿O no te parecería triste que se prohibiera una antigua tradición española?*
B: *¡Por favor! No puedo creer que pienses así. Hay muchísimos españoles que están en contra de las corridas de toros. Además también hay otras tradiciones antiguas.*
A: *Pues, no entiendo por qué la gente discute tanto sobre las corridas. El toro, en realidad, vive una vida buena hasta el día de la corrida.*
B: *Puede ser, pero me parece un horror que maltraten a un animal públicamente.*
A: *Oye, este argumento es realmente hipócrita. ¿No te molesta que cada día miles de animales sean torturados en la cría intensiva y que tengan una vida muy corta?*
B: *Tienes razón, es muy triste también. Yo, en realidad, estoy pensando ya no comer carne.*
A: *Esto para mí no es una opción. Pero volvamos al tema de las corridas: quizás sería mejor hacerlo como en Venezuela, por ejemplo: ahí hay corridas también, pero los animales no mueren.*
B: *Bueno, eso podría ser una posibilidad, aunque todavía no puedo entender que a algunas personas les parezca que la corrida es un arte o una forma de bailar.*

YA LO SÉ / EXPRESIÓN ESCRITA

S. 63/10a, b L teilt die Lerngruppe in zwei Großgruppen ein: Die eine Gruppe sucht zum Thema Fleischkonsum Pro-Argumente, die andere Kontraargumente. Alternativ entscheiden S selbst, ob sie Pro- oder Kontraargumente suchen wollen. S dürfen dabei mit dem zweisprachigen Wörterbuch arbeiten. Die Ergebnisse werden anschließend im Plenum zusammengetragen und auf einer Folie festgehalten. Die Ergebnisse können S im Punto final 3 wiederverwenden.
Mithilfe der gesammelten Argumente schreiben S dann eine Stellungnahme für oder gegen den Konsum von Fleisch. Der Text 3B kann dabei als sprachliches Modell dienen. Außerdem können S die Redemittel aus Übung 8 (SB, S. 63) benutzen, um ihre Meinung auszudrücken.

Lösungsvorschlag a)

a favor	en contra
–La carne es muy rica. –La carne es buena para la salud. –La producción de carne es importante para la agricultura. –Hay también carne de cría ecológica, ahí los animales viven en condiciones mejores y más naturales.	–En la cría intensiva los animales viven en condiciones muy malas: maltratan a los animales para aumentar la producción. –Les dan medicamentos a los animales que luego los consumimos nosotros a través de la carne que comemos. –Comer menos carne es mejor para la salud. –La producción masiva de carne es mala para el medio ambiente.

b) ¿Pero es que realmente son necesarios argumentos para justificar que uno no come carne? Todos sabemos que la mayoría de la carne que se vende en los supermercados viene de la cría intensiva. Y no tengo que explicar lo que significa eso para los pobres animales. ¿No es suficiente decir que viven en condiciones muy malas y que, en realidad, no se puede hablar de una vida? Los animales son torturados y cualquier persona que ya ha visto cómo viven en la producción intensiva sale totalmente horrorizada.

También hay que mencionar que el consumo de carne tampoco es tan buena para la salud, y los minerales y vitaminas que tiene la carne también los encontramos en otros alimentos. No soy vegana, así que no estoy en contra de comer cualquier producto de animales como la leche o huevos. Eso sería difícil para mí también. Pero, ¿la carne? ¡Por favor! Realmente no es necesario su consumo.

Cuaderno, S. 44/9a, b S sammeln (im Lektionstext) Ausdrücke zur Meinungsäußerung in Pro- und Kontradiskussionen. Mithilfe dieser Redemittel verfassen S dann eine kurze Antwort auf den Eintrag von Emilio Contreras.

TALLER DE MEDIACIÓN

Cuaderno, S. 45/1a, b, c Sprachmittlung Deutsch-Spanisch: Ziel ist, dass S die Aussage der Kampagne der Tierschutzorganisation PeTA auf Spanisch erklären, ohne jedoch jedes Wort zu übersetzen. Zur Vorbereitung umschreiben sie zunächst die angegebenen Ausdrücke und übersetzen das Motto der Kampagne.

MI RINCÓN DE LECTURA

Cuaderno, S. 47/1 Globales Leseverstehen: S lesen den Text und markieren die beiden Sätze, die den Inhalt des Textes zusammenfassen.

Cuaderno, S. 47/2a, b Globales Leseverstehen: S bringen die Bilder in die richtige Reihenfolge laut Text und notieren anschließend die Zeilen, auf die sich die Bilder beziehen.

Cuaderno, S. 47/3 Sprachmittlung Spanisch-Deutsch: S fassen den globalen Textinhalt auf Deutsch zusammen.

3

S. 64–67 ALGO MÁS

Dieser Lektionsteil befasst sich mit den arabischen Einflüssen in Andalusien, die aus der arabischen Herrschaft über die iberische Halbinsel zwischen dem 8. und dem 15. Jahrhundert herrühren und die sich noch heute in Andalusien – in der Architektur, Gastronomie, Sprache, Musik usw. – wiederfinden. Außerdem lernen S ein Volkslied des andalusischen Dichters Federico García Lorca kennen.

Lösungen, Hörtexte und Vorschläge für den Unterricht

HABLAR DE TEXTOS

Las huellas de Al-Ándalus

S. 66/1 S lesen den Informationstext und weisen ihr Textverständnis durch Ankreuzen der richtigen Antworten nach. L kann zuvor darauf aufmerksam machen, dass im Text von *moros*, *árabes* und *musulmanes* de Rede ist; mit all diesen Bezeichnungen sind die Mauren gemeint, die Spanien im 8. Jahrhundert eroberten und bis zum 15. Jahrhundert bewohnten (s. Fußnote 5 auf S. 64).

Lösung 1a – 2c – 3b – 4b – 5b – 6c

S. 66/2 Selektives und detailliertes Leseverstehen: S erklären den Kontext der aufgeführten Zahlen laut Text.

Lösungsvorschlag
 –10.000: En Al-Ándalus estaba la biblioteca más grande de Europa con 10.000 libros.
 –1492: En ese año los Reyes Católicos expulsaron a los últimos musulmanes y judíos de España.
 –800: El califato de Al-Ándalus duró casi 800 años; los musulmanes vivieron en España durante casi 800 años.
 –300.000: La ciudad de Córdoba tenía unos 300.000 habitantes y fue junto con Bagdad y Constantinopla una de las ciudades más grandes del mundo.
 –dos millones: Más de dos millones de turistas visitan cada año la Alhambra en Granada.
 –cero: Antes de la llegada de los árabes en Europa no se conocía el cero y se utilizaban los números romanos. Desde entonces se usan en Europa lo números árabes.

S. 66/3a Jede/r S denkt sich sieben Fragen über Al-Ándalus aus und stellt sie einem/einer MS.

Alternative S schreiben die Fragen samt Antwort auf Karteikarten. Sie tun sich in 4er-Gruppen zusammen. Die gesammelten Kärtchen jeder Gruppe werden an eine andere Gruppe weitergegeben, damit S nicht ihre eigenen Fragen beantworten. Die einzelnen Gruppen formen aus den Karten einen Stapel. Reihum zieht jede/r S eine Karte und stellt den Mitspielern die Frage. Wer sie zuerst richtig beantwortet, bekommt die Karte. Wer am Schluss die meisten Karten hat, gewinnt. Weiß keiner die Antwort auf eine Frage, kommt die Karte zurück unter den Stapel und am Schluss werden die unbeantworteten Fragen im Text nachgeschlagen.
Alternativ kann L auch alle Frage-Kärtchen sammeln, die doppelten aussortieren und mit zwei bis fünf größeren Gruppen spielen: L liest dabei die Fragen vor und die Gruppe, aus der zuerst die richtige Antwort reingerufen wird, bekommt einen Punkt.

Lösung individuell

S. 66/3b S arbeiten in PA und erzählen sich gegenseitig, was sie an den Textinformationen über Al-Ándalus überrascht hat bzw. was neu für sie war.

Lösung individuell

S. 66/4 S bereiten einen Kurzvortrag über das Leben in Al-Ándalus vor. Sie dürfen sich dabei einen Zettel mit Stichworten machen. Die Präsentation erfolgt in 3er-Gruppen, sodass möglichst viele S gleichzeitig reden. Nach den Vorträgen bekommt jede/r S ein Feedback von den beiden anderen Gruppenmitgliedern.

Lösung individuell

HABLAR DE UNA CANCIÓN

La Tarara

S. 66/5 S tun sich in 3er- oder 4er-Gruppen zusammen und lesen in EA den Liedtext. Sie tauschen sich in den Gruppen über das Thema aus und klären ggf. Verständnisschwierigkeiten. Dann äußert jede Gruppe im Plenum ihre Ergebnisse.

Lösungsvorschlag *La canción trata de una chica bonita que baila para los chicos del campo. Parece que el yo lírico está enamorado de ella porque dice varias veces «niña de mi corazón».*

S. 66/6a S hören das Lied und beschreiben die Musik. Dabei helfen ihnen die Redemittel unter der Übung und im Methodenanhang auf S. 155 f. In stärkeren Gruppen können S sich spontan im Blitzlicht (s. Methodenpool, S. 144) äußern, langsamere S benötigen vermutlich etwas Zeit, sich die Äußerungen mithilfe der Redemittel zurechtzulegen.

Lösungsvorschlag *La melodía es alegre y el ritmo vivo. Se escuchan una flauta, una guitarra y otros instrumentos. Aunque la canción suena alegre, la voz del cantante parece un poco triste.*

S. 66/6b S äußern sich spontan dazu, ob ihnen das Lied gefällt oder nicht und erklären, warum. Dabei helfen ihnen die Redemittel auf S. 155 f.

Lösung individuell

PUNTO FINAL 3: HACER UN DEBATE

S. 67 In dieser Lernaufgabe geht es um eine Debatte zum Thema Fleischkonsum. Diese Debatte ist bereits durch einige Übungen (SB, S. 63/8, S. 63/10a; Cuaderno, S. 44/9a) vorentlastet.

S. 67/a Auf Basis der Übung 10 (SB, S. 63) sammeln S in einer Tabelle alle Pro- und Kontraargumente gegen den Fleischkonsum, die ihnen einfallen. Dies kann auch in PA geschehen; S sollten zweisprachige Wörterbücher zur Verfügung gestellt bekommen. Zusätzlich wählen sie aus Übung 9 (Cuaderno, S. 44) acht Ausdrücke zum Diskutieren und Argumentieren aus, die ihnen für die Diskussion sinnvoll erscheinen, schreiben sie auf Karteikarten o. ä. und lernen sie auswendig. Die Karteikarten werden für die Debatte benötigt. In 4er-Gruppen tauschen sie ihre Argumente aus und ergänzen sie ggf. Zum Schluss wird festgelegt, welche S für und welche gegen den Fleischkonsum argumentieren werden. S sollten das weitestgehend selbst entscheiden können; wichtig ist nur, dass es gleich viele Befürworter/innen wie Gegner/innen gibt.

Hinweis Zwischen der Vorbereitung (Teil a) und der Durchführung der Debatte (Teil b) sollten S einige Tage Zeit haben, die Redemittel in HA auswendig zu lernen und sich auf ihre Rolle in der Debatte vorzubereiten.

S. 67/b S tun sich in neuen 4er-Gruppen (zwei Befürworter/innen und zwei Gegner/innen) zusammen. Jeweils zwei S diskutieren und zwei beobachten. Die Debatte wird laut Anleitung durchgeführt und ggf. wiederholt, wenn nicht genügend Argumente/Redemittel verwendet wurden. Anschließend wird die Diskussion von den Beobachtern/Beobachterinnen bewertet und es werden die

Rollen (Beobachter/innen und Diskutierende) getauscht. Anschließend evaluieren die S sich innerhalb der Gruppen gegenseitig. Dabei hilft die Kopiervorlage.

Lösung individuell

S. 70–71 REPASAR LA LENGUA 3 (FAKULTATIV)

Lösungen

GRAMÁTICA

Repasando el condicional

S. 70/1 S bilden Sätze mit dem Konditional. Je nach Übungsbedarf kann L eine Mindestanzahl vorgeben.

Lösung individuell

Repasando oraciones condicionales reales en presente

S. 70/2 In einem Partnerdialog wiederholen S den Konditional und geben Ratschläge.

Lösungsvorschlag
A: *Tengo un examen en unos días y estoy un poco nervioso/-a.*
B: *Yo en tu lugar no me preocuparía.*
A: *No he podido dormir estas últimas noches. He estado estudiando todo el tiempo.*
B: *Si sigues así, lo vas a olvidar todo.*
A: *¿Y si esta noche tampoco pudiera dormir, qué podría hacer? ¿Tienes alguna idea?*
B: *Si no puedes dormir, puedes hacer un poco de deporte.*
A: *Si hago deporte, después seguramente me va a doler la cabeza.*
B: *Si no quieres hacer deporte, podríamos ir juntos al cine.*
A: *Es una buena idea. Si tienes tiempo mañana, me gustaría ir al cine contigo.*
B: *Sí, tengo tiempo. ¿A qué hora quedamos?*
A: *Tengo tiempo a las seis, más o menos. Si no puedo, te llamo.*
B: *A las 6 está bien para mí también. Y si quieres, la próxima vez te puedo ayudar a estudiar.*

Repasando el uso de *ser* y *estar*

S. 70/3 S wiederholen den Unterschied zwischen *ser* und *estar*. Sie müssen dabei auch auf den Gebrauch von Zeiten und Modi achten.

Lösung 1. *están* – 2. *ser* – 3. *estuvo, estoy* – 4. *es, sea* – 5. *Fue* – 6. *Estás* – 7. *Es* – 8. *sea* – 9. *esté* – 10. *sea* – 11. *soy* – 12. *sea* – 13. *es, está*

Hinweis Eine Wiederholungsübung zum Gebrauch von *ser*, *estar* und *hay* gibt es auch im Repaso de gramática im Cuaderno, S. 77/16.

Repasando *ojalá (que)* + presente de subjuntivo

S. 71/4 S bilden Sätze mit *ojalá (que)* und konjugieren dazu die Verben in der angegebenen Form im *presente de subjuntivo*.

Lösung
–*Ojalá (que) podamos ir un día a la playa.*
–*Ojalá (que) no vayamos a ver una corrida de toros.*
–*Ojalá (que) tenga bastante dinero.*
–*Ojalá (que) sepan dónde hay conciertos esta semana.*
–*Ojalá (que) vea también a Federica.*

–Ojalá (que) vengan mis primos de Málaga.
–Ojalá (que) haga buen tiempo.

Repasar *cualquier* y *algún* (▶ Resumen, S. 68/2)

S. 71/5 S vervollständigen den Lückentext mit Formen von *cualquier* und *algún*.

Lösung *cualquier – cualquier – algunas – algunos – cualquiera – algunos – Cualquiera*

VOCABULARIO

Expresar contrastes

S. 71/6 S vervollständigen den Lückentext mit den angegebenen Konnektoren zum Ausdrücken von Kontrasten.

Lösung *Sin embargo – Mientras que – En cambio – ni – ni – Por un lado – Por otro lado*

4 DESAFÍOS GLOBALES S. 72–93

Diese *Unidad* befasst sich mit globalen Problemen und Herausforderungen wie z. B. der Wasserknappheit, der Landflucht und sozialen Problemen.
Die abschließende Lernaufgabe besteht in der Anfertigung einer Bewerbung (Anschreiben und Lebenslauf) für einen Freiwilligendienst bei einer Hilfsorganisation.

ÜBERSICHT

Gliederung	¡Acércate! Text A: ¡El agua es vida! Text B: Una ciudad para todos Algo más Resumen Repasar la lengua 4 (fak.)
Lernziele	Themenwortschatz *desafíos globales* Den eigenen Standpunkt äußern / Statistiken auswerten (Wh.) Bedingungen in der Vergangenheit ausdrücken Wiedergeben, was jemand gesagt hat (Wh. und Erweiterung) Aufforderungen in der Vergangenheit wiedergeben (Erweiterung)
Methodentraining	Methoden: Textinhalte mithilfe von Schlüsselbegriffen zusammenfassen, ein Interview schriftlich zusammenfassen / einen deutschen Text auf Spanisch zusammenfassen, einen Lebenslauf und eine Bewerbung schreiben Methodische Schwerpunkte: Schreiben, Lesen
Grammatik	das *pluscuamperfecto de subjuntivo* das *condicional compuesto* irreale Bedingungssätze in der Vergangenheit das Passiv (rez.) Nebensatzverkürzung mit *participio* indirekte Rede und Aufforderung im *subjuntivo* mit Zeitverschiebung irreale Bedingungssätze (Wh.) Nebensatzverkürzungen mit *al + inf.*, *antes de + inf.* und *después de + inf.* (Wh.) unpersönliche Satzkonstruktionen mit *se* (Wh.)
Folien	F11: *Latinoamérica: tierra de contrastes* F12: *Una entrevista de trabajo*
Kopiervorlagen	KV34: *Para hablar sobre desafíos globales* KV35: *Estilo formal contra estilo familiar* KV36: *Prueba de vocabulario 4* KV DVD9: *Escena 9* KV DVD10: *Escena 10* KV DVD11: *Escena 11, Escena 12* KV DVD12: *Escena 13*

Landeskunde	Wasserkrieg in Bolivien
	In der drittgrößten bolivianischen Stadt Cochabamba brach im Jahr 2000 der sogenannte Wasserkrieg (*Guerra del agua*) aus. Zu dieser gewalttätigen Auseinandersetzung kam es in Folge einer Privatisierung der Wasserversorgung. Die neue Gesellschaft, ein multinationales Wasserkonsortium, zu dem u. a. Investoren aus den USA, Italien und Spanien gehörten, verdreifachte die Wasserpreise innerhalb kurzer Zeit bei ausbleibenden Subventionen für die mittellose Bevölkerung. Das Graben von Brunnen und das Auffangen von Regenwasser wurden verboten. So kam es zu Beginn des Jahres 2000 zu heftigen Protesten gegen die Wasserpolitik, in Folge derer die Privatisierung schließlich rückgängig gemacht wurde.

ÜBUNGEN IM SCHÜLERBUCH (SB) UND IM CUADERNO (C)

Leseverstehen	global	¡Acércate! (C, S. 50/2)
		Text A (SB, S. 76/3)
		Text B (SB, S. 81/1)
		Mi rincón de lectura (C, S. 61/1)
	selektiv	Text A (C, S. 51/1)
	detailliert	Text A (SB, S. 76/4b) fak.
		Text B (SB, S. 81/2a, b, c fak.)
		Text B (C, S. 57/1a, b)
		Mi rincón de lectura (C, S. 61/2)
Hörverstehen	selektiv	¡Acércate! (SB, S. 74/2a, b)
		El Parque Biblioteca España (SB, S. 84/9a, b, c fak.)
		Kinoreservierung (C, S. 55/7a, b)
	detailliert	Registerunterschiede/Sprachstil (SB, S. 84/10)
	global und selektiv	*Día mundial contra el trabajo infantil* (C, S. 59/5a, b, c)
	global, selektiv und detailliert	Übung zum Hör-Sehverstehen (SB, S. 77/6a, b)
Schreiben	gelenkt	Ein Musteranschreiben verfassen (C, S. 62/1)
		Ein Anschreiben korrigieren (C, S. 63/2a, b)
	frei	Ein Interview zusammenfassen (SB, S. 84/8)
		Einen Artikel über soziale Projekte schreiben (SB, S. 85/12b)
		Einen Lebenslauf schreiben (SB, S. 89/3)
		Bewerbungsunterlagen verfassen (SB, S. 89/Punto final 4)
		Einen Kommentar schreiben (C, S. 50/3; C, S. 61/3)
Sprechen	gelenkt	Rollenspiel (C, S. 59/6)
	frei	Über globale Probleme sprechen (SB, S. 74/3a, b)
		Über Wasserverbrauch sprechen (SB, S. 79/11a, b, c)

4

Sprachmittlung	Spanisch-Deutsch	Eine Reportage zusammenfassen (SB, S. 76/5) Teile eines Informationstextes erläutern (SB, S. 88/1b) Fragen zu einem Informationstext beantworten (SB, S. 88/1c) Einen Informationstext übersetzen (C, S. 60/7)
	Deutsch-Spanisch	Einen Artikel zusammenfassen (SB, S. 84/11a, b, c) Eine Filmkritik zusammenfassen (C, S. 56/8a, b)
Sprachliche Mittel	Wortschatz	*Desafíos globales* (SB, S. 74/1; SB, S. 77/7; C, S. 50/1)
	Verben	Das Passiv (SB, S. 77/8a, b) Unpersönliche Satzkonstruktionen mit *se* + Verb (Wh.) (SB, S. 93/5) fak. Reaktivierung verschiedener Verbformen: Konditional, Futur I, Partizip (C, S. 51/2) Der Konditional (Wh.) (C, S. 52/3) Wiederholung diverser Tempora und Modi (C, S. 57/2)
	Satzverkürzungen	Satzverkürzungen mit Partizip und Gerundium (SB, S. 78/9) Satzverkürzungen mit Partizip (SB, S. 93/6 fak.; C, S. 55/6)
	Bedingungssätze	Der irreale Bedingungssatz in der Vergangenheit (SB, S. 78/10a, b, c; SB, S. 79/12a, b; SB, S. 92/2 fak.; SB, S. 92/3 fak.; C, S. 52/4a; C, S. 53/4b; C, S. 54/5a, b) Der irreale Bedingungssatz der Gegenwart (Wh.) (SB, S. 92/1) fak.
	Indirekte Rede und Aufforderung im *subjuntivo* mit Zeitverschiebung	Die indirekte Aufforderung in der Vergangenheit (SB, S. 82/4) Die indirekte Rede in der Vergangenheit (SB, S. 82/5; SB, S. 83/6; SB, S. 83/7a, b; SB, S. 85/12a; C, S. 57–58/3a) Die indirekte Rede und Aufforderung in der Vergangenheit (C, S. 58/3b)
	Infinitivkonstruktionen	*Al* + *inf.*, *después de* + *inf.*, *antes de* + *inf.* (Wh.) (SB, S. 92/4) fak.
	Autocontrol	Übungen zur Selbstkontrolle (C, S. 64–65)
Methodentraining	Texterschließung	Schlüsselbegriffe (SB, S. 76/4a)
	Wortschatzarbeit	Wörter umschreiben (SB, S. 81/3a) Wortschatz strukturieren (SB, S. 82/3b) Wortbildung/Genus (C, S. 59/4)
	Informationen recherchieren (und präsentieren)	Recherche zum Film *También la lluvia* (SB, S. 75/2) Internetrecherche zu NGOs (SB, S. 88/1a; SB, S. 88–89/2a, b, c)
Landeskunde	Wasserkrieg	Spekulationen zum Thema (SB, S. 75/1)

S. 72–74 ¡ACÉRCATE!

S erhalten einen Überblick über vier globale Herausforderungen: Landflucht, Wassermangel, Straßenkinder, Ökotourismus.

Sprachliche Mittel	Themenwortschatz *desafíos globales*
	debido a…
Wortschatz	*el desafío, la villa miseria / las villas miseria, debido a, el éxodo rural, las afueras, la ONU (Organización de las Naciones Unidas), el acceso, el derecho, el agua potable, estimar, (ser) infantil, el ecoturismo, Lima, la obra, el punto de vista, ya que, las aguas residuales, el abastecimiento, la ONG (Organización no gubernamental), salir de, Archez, el molino, el huerto*
	transparent: *(ser) global, (ser) rural, la evolución / las evoluciones, (ser) humano/-a, el derecho humano, el litro, el/la niño/-a de la calle, cada vez más, bajar, sobrevivir, la formación / las formaciones, la oportunidad, la criminalidad, el agua corriente, transportar, el sistema, el Día Mundial del Agua, garantizar, UNICEF, la organización / las organizaciones, (ser) familiar, el voluntario / la voluntaria, la restauración / las restauraciones, restaurar, funcionar como, el contacto, (ser) directo/-a, (ser) regional*

Lösungen, Hörtexte und Vorschläge für den Unterricht

VORSCHLAG FÜR DIE TEXTERARBEITUNG

1. Einführung in das Thema und Vorentlastung des Hörtextes

L kündigt das Thema der folgenden Stunden an: weltweite Probleme und Herausforderungen am Beispiel der spanischsprachigen Welt. S betrachten die Bilder auf S. 72–73, ohne die Texte dazu zu lesen, und sagen im Plenum ihre Assoziationen auf Deutsch. Dann erarbeiten sie sich die wichtigsten Schlagworte mithilfe der Übung 1 im Cuaderno (S. 50): Mithilfe der Bilder und des Kontextes erkennen sie die spanischen Entsprechungen der deutschen Komposita. Wenn nötig, schlagen sie weitere Wörter, die sie zum Erschließen des Kontextes brauchen, eigenständig nach. Durch die Übung 1 im SB (S. 74) wird anschließend der Hörtext lexikalisch vorentlastet. Die Wörter im Kasten sind zum Teil neu und werden zuerst besprochen und ggf. von L semantisiert.

2. Hörverstehen

2–3 S hören nun den Hörtext. Nach jedem der vier *testimonios* hält L die CD kurz an und S kreuzen bei Übung 2a (SB, S. 74) an, was ihrer Meinung nach zutrifft. Anschließend vergleichen und diskutieren sie ihre Auswahl mit einem/einer MS. Dann erfolgt die Kontrolle im Plenum.
Nun lesen S die Fragen zur Übung 2b (SB, S. 74) und eventuelle Unklarheiten bzgl. derselben werden geklärt. S hören den Hörtext erneut und machen sich dabei Notizen zu den Fragen. Da dies vielen S möglicherweise eher schwer fällt und um Frustration zu vermeiden, werden die Ergebnisse nicht sofort gesichert, sondern S setzen sich in 4er-Gruppen zusammen und vergleichen und ergänzen ihre Antworten zuerst.

3. Leseverstehen

S bearbeiten nun mithilfe des Transkripts des Hörtextes (SB, S. 121–122) die Übung 2 im Cuaderno (S. 50), bei der sie die Oberthemen zu vorgegebenen Schlüsselbegriffen zuordnen und jeweils zwei weitere Stichworte hinzufügen. Unbekanntes Vokabular erschließen S sich, wenn möglich, aus dem Kontext. Schwierige, nicht transparente, aber für das Verständnis wichtige Vokabeln (*una obra, el abastecimiento, el molino, el huerto*) schlagen sie im Vokabelanhang nach.

4. Umwälzung des neuen Wortschatzes

S setzen sich in 4er-Gruppen zusammen und teilen die vier *desafíos* des Textes – *el éxodo rural, el acceso al agua, los niños de la calle, el ecoturismo* – untereinander auf. Jede/r S erarbeitet sich sein Thema so weit, dass er/sie es den anderen mündlich vorstellen kann. Dabei können sie auch auf ihr Vorwissen, beispielsweise aus dem Erdkunde- oder Politikunterricht zurückgreifen. Anschließend diskutieren S zunächst in der Kleingruppe, dann im Plenum, welches der vier Themen ihrer Meinung nach am wichtigsten ist. Sie verwenden die Redemittel aus dem Kasten, um ihren Standpunkt zu äußern (SB, S. 74/3).

COMPRENSIÓN AUDITIVA

S. 74/1 Siehe Vorschlag für die Texterarbeitung, Punkt 1.

Lösung

el éxodo rural	el acceso al agua	los niños de la calle	el ecoturismo
–buscar trabajo en la capital –el campesino –no tener formación –la criminalidad –la villa miseria –alimentar a la familia	–el agua potable –un derecho humano –el acceso al agua corriente –las aguas residuales	–pedir dinero –sobrevivir –aprender a leer y a escribir –problemas familiares –un futuro digno	–productos de la región –respetar el medio ambiente –la naturaleza

S. 74/2a, b Siehe Vorschlag für die Texterarbeitung, Punkt 2.

🎧 2–3

Hörtext — *Albino Cahuana, 42 años, Lima, Perú*
Albino: *Yo, como muchos campesinos en el Perú, vivía del trabajo en el campo gracias a la industria del azúcar; pero los precios bajaron tanto que ya no se podía sobrevivir como campesino… Por eso decidí irme a la capital a buscar trabajo. Primero vine solo y al principio todo fue muy difícil, porque no es fácil encontrar un empleo para un campesino sin formación.*
Cuando por fin encontré trabajo en una obra, traje a mi mujer y a mis cuatro hijos. Aunque es realmente duro, ahora gano más que trabajando en el campo. Por ahora vivimos en una casa muy pequeña que hemos construido nosotros mismos en las afueras de la ciudad, en un barrio donde viven muchos campesinos que han venido a Lima buscando mejores oportunidades. Desde mi punto de vista, las condiciones de vida aquí no son buenas y hay bastante criminalidad, pero por lo menos puedo alimentar a mi familia.
— *Roberta Guaranca, 29 años, Bolivia*
Roberta: *En mi opinión, uno de los grandes problemas del país sigue siendo el acceso al agua corriente, ya que todavía muchas familias, sobre todo en el campo, tienen que transportarla a sus casas.*
Hoy ocho de cada diez habitantes tienen agua potable en su casa, pero solo la mitad de la población está conectada con el sistema de aguas residuales. Cada 22 de marzo celebramos el Día Mundial del Agua acordándonos que el acceso al agua es un derecho humano y que tenemos que garantizar su abastecimiento a todos los habitantes en nuestro país.
— *Onelio Márquez, 33 años, colaborador de la ONG Pies descalzos, Colombia*
Onelio: *Según UNICEF, más de 30.000 niños colombianos viven en la calle. Desgraciadamente aquí no existen buenos servicios sociales como en algunos países europeos, por eso es muy importante que haya organizaciones que ayudan a esos chicos. La mayoría de ellos conocen desde pequeños problemas familiares bastante graves y por eso viven en la calle. En nuestros colegios, ayudamos a estos chicos a salir de sus problemas y les ofrecemos la oportunidad de aprender a escribir y a leer y a hacer una formación profesional. Así les garantizamos una vida digna en el futuro.*

- *Lucía García, 21 años, voluntaria en la restauración de un antiguo molino en Archez, España*
  Lucia: Soy estudiante y durante las vacaciones de verano he decidido ayudar en un proyecto de ecoturismo como voluntaria. Con los vecinos del pueblo estamos restaurando un viejo molino del siglo XIX, que además también funcionará como albergue para turistas, donde ellos mismos podrán trabajar en su propio huerto.
  Desde hace unos años vienen muchos turistas de las grandes ciudades con ganas de pasar unas vacaciones diferentes. Buscan el contacto directo con la naturaleza; respetan el medio ambiente y se interesan por los productos regionales. El ecoturismo tiene mucho futuro. Por lo menos, yo lo veo así.

Lösung a) 1a – 2b – 3b – 4b
b) 1. *Como campesino, Albino Cahuana vivía del trabajo en el campo. Pero cuando los precios del azúcar bajaron, ya no podía sobrevivir con lo que ganaba y se fue a la capital a buscar trabajo.*
2. *Para ella el problema más importante en Bolivia es el acceso al agua corriente, porque muchas familias en el campo todavía hoy tienen que transportar el agua a sus casas.*
3. *Piensa que su trabajo en la ONG es importante porque en Colombia no hay ayuda social del gobierno como en Europa.*
4. *Es una forma del turismo que respeta el medio ambiente ofreciendo vacaciones en la naturaleza.*

COMPRENSIÓN LECTORA Y VOCABULARIO

Cuaderno, S. 50/1 Siehe Vorschlag für die Texterarbeitung, Punkt 1.

Cuaderno, S. 50/2 Siehe Vorschlag für die Texterarbeitung, Punkt 3.

HABLAR / YA LO SÉ

S. 74/3a, b Siehe Vorschlag für die Texterarbeitung, Punkt 4.
Lösung individuell

EXPRESIÓN ESCRITA

Cuaderno, S. 50/3 S schreiben einen kurzen Kommentar (ca. 70 Wörter) über eines der vier Themen. L kann vorgeben, dass S nicht dasselbe Thema wie in SB, S. 74/3 wählen sollen.

S. 75–79 4A ¡EL AGUA ES VIDA!

Der Lektionstext vertieft die Problematik des Trinkwassers in Lateinamerika am Beispiel des Wasserkriegs in Bolivien. Diesen und die Auswirkungen der Eroberung Amerikas auf die heutige wirtschaftliche und soziale Situation thematisiert der Film *También la lluvia*, welcher im Text vorgestellt wird.

Sprachliche Mittel	das *pluscuamperfecto de subjuntivo*
	das *condicional compuesto*
	irreale Bedingungssätze in der Vergangenheit
	das Passiv (rez.)
	Nebensatzverkürzung mit *participio*

Wortschatz	*el recurso, (ser) valioso/-a, firmar, subir, el total, la ley, el/la aimara, solo, dirigir, rodar, el premio, dar vida a, (ser) ignorante, merecer, explotar, determinar, el poder*
	transparent: *llamado/-a, la crisis, el/la presidente, el contrato, privatizar, inseguro/-a, regular, el método, la consecuencia, la protesta, el muerto / la muerta, el conflicto, (ser) histórico/-a, (estar) relacionado/-a, la colonización / las colonizaciones, fuerte, el desarrollo, (ser) inútil, la mentalidad, el colonizador / la colonizadora, la elección / las elecciones, el interés / los intereses, el ministerio, la privatización / las privatizaciones, (ser) básico/-a, aceptar*

Lösungen, Hörtexte und Vorschläge für den Unterricht

VORSCHLAG FÜR DIE TEXTERARBEITUNG

ACTIVIDAD DE PRELECTURA / BÚSQUEDA DE INFORMACIÓN

S. 75/1 1. Hinführung zum Thema

Das Thema Wasserkrieg ist für Schüler in dem Alter zunächst einmal ziemlich komplex. Deshalb überlegen sie zunächst, was ein Wasserkrieg überhaupt sein könnte und aus welchem Grund und in welchen Regionen ein solcher geführt werden könnte. Es könnte durchaus sein, dass S hier falsche Vermutungen aufstellen (z. B. dass es sich um einen Krieg auf dem Wasser handelt). L sollte dies zunächst einmal stehen lassen und nicht weiter auflösen, damit ein Spannungsbogen hinsichtlich der Textlektüre bestehen bleibt.

Zusätzlich informieren sich S (am besten als vorbereitende HA) über den Film *También la lluvia* und den Schauspieler Juan Carlos Aduviri (SB, S. 75/2). L sollte, zumindest in leistungsschwächeren Gruppen, konkrete Fragen zur Informationsrecherche vorgeben, z. B.: Wo spielt der Film? Wovon handelt er? Welche Rolle spielt Juan Carlos Aduviri?

2. Leseverstehen

L fasst noch einmal zusammen, was S hinsichtlich des Begriffes Wasserkrieg vermutet haben. Dann überfliegen S den Text bis Zeile 18 und überprüfen und modifizieren ggf. ihre Hypothesen. Im Plenum wird zusammengefasst, was mit dem Begriff Wasserkrieg in diesem Kontext tatsächlich gemeint ist.

S lesen dann den gesamten Text in EA und verstehen ihn mithilfe der Annotationen global. Nun ordnen sie den Abschnitten Zwischenüberschriften zu (SB, S. 76/3) und erschließen sich den Text anschließend näher, indem sie die zentralen Informationen zu den drei Schlagworten Evo Morales, *La guerra del agua* und *También la lluvia* in Stichworten festhalten (Cuaderno, S. 51/1), sodass sie in der Lage sind, sie zu erklären.

3. Den Text über Schlüsselbegriffe erschließen

S lesen den Text erneut und fokussieren diesmal die Situation der indigenen Bevölkerung, der Aimara, in Bolivien. Sie notieren die Schlüsselbegriffe und stellen die Situation anschließend mithilfe dieser Begriffe vor (SB, S. 76/4a).

4. Vertiefung des Textinhalts und Landeskunde

Anschließend kommentieren S den Zusammenhang zwischen dem Wasserkrieg und der Entdeckung Amerikas. Sie greifen dabei auf Textinformationen und Vorwissen aus Lektion 2 zurück (SB, S. 76/4b).

Hinweis	Diese fakultative Aufgabe ist vom Anspruchsniveau relativ hoch. Um sie vorzuentlasten, bietet sich die Aufgabe 8 (Cuaderno, S. 56) an, bei der S den Filminhalt noch einmal auf Basis einer deutschen Filmkritik zusammenfassen sollen. Evtl. reicht es zu diesem Zeitpunkt, dass S nur die Filmkritik lesen und die Übung dazu später bearbeiten.

BÚSQUEDA DE INFORMACIÓN

S. 75/2	Siehe Vorschlag für die Texterarbeitung, Punkt 1.
Lösungsvorschlag	«También la lluvia» es una película española sobre un equipo de cine que quiere hacer una película sobre la conquista de América. Para eso viajan a Bolivia, pero mientras están allí comienza la «Guerra del agua». Juan Carlos Aduviri es uno de los actores bolivianos de la película y tiene dos papeles: es un líder indígena (Hatuey) dentro de la película sobre la conquista que están haciendo los españoles, y al mismo tiempo interpretó al líder de las protestas durante la «Guerra del agua».

COMPRENSIÓN LECTORA

S. 76/3	Siehe Vorschlag für die Texterarbeitung, Punkt 2.
Lösung	–Un recurso lejano (ll. 1–4) –Un contrato con consecuencias fatales (ll. 5–18) –La «guerra del agua» en el cine (ll. 19–36) –La situación de los indígenas desde la colonización hasta hoy (ll. 37–42) –El agua – un derecho humano (ll. 43–49)
Cuaderno, S. 51/1	Siehe Vorschlag für die Texterarbeitung, Punkt 2.
S. 76/4a	Siehe Vorschlag für die Texterarbeitung, Punkt 3.
Lösungsvorschlag	La mayoría de los indígenas en Bolivia son aimaras. Viven en los Andes donde <u>el acceso al agua corriente</u> sigue siendo un gran problema. En Bolivia también tuvo lugar la «<u>Guerra del agua</u>» en el año 2000. El presidente de Bolivia privatizó el <u>servicio comunal del agua</u> y la empresa subió tanto los precios que muchos aimaras no la podían seguir pagando por su <u>insegura situación laboral</u>. Ellos empezaron a hacer <u>manifestaciones</u> hasta que el gobierno canceló el contrato con la empresa. En 2006 los bolivianos eligieron el <u>primer presidente indígena de Bolivia: Evo Morales</u>. Él quiere mejorar la situación de los indígenas en su país, por ejemplo a través de la <u>ley «Agua para la vida»</u> que ahora garantiza el acceso al agua para todos los habitantes.
Hinweis	Je nachdem, welche Schwerpunkte die S in dem Text sehen, können die Lösungen unterschiedlich ausfallen.
S. 76/4b fakultativ	Siehe Vorschlag für die Texterarbeitung, Punkt 4.
Lösungsvorschlag	Creo que realmente la «Guerra del agua» y la conquista de América están muy relacionadas: ya sabemos que poco después de su llegada a América, los españoles empezaron a explotar a los indígenas. Según el actor Juan Carlos Aduviri, los indígenas creían durante siglos lo que les habían dicho los conquistadores: que eran inútiles e ignorantes, y dejaron que los explotaran. Subir los precios del agua era otra forma más de explotar a los indígenas, pero esa vez salieron a la calle a luchar por sus derechos.

4

MEDIACIÓN

S. 76/5 Sprachmittlung Spanisch-Deutsch: S fassen die Reportage auf Deutsch zusammen. Zur Vorbereitung können S sich zu jedem Untertitel der Übung 3 (SB, S. 76) Stichpunkte (auf Deutsch) machen, auf Basis derer sie den Textinhalt dann zusammenfassen.

Lösungsvorschlag In der Reportage geht es darum, dass der Zugang zum Trinkwasser für viele Aimara-Familien in Bolivien auch heute noch problematisch und schwierig ist, weil sie teilweise hoch in den Anden wohnen. Im Jahr 2000 hat sich die Situation zugespitzt: Durch die Privatisierung des Trinkwassers stiegen die Preise und wurden für viele unbezahlbar. Daraufhin kam es zum „Wasserkrieg" in der drittgrößten Stadt Cochabamba: Bei Demonstrationen gegen die Wasserpolitik gab es Tote und Verletzte, es wurde aber erreicht, dass der Vertrag über die Privatisierung zurückgenommen wurde. Eben dieser Wasserkrieg ist auch ein Thema des Films *También la lluvia*: Ein Filmteam möchte in Bolivien einen Film über die Entdeckung Amerikas drehen, aber mitten in den Dreharbeiten bricht der Wasserkrieg aus.

Die Reportage erklärt, dass das Verhalten der spanischen Eroberer auch heute noch Einfluss auf das Leben der indigenen Bevölkerung hat, da diese sich den Spaniern immer unterlegen gefühlt haben. Eine Änderung des Bewusstseins kam u. a. mit Evo Morales, der 2006 in Bolivien zum ersten indigenen Präsidenten gewählt wurde. Er stärkte die Rechte der indigenen Bevölkerung, indem er z. B. ein Ministerium für Wasser einrichtete und bei der UNO dafür sorgte, dass der Zugang zu Wasser zu einem grundlegenden Menschenrecht erklärt wurde.

Cuaderno, S. 56/8a, b S markieren in der Filmkritik die wichtigsten Informationen zum Film, um ihn anschließend zusammenfassen zu können und zu sagen, ob er sie interessiert.

Hinweis Der Text zu dieser Übung kann schon zur Vorbereitung der Aufgabe 76/4b genutzt werden, die Übung an sich kann aber später bearbeitet werden (siehe auch Vorschlag für die Texterarbeitung, Punkt 4).

COMPRENSIÓN AUDIOVISUAL

S. 77/6a S ordnen Szenenbilder aus dem Film *También la lluvia* den Aussagen von Jugendlichen zu und hören heraus, was den jeweiligen Sprecher am meisten beeindruckt hat.

Hörtext Pablo: *¡Vaya peliculón! A mí me ha encantado.*
Cris: *A mí también me ha gustado mucho, y me ha sorprendido también. Bueno, todas las críticas son bastante buenas…*
Luis: *Todas las películas de esta directora son diferentes, con temas muy originales. A mí lo que más me ha gustado de Icíar Bollaín es la idea de introducir una película dentro de la propia película.*
Pablo: *Es verdad. ¿Recordáis esa escena donde el director controla detrás de la cámara y un grupo de actores indígenas mira interesado el resultado del trabajo? Es realmente interesante porque es un contraste entre la tecnología moderna y los pueblos indígenas tradicionales.*
Cris: *Esa escena es muy buena, pero a mí la que más me llamó la atención fue otra.*
Luis: *Cuenta, ¿cuál?*
Cris: *Al principio de la película, cuando todavía están realizando el cásting y la selección de actores y hay una cola con un montón de indígenas que esperan su oportunidad.*
Pablo: *Ah, ya sé…*
Cris: *Es genial. El director intenta hablar con las personas mientras el personal de seguridad está detrás de él. En ese momento llega el productor y les dice que se vayan…*
Luis: *Yo estoy de acuerdo contigo, esa escena es emocionante, pero para mí el mejor momento de la película es la escena en la que el líder indígena toma el altavoz y habla con todos sus compañeros para que juntos luchen unidos en la Guerra del Agua.*
Pablo: *Yo todavía recuerdo cuando en el año 2000 empezó esa guerra en Cochamamba, y las imágenes parecen reales…*

Luis: *Es que además los actores son superbuenos...*
Pablo: *Sobre todo Luis Tosar...*
Cris: *El mejor es Gael...*

Lösung —Pablo: *escena 2; le impresionó el contraste entre la tecnología moderna y los pueblos indígenas tradicionales; también le gustaron las imágenes porque parecen reales.*
—Cris: *escena 3; le llamó la atención un momento al principio de la película, cuando muchos indígenas que quieren trabajar en la película, están esperando su oportunidad.*
—Luis: *escena 1; le impresionó el momento en el que el líder indígena habla con sus compañeros para que luchen juntos en la Guerra del agua; también le gustó la idea de una película dentro de una película.*

S. 77/6b Mithilfe der Kopiervorlagen für die DVD erarbeiten sich S die Hör-Sehtexte.
KV DVD 9–12

Hinweis Vor Bearbeitung der KV DVD 9 muss Übung 8 im Cuaderno (S. 56) bearbeitet worden sein. KV DVD 11 und 12 bieten sich erst in Lektionsteil B an, nach der Lektüre des Lektionstextes.

LA LENGUA

Practicar el vocabulario

S. 77/7 S festigen das Wortfeld zum Thema Trinkwasser, indem sie die Sätze mit dem passenden Ausdruck vervollständigen.

Lösung 1. *acceso al agua corriente; recurso muy valioso* – 2. *privatizar el servicio de agua* – 3. *conservan el agua de la lluvia* – 4. *dueños de sus recursos naturales* – 5. *acceso al agua potable; derecho humano*

La voz pasiva

S. 77/8a, b Das Passiv kommt im Spanischen weit weniger häufig vor als im Deutschen und eher in der Schriftsprache. Im mündlichen Sprachgebrauch wird statt des Passivs häufig die unpersönliche Konstruktion mit *se* gebraucht. Daher reicht es, wenn S das Passiv erkennen, sie müssen es aber nicht selbst verwenden. Dazu geben sie die Sätze in Übungsteil a auf Deutsch wieder und formulieren sie in Teil b um.

Lösungsvorschlag a) 1. Der Film wurde mit verschiedenen internationalen Preisen prämiert.
2. Eine von Bolivien vorgestellte Resolution, um den Zugang zu Trinkwasser als grundlegendes Menschenrecht anzuerkennen, wurde 2010 von der UNO anerkannt.
b) 1. *La película recibió diferentes premios internacionales.*
2. *Una resolución, presentada por Bolivia, de reconocer el acceso al agua potable como «derecho humano básico» se aceptó por la ONU en 2010.*

Abreviar frases con el participio y el gerundio (▶ Resumen, S. 91/5)

Cuaderno, S. 55/6 S verkürzen die Sätze durch Verwendung eines Partizips.

Hinweis Diese Übung ist etwas leichter als die folgende Übung im Schülerbuch und sollte daher zuerst bearbeitet werden. Ggf. können langsamere S auch diese und schnellere die Übung im SB bearbeiten.

S. 78/9 Diese Übung dient der Bewusstmachung zur Verbesserung des Schreibstils. S ersetzen die unterstrichenen Satzteile durch Parizipien oder Gerundien. Z. T. müssen S die Sätze dazu umstellen.

Lösung 1. *Preocupando a más del 90 % de los europeos, la falta de agua es un problema sobre todo en España, Portugal e Italia [...].*
2. *Actualmente la agricultura utiliza el 70 % y la industria el 20 % del agua consumida en todo el mundo.*
3. *Aproximadamente 1.200 millones de personas en el mundo no tienen acceso al agua potable en sus casas. Por eso, las personas afectadas por este problema tienen que caminar grandes distancias [...].*
4. *Más de 5,3 millones de personas mueren cada año en el mundo debido a enfermedades causadas por agua contaminada.*
5. *Ahorrando agua podemos luchar contra su escasez porque solo el 3 % de toda el agua del planeta es agua potable.*

Reactivando el condicional simple

Cuaderno, S. 51/2 In Vorbereitung auf die irrealen Bedingungssätze der Vergangenheit reaktivieren S die Formen des Partizips und des Konditionals und machen sich den Unterschied zwischen letzterem und dem *futuro simple* bewusst.

Cuaderno, S. 52/3 S vervollständigen den Lückentext mit Formen des *condicional simple*.

Practicar condiciones irreales en el pasado I (▶ Resumen, S. 90/1)

S. 78/10a S wissen aus anderen Sprachen bereits, dass es drei Typen von Bedingungssätzen gibt. Die ersten beiden Typen kennen S schon. Zur Reaktivierung dieser beiden können S als Hausaufgabe die Wiederholungsübungen im Buch (SB, S. 70/2 und SB, S. 92/1) machen. Anschließend schreibt L den Satz aus der Übung 10a an die Tafel und S formulieren gemeinsam im Plenum, was dieser Satz ausdrücken könnte und wie sie darauf kommen (ggf. kann zuerst in PA vorgearbeitet werden). Anschließend suchen sie im Text einen weiteren Bedingungssatz dieses Typs und überprüfen anhand des Inhalts desselben, ob ihre Vermutungen stimmen können. Zum Schluss wird geklärt, dass es sich um einen gänzlich irrealen Bedingungssatz handelt, der also nicht mehr eintreten kann.

Lösung Wenn die Eingeborenen nicht geglaubt hätten, dass sie weniger stark wären, wäre die Entwicklung anders gewesen.
Weiteres Beispiel: *¿Cómo habría sido el desarrollo de los países latinoamericanos si los colonizadores españoles no los hubieran explotado?* (p. 76, ll. 37–38)

Hinweis S sollten gemeinsam im Plenum reflektieren, wie diese Art von irrealen Bedingungssätzen gebildet werden. Dazu betrachten S beide Sätze an der Tafel. L lenkt die Aufmerksamkeit auf die Prädikate: Im Hauptsatz steht das *condicional compuesto*, im *si*-Satz das *pluscuamperfecto de subjuntivo*.

Cuaderno, S. 52–53/4a, b S konjugieren zunächst das Hilfsverb *haber* im *imperfecto de subjuntivo* sowie im Konditional und bilden die Partizipien der vorgegebenen Verben. Damit bereiten sie sich darauf vor, im zweiten Übungsteil die irrealen Bedingungssätze der Vergangenheit zu ergänzen. (▶ Resumen, S. 90/1–2)

Hinweis Vor allem in schwächeren Gruppen sollte diese Übung vor SB, S. 78/10b bearbeitet werden.

S. 78/10b S formen die Sätze entsprechend dem Modellsatz in irreale Bedingungssätze der Vergangenheit um. Für schwächere S gibt es eine leichtere Variante auf S. 116.

Lösung 1. *Si la ley no hubiera prohibido a los campesinos conservar el agua de la lluvia, muchas familias no habrían tenido que pagar hasta el 20 % de los ingresos familiares por la cuenta del agua.*
2. *Si los indígenas no hubieran sido pobres, habrían podido pagar la cuenta del agua.*

3. *Si las protestas contra los precios no hubieran sido fuertes, la empresa norteamericana no se habría ido de Bolivia.*

Cuaderno, S. 54/5a, b — S schreiben, was sie in den genannten Situationen getan hätten: Sie bilden aus dem vorgegebenen Fragment einen *si*-Satz, wobei sie das markierte Verb ins *pluscuamperfecto de subjuntivo* setzen. Den Hauptsatz (mit dem Verb im *condicional compuesto*) denken sie sich selbst aus. Der zweite Übungsteil ist etwas leichter: Hier ergänzen sie die Satzanfänge und bilden am Schluss zwei komplette Sätze. An einigen Stellen kann auch der irreale Bedingungssatz II verwendet werden, bei dem das Verb im Hauptsatz im *condicional simple* steht (▶ Resumen, S. 90/1–2).

Hinweis — Diese Übung eignet sich auch als vorbereitende HA auf den Partnerdialog (SB, S. 79/12).

S. 78/10c — S bilden selbst irreale Bedingungssätze, die sich auf Ereignisse aus den letzten Tagen beziehen. Weniger kreative S finden auf S. 116 Anregungen.

Lösung — individuell

EXPRESIÓN ORAL

S. 79/11a, b, c — S lesen die Broschüre zum Wasserverbrauch und erschließen sich die unbekannten Wörter, ggf. mithilfe eines Wörterbuches.
In 2er- bis 4er-Gruppen tauschen sich S auf Spanisch über ihren eigenen Wasserverbrauch aus. Sie schätzen dann, wieviel Wasser sie täglich verbrauchen.
In den Gruppen erarbeiten S einen Plan zum Sparen von Wasser. Bei Interesse am Thema können sie auch eine Kampagne mit Plakaten/Flyern usw. entwerfen. Anschließend werden die Gruppenergebnisse im Plenum vorgestellt.

Hinweis — S werden zweisprachige Wörterbücher benötigen.

Lösung — individuell

YA LO SÉ

S. 79/12a, b — S wenden die irrealen Bedingungssätze der Vergangenheit in einem Partnerdialog an. Zuerst wird nur mit Dialogkarte A gearbeitet: Ein/e S formuliert die Situationen auf Spanisch und denkt sich aus, wie er/sie damit umgegangen ist. Der Partner / Die Partnerin reagiert darauf und sagt, wie er/sie gehandelt hätte. Dabei helfen ihnen die angegebenen Redemittel.
Danach tauschen S die Rollen und verfahren ebenso mit Dialogkarte B auf S. 118.

Lösungsvorschlag — a) A: *Ayer encontré un monedero con 150 € en el supermercado. Se lo di a la vendedora y le di mi número de teléfono.*
B: *Yo que tú, lo habría llevado a la policía.*
A: *Además vi que Carlos salió del supermercado sin pagar. Lo llamé por el móvil y le dije que regresara para pagar.*
B: *Yo en tu lugar habría pagado para él y después habría hablado con él. Seguro que solo lo olvidó.*
A: *Ayer quise ir a una fiesta de cumpleaños, pero mis padres no me dejaron ir porque empezaba muy tarde. Me enfadé mucho con ellos.*
B: *Si yo hubiera estado en tu lugar también me habría enfadado.*
b) B: *En el examen de Inglés recibí 38 puntos de 50. Pero en realidad solo eran 30 puntos. Mi profesora los contó mal. No le dije nada a la profesora porque necesito buenas notas en Inglés.*
A: *Yo que tú habría hablado con la profesora.*
B: *En el examen de Matemáticas vi como Peter miraba el examen de Claudia. No dije nada a nadie porque él es mi amigo.*
A: *Yo en tu lugar habría hecho lo mismo.*

B: *En la calle observé una bronca muy brutal entre dos jóvenes. Intenté calmarlos, pero no funcionó.*
A: *Yo que tú habría buscado ayuda.*

COMPRENSIÓN AUDITIVA

Cuaderno, S. 55/7a, b
🎧 22

S hören eine telefonische Kinoreservierung und kreuzen die richtige Reservierung an. Dafür müssen sie darauf achten, um welche Zeit der Film beginnt und ob es sich um ermäßigte Karten handelt oder nicht.
Bei einem zweiten Hördurchgang notieren S die Reservierungsnummer und die Uhrzeit, zu der die Karten abgeholt werden müssen.

S. 80–85 4B UNA CIUDAD PARA TODOS

Anhand eines Zeitungsinterviews erfahren S etwas über das Leben in den Randvierteln der kolumbianischen Metropole Medellín und über zwei Großprojekte, die das Leben der Bewohner in diesen Vierteln verbessern sollen.

Sprachliche Mittel	indirekte Rede und Aufforderung im *subjuntivo* mit Zeitverschiebung *de (tal) forma que, tanto que*
Wortschatz	*(ser) urbano/-a, el teleférico, la hora pico / las horas pico, afirmar, superar, buscar + inf., la basura, es decir, el Programa Urbano Integral (PUI), en tanto que, la autoestima, de (tal) forma que* **transparent:** *el medio de transporte, integrar, bajo/-a, el ingeniero / la ingeniera, el nivel, mundial, a nivel mundial, similar, la emigración / las emigraciones, el trabajador / la trabajadora, mejorar, la planificación / las planificaciones, el transporte (público), el tráfico, el centro de salud, la megaciudad, el modelo, Latinoamérica, convivir, solucionar, la movilidad, comparado/-a con, el/la visitante*

Lösungen, Hörtexte und Vorschläge für den Unterricht

VORSCHLAG FÜR DIE TEXTERARBEITUNG

1. Reaktivierung von Vorwissen / Hinführung zum Thema
S tragen im Plenum zusammen, was sie bereits über *villas miseria* wissen (aus ¡Acércate! usw.). Sie überfliegen kurz den Text und sagen, um was für eine Textsorte es sich handelt. Anhand der Bilder spekulieren sie über das Thema.

2. Leseverstehen: Teil 1
S lesen den Text mit verteilten Rollen im Plenum: Ein/e S liest die Einleitung, ein/e weitere/r die Fragen, ein/e dritte/r die Antworten von Esteban J. und ein/e vierte/r die Antworten von Luis P. Dann wird im Plenum zusammengetragen, was S verstanden haben. L stellt ggf. konkrete Fragen: *¿De qué ciudad trata el texto? ¿Cuáles son los dos proyectos grandes? ¿Cómo era la vida en esos barrios? ¿Cómo es ahora?*
Dann bearbeiten S die Aufgabe 1 (SB, S. 81) zum Nachweis des globalen Textverständnisses. Sie müssen hier lediglich die drei Informationen richtig verbinden und daraus Sätze mit *de (tal) forma que* bilden. Dies geschieht am besten im Plenum. Zur Vorbereitung und als Muster kann L folgenden Satz an die Tafel schreiben, anhand dessen S sich die Bedeutung von *de (tal) forma que*

erschließen: *Muchas veces es más fácil encontrar trabajo en una ciudad grande, de (tal) forma que muchas familias dejan el campo y se van a las ciudades.*

3. Leseverstehen: Teil 2
In EA oder PA bearbeiten S Übung 1a und b im Cuaderno (S. 57). Dazu lesen sie den Text erneut und erarbeiten sich das nötige Vokabular mit den bekannten Strategien oder schlagen es nach.

4. Umwälzung des Inhalts
In HA bereiten S Übung 2a (SB, S. 81) vor: Sie lesen den Text ggf. erneut und tragen alle Informationen zusammen, die sie über eines der beiden Großprojekte erfahren. L sollte die beiden Projekte gleichmäßig unter den S aufteilen. Im Unterricht arbeiten S dann in PA und ein/e S fasst zusammen, was er/sie über den *Metrocable* weiß, der/die zweite erläutert das Projekt *Parque Biblioteca España*. Sie machen sich zum jeweils anderen Thema Notizen.
Anschließend besprechen sie zu zweit die Probleme vieler lateinamerikanischer Städte (Zeile 30–55) (SB, S. 81/2b). Dies wird im Plenum gesammelt.
Schnellere Paare oder S, die ihre Note aufbessern wollen, können zusätzlich Übung 2c (SB, S. 81) bearbeiten.

COMPRENSIÓN LECTORA

S. 81/1 Siehe Vorschlag für die Texterarbeitung, Punkt 2.

Lösung *–El Metrocable conecta la parte alta pobre de Medellín con el centro de la ciudad de (tal) forma que los habitantes de las zonas más pobres tienen un acceso más fácil a la vida urbana (a–3).*
–Algunas de las grandes ciudades latinoamericanas han crecido mucho en los últimos años de (tal) forma que han nacido zonas que son centros de problemas sociales (b–2).
–Proyectos como el Metrocable y el Parque Biblioteca España hicieron posible el contacto directo entre los barrios pobres de Medellín y el centro de (tal) forma que la realidad de los barrios pobres empezó a cambiar (c–1).

Cuaderno, S. 57/1a, b Siehe Vorschlag für die Texterarbeitung, Punkt 3.

S. 81/2a, b Siehe Vorschlag für die Texterarbeitung, Punkt 4.

Lösungsvorschlag a) *–Metrocable: es un teleférico que empezó a funcionar en 2004 y que conecta la parte alta de Medellín con el centro cada cuatro minutos durante las horas pico. En los barrios altos de Medellín vive la población más pobre. Así se puede decir que el Metrocable es un proyecto social que ayuda a integrar los barrios de difícil acceso a la ciudad o a la vida urbana. Ahora los habitantes más pobres también pueden trabajar en el centro y su movilidad ha mejorado.*
–Parque Biblioteca España: El Parque Biblioteca España es un centro donde los jóvenes pueden leer, estudiar, jugar o navegar en Internet. Ofrece puestos de trabajo también a la población pobre porque está en la parte alta (y pobre) de Medellín. Además, como el Metrocable, mejora la autoestima de los habitantes pobres porque ahora también hay gente del centro que llega a su barrio. El Parque es el símbolo de la nueva Medellín y se ha convertido en un lugar turístico.
b) *Muchas ciudades latinoamericanas han crecido mucho en los últimos años, porque mucha gente del campo busca trabajo en las ciudades. Estos inmigrantes, en realidad, no tienen mucho dinero, de tal forma que viven en villas miseria, es decir, en barrios pobres en las afueras de las ciudades. En estas villas hay muchos problemas: a menudo no hay medios de transporte, ni escuelas o centros de salud. La consecuencia es que estos barrios se han convertido en centros de conflictos sociales y políticos etc.*

S. 81/2c Siehe Vorschlag für die Texterarbeitung, Punkt 4.
fakultativ

Lösungsvorschlag *Medellín se ha convertido en un modelo en la lucha contra las diferencias sociales con proyectos como el Metrocable y el Parque Biblioteca España. El Metrocable conecta las partes pobres de Medellín con el centro de la ciudad de tal forma que los habitantes de los barrios pobres tienen mejor acceso a la vida urbana, a las escuelas y a los centros de salud. Así mejoran mucho las condiciones de vida. Y el Parque Biblioteca España es un gran proyecto y se ha convertido en una atracción turística, de tal forma que llegan turistas y gente del centro a los barrios pobres. Por eso ha mejorado la autoestima de los habitantes de los barrios pobres y también ha mejorado la situación social: ahora hay menos conflictos y menos criminalidad que antes.*

LA LENGUA

Explicar el vocabulario

S. 81/3a S üben in PA das Umschreiben von Wörtern, was ihnen bei Präsentationen usw. helfen kann. S können auch im Plenum gegeneinander antreten, um die Übung spielerischer zu gestalten: L nennt das Wort und der/die S bzw. die Gruppe, die zuerst eine Umschreibung liefert, bekommt einen Punkt.

Lösungsvorschlag
- *oportunidad: es un sinónimo de posibilidad*
- *el medio de transporte: por ejemplo, el bus o el metro*
- *rural: el contrario de urbano*
- *el acceso: la posibilidad de llegar a un lugar o de usar una cosa*
- *la emigración: el contrario de inmigración*
- *convivir: vivir con otra persona*
- *crear: el adjetivo es creativo*
- *la identificación: el verbo es identificarse*
- *la movilidad: la posibilidad de ir de un lugar a otro*
- *la planificación: el sustantivo para hacer planes*
- *el recurso: lo que hay en una región, por ejemplo: agua u oro*
- *el visitante: la persona que visita*
- *aceptar: akzeptieren en alemán*
- *integrar: aceptar a alguien en un grupo*
- *comparar: decir cómo es una cosa y en qué es diferente otra cosa*
- *el contrato: lo que firmas cuando comienzas a trabajar para una empresa, por ejemplo; ahí dice cuánto vas a ganar y qué tienes que hacer*
- *inseguro: el contrario de seguro*
- *la colonización: lo que hacen los colonizadores*
- *explotar: lo que hicieron los colonizadores con los indígenas, p. ej. tomaron todo el oro sin pagar nada*
- *la elección: el sustantivo de elegir*
- *el agua potable: el agua que puedes beber*
- *la formación: aprender una profesión*
- *el producto regional: por ejemplo, manzanas en algunas regiones de Alemania*
- *urbano: el contrario de rural*
- *el abastecimiento: el servicio de agua, por ejemplo*
- *prohibir: el contrario de permitir*
- *la ley: lo que determina qué se puede hacer o no en un país*
- *el dueño: el jefe; él que tiene una cosa*
- *el desarrollo: el sustantivo de desarrollar*
- *dirigir: lo que hace un jefe con su empresa*

- *el derecho humano: una ley que determina cosas básicas para todas las personas en el mundo*
- *determinar: decir cómo tiene que ser una cosa*
- *la villa miseria: barrios en las afueras de las grandes ciudades donde vive mucha gente pobre*

S. 82/3b S erstellen ein Wortnetz zum Themenfeld *desafíos globales*. Dafür kann die Kopiervorlage genutzt werden.
📄 34

Lösung individuell

Cuaderno, S. 59/4 Systematisierung von Wortschatz: S ordnen die vorgegeben Substantive entsprechend ihrem Genus. Anschließend formulieren sie eine Wortbildungsregel dazu.

Practicar el estilo indirecto del pasado (indirekte Aufforderung) (▶ Resumen, S. 91/4)

S. 82/4 S geben die Aufforderungen in den Sprechblasen in der indirekten Rede in der Vergangenheit wieder.
F 12

Hinweis In schwächeren Lerngruppen kann zunächst der Beispielsatz im Plenum besprochen und darauf eingegangen werden, wie sich das Verb verändert, wenn der Auslöser in der Vergangenheit steht. Ggf. erinnert L auch daran, dass sich in der indirekten Rede/Aufforderung nicht nur die Zeiten, sondern ggf. auch die Pronomen und Bewegungsverben verändern können.

Lösung
1. *Esteban Juárez dijo que lo visitara en el Parque Biblioteca España.*
2. *Además me pidió que le escribiera un e-mail con la fecha de la entrevista.*
3. *Pablo Echevarría propuso que quedáramos delante de la estación de Metrocable en el centro.*
4. *Además dijo que llevara una buena cámara.*
5. *Juana Amoros quiso que la volviera a llamar más tarde porque en aquel momento no tenía tiempo.*
6. *Luis Pérez propuso que me presentara en su oficina el lunes al mediodía.*
7. *Carmen Montes dijo que no le viniera con entrevistas, que tenía otras cosas que hacer.*

Practicar el estilo indirecto del pasado (▶ Resumen, S. 90/3)

S. 82/5 S verwandeln die indirekten Aussagen in direkte Äußerungen.

Hinweis S kennen bereits das Phänomen der Zeitverschiebung in der indirekten Rede der Vergangenheit, neu ist aber, wie sich das *futuro simple* und der Konditional verhalten (Satz 3). Dies wird im Resumen 3 (S. 90) erklärt.

Lösung
1. *Medellín ha sido / fue la primera ciudad en el mundo con un sistema de teleférico con proyección social.*
2. *El transporte es un problema importante en las megaciudades latinoamericanas.*
3. *La población urbana a nivel mundial llegará a un 75 % en el año 2050.*

S. 83/6 S formen die Aussagen von Luis Pérez und Esteban Juárez in indirekte Rede um. Sie verwenden dabei die vorgegebenen Redeeinleitungen. Sie bearbeiten diese Aufgabe schriftlich in EA. Ein/e S kann auf eine Folie schreiben, damit das anschließende Vergleichen im Plenum einfacher wird.

Lösung
1. *Luis Pérez afirmó que con su programa habían mejorado mucho la movilidad de los habitantes. Explicó que antes la gente de los barrios pobres tenía que caminar dos horas para llegar al centro, pero que desde que habían puesto en marcha el Metrocable, solo eran diez minutos.*
2. *Luis Pérez añadió que estaba seguro de que la situación en los barrios pobres seguiría mejorando en los próximos años y que habría cada vez menos criminalidad y violencia.*
3. *Esteban Juárez explicó que el mayor problema de las megaciudades era el éxodo rural y que en los últimos años habían llegado muchísimos campesinos con sus familias a los centros urbanos,*

buscando empleo. Añadió que por eso habían nacido barrios sin la infraestructura necesaria, sin planificación, donde había muy malas condiciones de vida.

4. Esteban Juárez aseguró que su programa ayudaba a que los habitantes de las zonas pobres se identificaran más con sus barrios.

S. 83/7a, b — S üben die indirekte Rede und Frage in der Vergangenheit, indem sie die Fragen des Reporters und die Antworten der Leute wiedergeben.
Anschließend denken sich S in PA weitere Fragen und Antworten aus. Statt diese selbst in die indirekte Rede zu übertragen, können sich die Paare untereinander austauschen.

Lösungsvorschlag a) —Pregunté a una señora si era la primera vez que estaba en el Parque Biblioteca y ella me explicó que ya había subido varias veces.
—Quise saber de un chico para qué venía al Parque Biblioteca. Me contestó que en su casa no tenían ni ordenador ni acceso a Internet. Otra chica me contó que venía siempre para escribirles e-mails a sus amigos. Otra persona, añadió que le gustaba mucho la arquitectura.
—Pregunté a un chico si visitaba a menudo el Parque Biblioteca España y él me respondió que estaba ahí casi todos los fines de semana.
b) Lösung individuell

Cuaderno, S. 57–58/3a — Diese Übung bietet sich als wiederholende oder vorbereitende HA zu der indirekten Rede in der Vergangenheit an, kann also auch vor Übung 5 (SB, S. 82) eingesetzt werden. S geben die vorgegebenen Äußerungen in der indirekten Rede wieder und wiederholen so die Zeitverschiebung in der indirekten Rede in der Vergangenheit.

Cuaderno, S. 58/3b
🎧 23
In diesem anspruchsvolleren Teil füllen S die Lücken mit den vorgegeben Verben in der richtigen Zeit bzw. dem richtigen Modus. Sie haben dabei nicht die direkte Rede vorgegeben. S kontrollieren sich anschließend selbst über einen Lösungshörtext. (▶ Resumen, S. 90–91/3–4)

Reactivar varios tiempos

Cuaderno, S. 57/2 — Tandembogen (S. 94): S wiederholen Zeiten und Modi der letzten drei Lernjahre.

EXPRESIÓN ESCRITA

S. 84/8 — S fassen das Interview aus dem Lektionstext (S. 80–81, Z. 30–78) schriftlich zusammen und üben dabei gleichzeitig die indirekte Rede in der Vergangenheit, indem sie die Aussagen von Luis und Esteban wiedergeben.

Hinweis — S sollen nicht den gesamten Text in der indirekten Rede wiedergeben, sondern die wichtigsten Punkte zusammenfassen. L kann eine Mindestanzahl an Sätzen oder an indirekt wiederzugebenen Äußerungen vorgeben.

Lösungsvorschlag *En ese artículo entrevistaron a dos personas –Esteban y Luis– sobre dos proyectos grandes en un barrio en la parte alta de Medellín: el Metrocable y el Parque Biblioteca España. Les preguntaron cuáles eran los grandes problemas de una ciudad como Medellín y qué se había hecho para solucionar esos problemas. Esteban, un habitante de un barrio pobre, dijo que Medellín no era tan grande como otras ciudades latinoamericanas, pero que tenía problemas similares, como la inmigración de la población rural porque muchas de esas personas acababan viviendo en las villas miseria, y que estas habían crecido sin ninguna planificación. Explicó que por esta razón pronto aparecían problemas. Él aseguró que el Metrocable y el Parque habían mejorado la autoestima de los habitantes y que además se habían creado nuevas oportunidades de trabajo. Luis, que es ingeniero, explicó que el PUI había intentado unir las zonas de ciudad más pobres con el centro, y que se había mejorado el transporte público, la movilidad y los lugares públicos. Afirmó además que el Parque se había convertido en el símbolo de la nueva Medellín y que ya era uno de los lugares turísticos de la ciudad.*

COMPRENSIÓN AUDITIVA

S. 84/9a Zur Einstimmung auf den Hörtext fassen S noch einmal im Plenum zusammen, was sie über den *Parque Biblioteca España* wissen.

Lösungsvorschlag *El Parque Biblioteca España es un centro donde los jóvenes pueden leer, estudiar, jugar o navegar en Internet. El Parque es el símbolo de la nueva Medellín y se ha convertido en un lugar turístico.*

S. 84/9b S hören das Interview, machen sich Stichpunkte und nennen im Plenum die richtige Antwort.

Hinweis L kann darauf hinweisen, dass auch beide Optionen richtig sein können.

Hörtext *Periodista: ¡Buenos días, queridos oyentes de «Medellín por la mañana»! Les deseo a todos un estupendo día y espero que compartan con nosotros las dos próximas horas de programa. Como cada día, en el programa de hoy tenemos un invitado en el estudio. Esta mañana contamos con la presencia de Carla Pazos, una de las responsables en el proyecto del Parque Biblioteca España en el barrio de Santo Domingo Savio de nuestra ciudad. ¡Buenos días, señora Pazos!*
Carla P.: ¡Buenos días y muchas gracias por la invitación!
Periodista: Gracias a usted. En primer lugar me gustaría pedirle algunas informaciones generales del proyecto y de su trabajo en el parque.
Carla P.: Bueno, como seguramente muchos oyentes ya saben, el Parque Biblioteca España nació para ofrecer un espacio cultural en uno de los barrios más pobres de la ciudad. Nosotros intentamos hacer llegar a todos los vecinos la posibilidad de acceder a los libros y a la cultura con diferentes actividades, especialmente para los más pequeños. Aunque yo hago sobre todo trabajos de bibliotecaria, también coordino diferentes cursos y talleres.
Periodista: Y eso en un edificio incomparable…
Carla P.: La verdad es que todo el parque es un marco espectacular. Lo más impresionante ha sido realizarlo acá, en la parte alta de la ciudad, donde viven los vecinos con menos posibilidades. El conjunto arquitectónico está compuesto por tres torres con forma de roca y muchos turistas vienen a visitarlo.
Periodista: ¿Qué piensan los vecinos del barrio sobre el proyecto?
Carla P.: Lógicamente, la mayoría está muy contenta. Gracias al Parque Biblioteca España los jóvenes de la zona tienen por fin una alternativa y ha desaparecido la criminalidad del barrio. Además los niños tienen ahora muchos más espacios para jugar y disfrutar. Y por eso las madres están especialmente felices.
Periodista: Realmente parece que el proyecto sólo tiene aspectos positivos…
Carla P.: La verdad es que gracias a él el barrio tiene una nueva imagen y además de la gran oferta cultural, el proyecto lucha contra la marginalidad y la discriminación social. Además se ha convertido en uno de los símbolos de Medellín.
Periodista: Muy bien señora Pazos, muchas gracias por su tiempo. Fue un placer conocerla.
Carla P.: El placer fue mío. Aprovecho para invitar a todos a que se pasen por el Parque Biblioteca España, donde estaremos encantados de atenderles.
Periodista: Pues ya lo han escuchado, señoras y señores. Agradecemos a Carla Pazos su presencia en el programa de hoy y continuamos con…

Lösung 1. a, b – 2. a – 3. a, b – 4. b

S. 84/9c Selektives Hörverstehen: S hören das Radiointerview erneut und machen sich Notizen dazu, inwiefern das Stadtviertel sich seit dem Bau des *Parque Biblioteca España* verbessert hat. Im

fakultativ

Plenum wird schließlich daraus geschlossen, was das über die Situation des Viertels vor dem Bau der Bibliothek aussagt.

Lösungsvorschlag
– Ahora la gente del barrio tiene acceso a libros.
– Hay actividades, también para niños.
– Muchos turistas visitan el barrio.
– Ahora hay menos criminalidad.
– Los niños tienen más espacios para jugar.
– La imagen del barrio ha mejorado: ahora es un símbolo de la ciudad.

S. 84/10
🎧 9
📄 35
S hören das Radiointerview ein weiteres Mal und achten auf die Form. Sie finden Merkmale des formelleren Sprachstils heraus. Ggf. lesen sie beim Hören den Text auf der KV mit und unterstreichen Merkmale des formellen Stils. In schwächeren Lerngruppen kann die Reflexion auf Deutsch erfolgen.

Lösungsvorschlag
– Dicen «usted» y no «tú».
– Usan expresiones como «Muchas gracias por su invitación.», «Gracias a usted.», «Fue un placer conocerla.», «El placer fue mío.» etc. que no se usarían al hablar con amigos.
– Algunas frases son bastante largas y complicadas. En una conversación con amigos normalmente se usan frases más cortas y menos complicadas.

Cuaderno, S. 59/5a, b
🎧 24
Globales HV: S hören ein Radioprogramm über Kinderarbeit. L sollte das Thema nicht vorwegnehmen, da S nach dem ersten globalen Hören das thematisch passendere Plakat ankreuzen sollen.
Bei einem zweiten Hördurchgang kreuzen sie die genannten Informationen an. Leistungsstärkere S können zusätzlich im Plenum sagen, worum es bei den jeweiligen Informationen geht: Datum des Internationalen Tags gegen Kinderarbeit, geschätzte Zahl betroffener Kinder, Länder mit Kindergewerkschaften, offiziell angestrebtes Mindestalter für den Arbeitseintritt in einigen Ländern.

Hinweis
Der Internationale Tag gegen Kinderarbeit ist am 12. Juni. Wenn es zeitlich möglich ist, bietet sich eine Bearbeitung der Übung an diesem Tag an.

Cuaderno, S. 59/5c
🎧 25
Selektives HV: S hören das Ende des Radioprogrammes, in dem sich eine junge Bolivianerin und Mitglied in einer Organisation für arbeitende Kinder zu dem Thema äußert. S notieren, wer das Mädchen ist und was ihre Ziele sind.

Hinweis
Thematisch bietet sich am Anschluss dieser Hörübung die Arbeit mit den Rollenkarten im Cuaderno (S. 89 und 90) an.

MEDIACIÓN

S. 84/11a, b, c
Sprachmittlung Deutsch-Spanisch: L erklärt, dass S den Artikel auf S. 85 zusammenfassen sollen. Es wird kleinschrittig vorgegangen: S lesen den Text in EA und tauschen sich in PA auf Deutsch über die zentralen Inhalte aus. Dabei gehen sie absatzweise vor und berücksichtigen die Fragen Was? Wo? Warum? / Wozu? Die Ergebnisse werden auf Deutsch im Plenum gesichert. In schwächeren Lerngruppen sollten sie auch stichpunktartig an der Tafel festgehalten bzw. von S mitgeschrieben werden.
S übertragen die wichtigsten Stichpunkte, mit denen sich der Artikel zusammenfassen lässt, ins Spanische. Dabei nutzen sie ggf. Wortumschreibungsstrategien.
Abschließend verfassen sie mithilfe der Stichpunkte eine Zusammenfassung in ca. sechs Sätzen auf Spanisch.

Lösungsvorschlag a) – Seit 2011 gibt es in einem der gewalttätigsten Viertel von Medellín (Comuna 13) eine Rolltreppe. Da das Viertel an einem ziemlich hohen Hang gelegen ist, trägt sie zur Mobilität der Bewohner bei. Das Viertel soll dadurch befriedet werden.
- Es ist die „erste Freiluft-Rolltreppe in einem Armenviertel". Mit der Rolltreppe brauchen die Bewohner nur noch sieben Minuten statt eine halbe Stunde zu Fuß. Vor allem ältere und kranke Menschen können sich nun einfacher in ihrem Viertel bewegen. Das Projekt hat ca. 6,7 Millionen Dollar gekostet.
- Das Projekt hat Modellcharakter für andere Städte, wie z. B. Rio de Janeiro.

b) – *Desde el año 2011 hay una escalera eléctrica en el barrio Comuna 13 de Medellín, donde había mucha violencia. El barrio está situado en una montaña y la escalera ayuda a subir de forma más fácil. El gobierno espera que el proyecto ayude a terminar con la violencia en el barrio.*
- *Es la «primera escalera eléctrica en un barrio pobre». Ahora los habitantes pueden subir en solo minutos en vez de caminar media hora. Eso ayuda sobre todo a personas mayores y enfermas a moverse por el barrio. El proyecto costó unos 6,7 millones de dólares.*
- *El proyecto es un modelo para otras ciudades latinoamericanas como por ejemplo Río de Janeiro.*

c) *El artículo trata de una escalera eléctrica que existe desde el 2011 en el barrio Comuna 13 de Medellín, un barrio donde había mucha violencia. Uno de los objetivos del proyecto era terminar con la violencia en esa zona. El barrio está situado en una montaña y la escalera eléctrica – la primera al aire libre en un barrio pobre – ayuda a los habitantes a moverse de forma más fácil y rápida por su barrio. Con la escalera pueden subir en siete minutos, en vez de tardar media hora caminando. Eso ayuda sobre todo a los viejos y a los enfermos. El proyecto costó unos 6,7 millones de dólares y es un modelo para otras ciudades, como por ejemplo Río de Janeiro.*

EXPRESIÓN ORAL / YA LO SÉ

S. 85/12a S lesen die Kommentare von Anwohnern über die Rolltreppe im Viertel Comuna 13 und geben sie mündlich in 3er-Gruppen wieder. Dabei können sie die indirekte Rede in der Vergangenheit üben.

Lösungsvorschlag 1. *Olga dijo que antes los habitantes muy mayores del barrio, como ella, vivían encerrados en sus casas. Contó que no podían salir del barrio ni ir al centro de la ciudad porque no tenían forma de hacerlo. Explicó que ahora podrían bajar al centro y dijo que era un sueño hecho realidad.*
2. *Pedro opinó que la situación del barrio mejoraría. Dijo que creía que habría más seguridad, y menos criminalidad. Dijo que estaba seguro de que pronto sus hijos podrían estar en la calle por la noche sin tener miedo.*
3. *Carmen opinó que el proyecto iba a cambiar radicalmente la vida en su barrio. Explicó que no solo para ellos ahora era más fácil bajar al centro, sino que también subiría mucha gente y que así verían también esa parte de la ciudad. Comentó que estas escaleras eran un proyecto de integración, de comprenderse mejor, de quitar el miedo y los esterotipos.*

S. 85/12b S verfassen einen Artikel für ihre Partnerschule in Spanien, in dem sie über soziale Projekte in Medellín – *Metrocable, Parque Biblioteca España, escalera eléctrica* – berichten. Dabei bewerten sie die Projekte von ihrem Standpunkt aus. Sie können darüber hinaus auch Informationen über soziale Projekte in ihrer Region vorstellen. Die Schreibaufgabe bietet sich als HA an.

Hinweis S können dabei auf Teilergebnisse aus vorherigen Aufgaben zurückgreifen (SB, S. 81/2 und S. 84/11).

Alternative S wählen selbst aus, ob sie über die Projekte in Medellín oder über Projekte in ihrer eigenen Region schreiben wollen. Letzteres ist wegen fehlender Vorarbeit anspruchsvoller bzw. zeitaufwändiger.

Lösung individuell

Cuaderno, S. 59/6 Rollenspiel (S. 89–90): S bereiten ein Rollenspiel zum Thema Welttag gegen Kinderarbeit vor. Partner/in A ist Mitglied der Schülerzeitung und befragt MS zum Thema Kinderarbeit. Er/Sie bereitet zunächst eine passende Einleitung vor. Diese kann auf den Schreibzeilen notiert werden. Partner/in B bereitet währenddessen seine/ihre Antworten vor. Dann führen sie das Interview durch.

Hinweis Das Rollenspiel bietet sich auch in Anschluss an Cuaderno, S. 59/5c an.

MI RINCÓN DE LECTURA

Cuaderno, S. 61/1, 2 Fünf S lesen im Plenum den Drehbuchausschnitt zu einer Szene aus dem Film *También la lluvia* vor. Nach der Einleitung sollte eine kurze Pause gemacht werden, um die Situation kurz wiederzugeben. Dann folgt der Dialog, der im Anschluss ebenfalls kurz besprochen wird.
In Übung 2 werden S die Meinung des Bürgermeisters zu den Protestierenden *indígenas* in eigenen Worten zusammenfassen. Zur Vorbereitung markieren sie alle Passagen, in denen der Bürgermeister etwas über die *indígenas* sagt (Übung 1).

Cuaderno, S. 61/3 S äußern ihre eigene Meinung zu der in der Szene dargestellten Situation in einem Kommentar von ca. 60 Wörtern.

TALLER DE ESCRITURA

Cuaderno, S. 62/1 S ordnen die vorgegebenen Teile der Bewerbung an die richtige Stelle, indem sie die Nummern in das zugehörige Feld eintragen. Sie überprüfen ihr Ergebnis anhand des Methodenanhangs im SB, S. 142–143.

Cuaderno, S. 63/2a, b S markieren zunächst die sprachlichen und stilistischen Fehler in dem Bewerbungsschreiben mithilfe der vorgegebenen Korrekturkriterien.
Anschließen formulieren sie es sprachlich um und korrigieren es. Bzgl. des Stils bzw. der Ausdrucksweise können sie sich an dem Bewerbungsschreiben auf der Vorseite orientieren.

S. 86–89 ALGO MÁS

S befassen sich mit der Möglichkeit, einen Freiwilligendienst in einer NGO zu leisten. Sie recherchieren die Arbeitsfelder von NGOs, präsentieren eine ausgewählte Organisation und verfassen ein Anschreiben und einen Lebenslauf für die Bewerbung bei einer NGO. Als Beispiel für eine lateinamerikanische NGO lernen sie die *Fundación Pies Descalzos* der kolumbianischen Sängerin Shakira kennen.

Lösungen, Hörtexte und Vorschläge für den Unterricht

MEDIACIÓN

S. 88/1a Einleitend informieren sich S im Pequeño Diccionario (SB, ab S. 158) und im Internet darüber, was eine NGO (span. *ONG*) ist.

S. 88/1b Sprachmittlung Spanisch-Deutsch: S lesen in EA den ersten Teil des Textes über die NGO *Fundación Piez Descalzos* (SB, S. 86–87) bis Zeile 25. Sie machen sich Stichpunkte dazu, was die *Fundación Piez Descalzos* ist und womit sie sich beschäftigt, und erklären es – mündlich in PA oder schriftlich in Form einer E-Mail – zusammenfassend auf Deutsch.

Lösungsvorschlag	Die *Fundación Pies Descalzos* ist eine Hilfsorganisation, die Ende der 90er Jahre von der Sängerin Shakira in Kolumbien gegründet wurde. Die Organisation ermöglicht Kindern aus armen Familien eine Schulbildung. Aktuell gibt es fünf Schulen in unterschiedlichen Regionen Kolumbiens, wo über 4000 Kinder Bildung, Essen und psychologische Hilfe erhalten.
S. 88/1c	Sprachmittlung Spanisch-Deutsch: S lesen sich zuerst die Fragen des Freundes durch und daraufhin selektiv die Zeilen 26–74 (SB, S. 86–87) zum Freiwilligendienst in der NGO. Sie machen sich Stichpunkte. Anschließend werden die Fragen im Plenum beantwortet.
Lösungsvorschlag	– Wenn man die Einverständniserklärung der Eltern hat, kann man den Freiwilligendienst auch als Minderjährige/r machen. – Ja, du musst zumindest ein bisschen Spanisch sprechen, um an alltäglichen Gesprächen teilzunehmen. – Die Organisation gibt dir einige Empfehlungen und Kontaktdaten für eine Unterkunft. Um den Rest musst du dich selbst kümmern. – Die Freiwilligen helfen bei der Arbeit mit den Kindern in der Schule. – Nein. Du verdienst dabei nichts und für Flug, Verpflegung und Unterkunft musst du auch selbst aufkommen. – Du kannst dich bewerben, indem du einen Lebenslauf per E-Mail schickst und auch schreibst, für wie lange du die Freiwilligenarbeit gerne machen würdest. Du bekommst dann eine Antwort von der Organisation mit konkreten Informationen.
Hinweis	Ggf. benötigen S zur Bearbeitung des Übungsteils c ein Wörterbuch. Sie sollten aber nicht jedes Wort nachschlagen, sondern versuchen, die Wörter weitestgehend mithilfe der bekannten Strategien zu erschließen. Zudem sollen sie sich nur auf die Teile des Textes konzentrieren, die zur Beantwortung der Fragen relevant sind. Zur Beantwortung der Frage nach den Aufgaben eines Freiwilligen können S das *testimonio* von Niklas T. (Z. 84–90) heranziehen.
Cuaderno, S. 60/7	Übersetzung Spanisch-Deutsch: S übersetzen Tipps zum Verfassen eines Bewerbungsschreibens. An dieser Stelle ist es wichtig, dass sie die Informationen genau übersetzen.
Hinweis	Diese Übung bereitet auf den Punto final 4 vor.

BÚSQUEDA DE INFORMACIÓN

S. 88–89/2a, b, c	S schauen sich die Plakate und die Stichworte an und äußern in einem Blitzlicht (s. Methodenpool, S. 144), in welcher Art von NGO sie am liebsten als Freiwillige/r arbeiten würden. Anschließend wählen sie mithilfe der Sprachkarte auf S. 231 eine spanischsprachige Region bzw. ein Land aus, in der sie sich vorstellen könnten, als Freiwillige/r zu arbeiten. Im Internet suchen sie einige NGOs heraus, die in dieser Region tätig sind. Zu der Organisation, die sie am meisten interessiert, recherchieren sie genauer und machen sich Notizen über ihre Arbeit usw. Diese Informationen präsentieren sie anschließend in einem Kurzreferat.
Hinweis	Sollten S bei der freien Suche im Internet keine geeigneten Informationen über NGOs finden, recherchieren sie zu den im grünen Kasten genannten Organisationen.
Lösung	individuell

ESCRIBIR

S. 89/3	S schreiben ihren eigenen Lebenslauf für die Bewerbung bei der ausgewählten NGO. Als Muster orientieren sie sich am Methodenanhang, S. 142. Sie heben besonders diejenigen Erfahrungen usw. hervor, die für die ausgewählte NGO von Interesse sein könnten.

Lösung individuell

PUNTO FINAL 4: ESCRIBIR UNA CARTA DE SOLICITUD

S. 89/a S vervollständigen die Bewerbungsunterlagen für die in Übung 2b (SB, S. 89) ausgewählte NGO. Falls sie die Informationen dazu noch nicht herausgeschrieben haben, informieren sie sich erneut bei der Organisation (im Internet), worin die Freiwilligenarbeit besteht, welche Bedingungen man dafür erfüllen muss, auf welchem Weg man sich bewerben soll (E-Mail-Adresse, Postanschrift usw.) und machen sich ggf. auch zu einem konkreten Projekt, das sie interessiert, Notizen.

S. 89/b Auf Basis der Notizen verfassen sie nun ein Bewerbungsschreiben. Ein Muster finden sie im SB auf S. 143 und im Cuaderno auf S. 62. Ggf. überarbeiten sie ihren in Übung 3 (SB, S. 89) verfassten Lebenslauf.

S. 89/c S tauschen ihre Bewerbungsschreiben und Lebensläufe mit einem/einer MS aus und korrigieren sich gegenseitig bzw. machen Verbesserungsvorschläge.

Hinweis Die Bearbeitung bietet sich als HA an. Ansonsten sollten Wörterbücher zur Verfügung gestellt werden.

Lösung individuell

S. 92–93 REPASAR LA LENGUA 4 (FAKULTATIV)

Lösungen

GRAMÁTICA

Repasando condiciones irreales en el presente (▶ Resumen, S. 90/1)

S. 92/1 S wiederholen die irrealen Bedingungssätze der Gegenwart in einer Lückenübung.

Lösung 1. empezara, tendría – 2. supieras, podrías – 3. viniera, sería – 4. nos fuéramos, mejoraríamos – 5. visitarais, haríamos – 6. pagaran, trabajaría

Repasando condiciones irreales en el pasado (▶ Resumen, S. 90/1)

S. 92/2 In PA machen S kurze Dialoge und bilden irreale Bedingungssätze in der Vergangenheit.

Lösungsvorschlag –Ayer vi a la novia de Juan con otro chico en el cine. –Si yo hubiera visto a la novia de Juan con otro chico, no habría hecho nada.
–Ayer descubrí que el próximo miércoles tenemos un examen. –Si yo hubiera descubierto que teníamos un examen, se lo habría dicho a todos.
–Ayer volví demasiado tarde a casa. –Si yo hubiera vuelto demasiado tarde a casa, se lo habría explicado a mis padres.
–María me escribió un mensaje. –Si María me hubiera escrito un mensaje, le habría respondido.
–Raúl me invitó a su fiesta. –Si Raúl me hubiera invitado a su fiesta, yo habría ido.
–Ayer Antonio me mandó un e-mail. –Si Antonio me hubiera mandado un e-mail, lo habría leído.

S. 92/3 S arbeiten in 4er-Gruppen und bilden irreale Bedingungssätze in der Vergangenheit.

Lösung individuell

Repasando *al + inf.*, *después de + inf.* y *antes de + inf.*

S. 92–93/4 S vervollständigen den Lückentext.

Lösung *Después de – después de – Al – Antes de – Antes de – después de*

Repasando las oraciones impersonales

S. 93/5 S fügen die Teile zu Sätzen zusammen. Aus den Infinitiven formen sie die unpersönliche Struktur mit *se* + 3. Pers. Sg.

Lösung *1. En Perú, los precios del azúcar bajaron tanto que ya no se puede sobrevivir en el campo.*
2. Se estima que hay entre 80 y 100 millones niños de la calle en todo el mundo.
3. La Fundación Pies Descalzos se fundó a finales de los años 90 en Colombia.
4. Con el «Metrocable» se crearon nuevas oportunidades de trabajo.

Repasando el participio (▶ Resumen, S. 91/5)

S. 93/6 S verkürzen die Sätze mit einem Partizip.

Lösung *–El «L'Hemisfèric», abierto al público en 1998, es el edificio más conocido.*
–El «Palau de les Arts Reina Sofía» ofrece cuatro grandes salas dedicadas a la música y al arte.
–El «Museu de les Ciencies Príncep Felip» es famoso por su forma parecida al esqueleto de un dinosaurio.
–En el «Oceanogràfic», conocido como el acuario más grande de Europa, viven más de 45.000 animales diferentes.

BALANCE 2 (FAKULTATIV) S. 94–95

Lösungen und Hörtexte

COMPRENSIÓN AUDITIVA

S. 94/1a, b Globales HV: S hören eine Radioreportage und notieren das Hauptthema, wie viele Personen sprechen und in welcher Beziehung sie zueinander stehen. Hinter jedem Namen sollten S etwas Platz für die Notizen zu Übungsteil b lassen. Am besten legen sie eine Tabelle an (s. Lösung).
Detailliertes HV: Bei einem zweiten Hördurchgang notieren sie die verschiedenen Meinungen der Personen über Flamenco.

Hörtext Periodista: *Durante mi viaje, tuve la oportunidad de disfrutar de una noche fantástica en un tablao flamenco en el Barrio de Santa Cruz, en Sevilla. Allí pude hablar y conversar con algunos espectadores, escuchar sus opiniones e intentar comprender qué significa el flamenco para ellos. …*
Periodista: *Hola amigos, estoy haciendo un reportaje para el programa de radio «De viaje por España» y me gustaría saber si puedo haceros un par de preguntas sobre el flamenco.*
Padre: *¡Claro, hombre! Siéntate y pregunta lo que quieras…*
Hijo: *Por supuesto, sin ningún problema…*
Periodista: *¡Muchas gracias! La verdad es que para mí hoy ha sido la primera vez que he visto un espectáculo de este tipo en directo y me ha impresionado mucho. ¿Venís mucho por aquí?*
Padre: *Yo muy poco, quizás una o dos veces al año, al que realmente le gusta el flamenco es a mi hijo, que viene casi todas las semanas.*
Hijo: *Mi padre tiene razón. Vengo por lo menos tres o cuatro veces al mes, y si viene algún cantaor conocido puedo venir varias veces por semana…*
Periodista: *Ya veo que te interesa mucho el tema.*
Hijo: *Mucho. El flamenco es un arte que se siente de verdad, y aquí puedes encontrar el flamenco más auténtico, con grandes músicos y cantaores, lejos de los típicos tablaos para turistas extranjeros…*
Periodista: *Pero no estáis solos, tenéis también a un acompañante con vosotros. ¿A ti también te gusta el flamenco?*
Amigo: *¿A mí? ¡Qué va! Yo en realidad soy de Zaragoza pero estoy aquí de vacaciones unos días en casa de mi amigo Juan, por eso he venido hoy con ellos.*
Periodista: *¿Y qué te ha parecido?*
Amigo: *Bueno, me ha gustado porque es interesante, pero la verdad es que esto no es para mí… Nosotros en el norte tenemos otro tipo de música popular…*
Hijo: *Es que es difícil de comprender la pasión por el flamenco si no lo has vivido desde pequeño.*
Periodista: *Bueno, pero tampoco les gusta a todos los andaluces, ¿no?*
Padre: *Claro que no. A algunos les parece muy dramático, pero a muchos nos gusta ese lamento…*
Hijo: *Y además hay otros, entre los que yo me encuentro, que lo vivimos como una expresión de sentimientos. El flamenco es todo un arte… Para cantar flamenco hay que tener algo especial, ¿sabes? Tener ese «duende» del que habla la gente de este mundo…*

Lösung a) –tema principal: el flamenco
–personas: son cuatro: el periodista, un padre, su hijo Juan y un amigo de Juan de Zaragoza

b)

	Opinión
Padre	–No dice si le gusta realmente el flamenco, solo que va una o dos veces al año a ver un espectáculo de flamenco. –No a todos los andaluces les gusta el flamenco.

Hijo (Juan)	– El flamenco es un arte. – Es difícil entender la pasión por el flamenco si no lo conoces desde pequeño. – Para cantar flamenco se necesita tener algo especial.
Amigo de Juan	– La noche le ha parecido interesante, pero esa música en realidad no es para él.

EXPRESIÓN ORAL

S. 94/2 S bekommen 20 Minuten Zeit, um einen Kurzvortrag (drei Minuten) über das Foto vorzubereiten. L sollte darauf achten, dass S genau die vorgegebenen Schritte befolgen. Für die Vorbereitung dürfen sie ein Wörterbuch benutzen.

Hinweis Diese Übung bietet sich zur Vorbereitung einer mündlichen Kommunikationsprüfung an.

Lösungsvorschlag *El tema de la foto es el desempleo en España, sobre todo de los jóvenes.*
Se ven unos jóvenes en una manifestación. En el centro se encuentra un chico joven del que solo vemos la cabeza y las manos porque está detrás de una pancarta (unb.) grande que cubre (unb.) la parte inferior (unb.) de la foto. En la pancarta está escrita la palabra «REFORMA» en letras (unb.) rojas. Arriba a la izquierda vemos una parte de otros dos carteles (unb.) en los que está escrito algo con «pan». El chico del centro también lleva un cartel que dice: «No a la ley anti-laboral ‹muy agresiva›». Los jóvenes en la foto se están manifestando (unb.) porque en España hay un gran número de jóvenes que no tienen trabajo. Por ejemplo, en Andalucía son más del 50 % de los menores de treinta años. Muchos de esos jóvenes tienen una buena cualificación y sin embargo no encuentran empleo.
Parece que con esa manifestación quieren luchar contra una nueva ley de la cual creen que les va a hacer más difícil encontrar trabajo. La pancarta grande muestra que piden una reforma (unb.) del mercado laboral (unb.).
Una posibilidad para solucionar el problema del desempleo juvenil en España es emigrar a otros países para buscar trabajo. Muchos jóvenes españoles lo hacen. Pero emigrar no debe ser la única solución. Es muy necesario que el estado español haga algo para mejorar la situación laboral en España, por ejemplo con reformas (unb.) como lo piden los jóvenes en la manifestación que se ve en la foto.

COMPRENSIÓN LECTORA

S. 94/3 Vor der inhaltlichen Lektüre des Textes erarbeiten S sich mit den bekannten Worterschließungsstrategien die angegebenen Wörter aus dem Text.

Lösung –*la variedad:* Vielseitigkeit/Varietät (*el sustantivo de «varios/-as»*)
–*climático:* Klima-/klimatisch (*el adjetivo de «el clima»*)
–*lluvioso:* verregnet/regnerisch (*el adjetivo de «la lluvia» o de «llover»*)
–*acumular:* sammeln (*contexto*)
–*redistribuir:* (neu)/(um-)verteilen (engl. *distribute*; franz. *distribuer*)
–*el método:* Methode (*lexikalische Ähnlichkeit*)
–*malgastar:* verschwenden (*gastar* = ausgeben; *mal* = schlecht; *gastar algo de mala forma*)

S. 95/4a S lesen den Text im Detail und wählen aus den vorgegebenen Möglichkeiten das Thema des Textes und seinen Adressaten aus.

Lösung 1 c – 2 b

S. 95/4b S fassen zusammen, welche Informationen der Text zum Wasserproblem in Spanien liefert.

Lösungsvorschlag *España siempre ha tenido problemas con el agua. Por un lado, porque algunas regiones son muy secas, con poca lluvia, mientras que en otras partes llueve bastante. Por eso, hay que redistribuir el agua entre las diferentes regiones para que haya suficiente en todas las partes del país. Por el otro lado, se malgasta mucha agua en la agricultura porque se utilizan métodos antiguos para regar los campos.*

S. 45/4c S denken sich einen Titel für den Text aus und berücksichtigen dabei, dass der Text sich an Spanier richtet.

Lösungsvorschlag *Agua – un recurso valioso / ¡Ahorremos agua!*

MEDIACIÓN

S. 95/5 Sprachmittlung Deutsch-Spanisch: S lesen den Artikel über die Gewächshäuser in Andalusien und beantworten die Fragen auf Spanisch. Dabei umschreiben sie ggf. unbekannte Wörter.

Lösungsvorschlag
- *¿Qué dice el artículo sobre la región de Almería?*
  En Almería hay muchísimos invernaderos. Las frutas y las otras cosas las compran sobre todo los supermercados en el norte de Europa. La agricultura es el sector económico más importante de la provincia.
- *¿Qué dice el artículo sobre los sueldos de los trabajadores?*
  Según el artículo, los sueldos de los trabajadores son muy bajos. Oficialmente ganan entre 5,50 y 6 euros por hora.
- *Según el artículo, ¿qué nacionalidad tiene la mayoría de los trabajadores?*
  Según el artículo la mayoría de los trabajadores son españoles. El resto son inmigrantes.
- *¿Y qué se sabe sobre las condiciones de trabajo?*
  Las condiciones de trabajo son muy malas sobre todo para los inmigrantes africanos. Ellos tienen que hacer los trabajos más duros, muchas veces reciben menos dinero que los trabajadores españoles y no tienen derechos.

EXPRESIÓN ESCRITA

S. 95/6 S schreiben einen Kommentar (80 bis 100 Wörter) mit ihrer persönlichen Meinung zu einem der genannten Themen.

Lösung individuell

Hinweis Auch im Cuaderno finden sich zwei Balances für die eigenständige Überprüfung des Lernstandes. Die Lösungen finden die S über den angegebenen Webcode.

EL EXAMEN DE DELE (FAK.) S. 96–97

Lösungen und Hörtexte

COMPRENSIÓN LECTORA

S. 96/1 S lesen den Text über die Diskussion um das Stierkampfverbot und geben die richtige Antwort an.

Lösung 1 c – 2 b – 3 a

EXPRESIÓN ESCRITA

S. 96/2 S schreiben eine Postkarte aus Buenos Aires an einen Freund / eine Freundin in Spanien. Sie denken an die entsprechenden Begrüßungs- und Abschiedsfloskeln (s. Methodenanhang, S. 142).

Lösungsvorschlag *Hola Rosa:*
¿Qué tal? Yo aquí en Buenos Aires estoy fenomenal. Ya hemos visto cosas muy interesantes. Ayer, por ejemplo, dimos una vuelta por el centro y fuimos a la Plaza de Mayo. Ahí vimos una manifestación. Una señora nos explicó que casi todos los días hay manifestaciones allí. Pues, por supuesto, también ya hemos comido mucha carne, la verdad que la carne es muy rica aquí. Pero hasta ahora no he bailado tango.
Nos vemos pronto en España.
Un abrazo,
Tina

GRAMÁTICA Y VOCABULARIO

S. 97/3 S geben an, welche der vorgegebenen Möglichkeiten in die entsprechende Lücke im Text einzusetzen ist.

Lösung 1 c – 2 a – 3 b – 4 b – 5 a – 6 c – 7 c – 8 b

COMPRENSIÓN AUDITIVA

S. 97/4 S hören ein Telefongespräch und nennen die richtige Antwort.
🎧 11

Hörtext Paula: *Hola Cris, por fin consigo hablar contigo…*
Cris: *Hola Paula, ¿qué pasa?*
Paula: *Pero, ¿es que no has has leído los mensajes que te mandé hace un par de días?*
Cris: *¿Mensaje? Ah… no, lo siento, es que hace un par de semanas cambié de móvil y ahora tengo un número nuevo. Lo siento, olvidé decírtelo…*
Paula: *Pues te decía que tenemos que quedar el viernes para comprar el regalo de Eva, porque está de cumpleaños el sábado y da una fiesta en su casa de la playa.*
Cris: *¡Qué guay! Pero, ¿estás segura de que yo también estoy invitada?*
Paula: *Por supuesto. Me imagino que ella, igual que yo, te mandó un mensaje a tu antiguo número de móvil y por eso no lo has leído.*
Cris: *Sí claro, puede ser que tengas razón.*
Paula: *Bueno, el caso es que yo había pensado en comprarle algo de ropa…*
Cris: *Una camiseta, ahora que viene el verano…*
Paula: *O quizás la última novela de Eduardo Mendoza.*
Cris: *Creo que ya se la ha regalado Óscar… ¿Y una mochila nueva? Sabes que ahora le hace falta una para llevar su ropa de deporte.*

Paula: *Es una buena idea, pero creo que si compramos ropa tenemos garantía de éxito, ¿no crees?*
Cris: *Supongo que tienes razón…*
Paula: *Pues ya está, decidido. Nos vemos entonces el viernes a las ocho y media en la Plaza de Galicia, ¿vale?*
Cris: *¿No podemos quedar en la Plaza de Vigo? Es que allí es más fácil aparcar y, además, a esa hora hay un montón de tráfico…*
Paula: *Bueno vale, pero entonces quedamos un poco antes, a las ocho y cuarto, ¿te parece?*
Cris: *Perfecto, allí estaré.*
Paula: *Venga, un beso, hasta el viernes.*
Cris: *¡Adiós!*

Lösung 1 b – 2 b – 3 c – 4 c

EXPRESIÓN ORAL

S. 97/5 S erzählen anhand der Bilder die Geschichte nach. Sie haben zehn Minuten Zeit zur Vorbereitung. Dabei können sie ein Wörterbuch benutzen und sich Stichpunkte machen.

Lösungsvorschlag
1. *En la primera viñeta hay un profesor que está delante de sus alumnos en el aula. Les está leyendo algo en voz alta. Todos los alumnos lo miran, solo hay un chico que no está poniendo atención.*
2. *En la segunda imagen todos los alumnos están levantando la mano, pero el chico sigue sin poner atención y mirando hacia el lado.*
3. *En la tercera viñeta el chico está en la pizarra al lado del profesor. El profesor le muestra un ejercicio de Matemáticas en la pizarra.*
4. *Al final, el chico resuelve el ejercicio en la pizarra. El profesor lo mira sorprendido.*

La clase de Matemáticas empieza, el profesor entra y empieza a leerles un ejercicio a los alumnos. Todos lo miran poniendo atención. El único que no pone atención es Juan, un chico de pelo rojo. Él mira para un lado, aburrido. Cuando el profesor hace la primera pregunta todos levantan la mano. Solo Juan sigue pensando en otra cosa. Pero el profesor ve que no le está poniendo atención y no le gusta. Para molestarlo, le pide a Juan, y a ninguno de los otros, que salga a la pizarra para resolver un problema de matemáticas. Juan se levanta y va hacia la pizarra. Parece muy aburrido y con pocas ganas. Todos piensan que no va a conseguir resolver el ejercicio, pero Juan se ríe y lo resuelve rápido y sin ningún problema. El profesor y los otros alumnos lo miran sorprendidos. Siempre pensaban que Juan no sabía nada de matemáticas, ¡qué sorpresa!

EL PLACER DE LEER S. 98–114

Am Ende des Lehrwerks finden sich drei Lektüreangebote zur Arbeit mit authentischen Texten bzw. Textausschnitten. Ziel dessen ist es, die Schüler/innen für das Lesen in der Fremdsprache zu motivieren und ihnen die Angst vor der Lektüre von Originaltexten zu nehmen. Daher sind bei der Erarbeitung der Texte auch immer wieder kreative Aktivitäten gefragt. Im Vergleich zum Aufgabenapparat des Lektüremoduls von *Encuentros 2* zielen die Übungen im vorliegenden Band jedoch zunehmend auf die analytische Betrachtung und Interpretation der Texte ab, um die Schüler/innen auf die Textarbeit in der Oberstufe vorzubereiten.

S. 98–100 POEMAS

Einsatzmöglichkeit	Nach Lektion 3 oder 4
Textsorte	Gedichte: – Rafael Alberti (1972): *El mar. La mar.* – Concha Méndez (1979): *Quién fuera* – Federico García Lorca (1982): *Al oído de una muchacha*
Hinweis zur Bearbeitung	Die Gedichte sind unabhängig voneinander und können somit einzeln oder im Rahmen einer Lyrik-Reihe behandelt werden.

Lösungen und Vorschläge für den Unterricht

Rafael Alberti: El mar. La mar.

ANTES DE LA LECTURA

S. 99/1 S äußern ihre persönlichen Assoziationen mit dem Meer. Dazu können sie Fotos oder Bilder mitbringen. Der Austausch geschieht zunächst in 4er-Gruppen, anschließend stellen dann alle S ihre Assoziationen in einem Blitzlicht (s. Methodenpool, S. 144) vor bzw. L wählt mit Namenskarten (s. Auswahlverfahren, Methodenpool, S. 146) einige S aus.

Lösung individuell

COMPRENSIÓN, ANÁLISIS, COMENTARIO

S. 99/2 S hören und lesen das Gedicht von Rafael Alberti, was sprachlich recht einfach zu bewältigen ist.
12 Um die Situation und den Gemütszustand des lyrischen Ichs zu erklären, werden im Plenum die Stichpunkte aus dem weißen Kasten durchgegangen und besprochen, welche auf das Gedicht zutreffen und warum.

Hinweis In stärkeren Lerngruppen kann dies auch in EA oder PA erfolgen. In schwächeren Lerngruppen sollte man im Plenum beginnen, da es besonders bei (nicht nur fremdsprachigen) Gedichten häufig Berührungsängste gibt.
Was unter „lyrisches Ich" zu verstehen ist, sollten die S aus dem Deutsch-Unterricht wissen. Ggf. wird es vor der Bearbeitung kurz im Plenum besprochen.

Lösungsvorschlag	*El yo lírico de este poema no se siente muy bien, porque le hace falta el mar. Vivía cerca del mar, pero el padre lo llevó a la ciudad, y ya no tiene el mar cerca. Sueña con el mar y le gustaría volver al mar.*
S. 99/3a	Nachdem die inhaltliche Ebene geklärt ist, befassen S sich nun mit der sprachlichen Gestaltung des Gedichts. Es fällt auf, dass häufig das Wort «mar» wiederholt wird. S besprechen sich kurz in PA und nennen dann mögliche Gründe dafür.
Hinweis	S neigen häufig dazu, Stilmittel zwar zu benennen, aber nicht in ihrer Funktion zu analysieren. Daher sollte L zu Beginn der Textanalyse darauf hinweisen, dass es darum geht, die möglichen Funktionen der Stilmittel im Rahmen des jeweiligen Textes zu erkennen.
Lösungsvorschlag	*La palabra «mar» se repite tantas veces para mostrar la gran importancia que tiene para el yo lírico.*
S. 99/3b	S beantworten die Frage, ob das lyrische Ich sich an dem Ort, an dem es sich jetzt befindet, wohl fühlt. Wichtig ist, dass S sich dabei auf Textbelege stützen. Sie verwenden dabei die Redemittel von S. 153–154.
Lösungsvorschlag	*Parece que al yo lírico no le gusta el lugar, la ciudad, donde está ahora. Eso se puede ver por ejemplo en las líneas 8 a 10 («En sueños, la marejada me tira del corazón. Se lo quisiera llevar».). Eso significa que el yo lírico echa de menos el mar.* *También las repetidas preguntas al padre «¿Por qué me trajiste, padre, a la ciudad?» (ll. 4–5) y «¿Por qué me desenterraste del mar?» (ll. 6–7) muestran que no entiende por qué se tuvo que ir a la ciudad y que le gustaría más estar en el mar. Los verbos «traer» (ll. 4, 11) y «desenterrar» (l. 6) también son una muestra de que el yo lírico no se quería ir del mar y que no lo ha decidido él sino el padre y que siente además que está lejos de su lugar de origen.*
S. 99/4	S versetzen sich nun in das lyrische Ich hinein und sagen, ob sie die Gefühle nachvollziehen können. Dabei bedenken sie auch die möglichen Gründe des Vaters für den Umzug in die Stadt. S können einen kurzen Text dazu schreiben oder sich in einem Blitzlicht (s. Methodenpool, S. 144) im Plenum äußern. Auf S. 154 finden S nützliche Redemittel.
Lösungsvorschlag	*Yo entiendo que el yo lírico está muy triste. Mis padres también vinieron a vivir a Alemania cuando yo era pequeño y fue un cambio muy difícil para mí: fue difícil dejar el lugar donde había nacido, dejar a mis amigos e irme a otro lugar que no conocía y donde no tenía amigos. Por eso entiendo cómo se siente el yo lírico. Seguro que siempre estuvo cerca del mar y ahora, de repente, está lejos del mar, en alguna ciudad. Está claro que lo echa de menos.* *Por otro lado, seguro que el padre tenía razones importantes para dejar el mar e irse con el hijo a la ciudad. A lo mejor no conseguía trabajo y en la ciudad sí encontró un empleo.*

ACTIVIDADES CREATIVAS

S. 99/5 fakultativ	S schreiben nun ein eigenes Gedicht über einen Ort, an den sie sich manchmal gerne flüchten würden. Das Gedicht von Rafael Alberti kann dabei als Modell dienen. S können ein zweisprachiges Wörterbuch benutzen.
Hinweis	Binnendifferenzierung: Einige S können ggf. statt eines Gedichts einen Fließtext über den Ort schreiben, da sie u. U. mit der Gedichtform überfordert wären.
Lösung	individuell

Concha Méndez: Quién fuera

ANTES DE LA LECTURA

S. 99/1 Zur thematischen Vorentlastung überlegen S sich in einer kurzen EA, welches Tier oder Objekt sie gerne wären, wenn sie sich verwandeln könnten, und warum. Für die Tierbezeichnungen sollte ein Wörterbuch zur Verfügung stehen.

Lösung individuell

COMPRENSIÓN, ANÁLISIS, COMENTARIO

S. 99/2a, b S lesen und hören das Gedicht. Das globale Verstehen sollte mithilfe der angegebenen Wörter unproblematisch sein. Sie benennen das Thema.
Anschließend suchen sie in EA im Kasten das Schlagwort, das den Inhalt ihrer Meinung nach am besten wiederspiegelt und begründen es (ggf. mit Textzitaten). Dies kann in einem Blitzlicht (s. Methodenpool, S. 144) geschehen.

Lösungsvorschlag a) *El poema trata de que a veces estaría bien si nos pudiéramos convertir en otra cosa: en animales o en una nave, para hacer cosas que normalmente, como humanos, no podemos hacer, como viajar a las estrellas.*
b) *Para mí la palabra «viaje» refleja mejor el contenido porque al yo lírico le gustaría convertirse en pez, ave o nave para viajar a lugares adonde normalmente uno no puede ir. Eso también se ve en el texto: el yo lírico quiere «recorrer» (v. 4), «correr el mundo» (v. 8) «[llegar] a otros mundos» (v. 11). Todas esas palabras o frases tienen que ver con «viajar».*

S. 100/3 Unter Zuhilfenahme der Redemittel beschreiben S die Struktur des Gedichtes. S können das schriftlich als HA machen. Auf S. 153 finden S weitere nützliche Redemittel.
In schwächeren Lerngruppen kann die Übung zuerst nach einer kurzen schriftlichen Vorbereitung in EA oder PA gemeinsam im Plenum besprochen und anschließend als HA schriftlich ausformuliert werden.

Hinweis Ggf. müssen zunächst die Begriffe *estrofa*, *verso* (*libre*) und *rima* besprochen werden. Bei einem freien Vers handelt es sich um einen reimlosen Vers.

Lösungsvorschlag *El poema se divide en tres estrofas. Cada estrofa consta de cuatro versos. En las primeras dos estrofas el segundo y el cuarto verso tienen rimas. En la última estrofa los versos son libres: no hay rimas.
El título se repite en el primer verso de las primeras dos estrofas. Eso une las primeras dos estrofas, como también la palabra «mar» (v. 5 y 9) que aparece en las dos. También hay palabras que unen la segunda estrofa con la tercera: las dos comienzan con la palabra «o» (v. 6 y 10), se repite la palabra «mundo» (v. 8 y 11) y además las últimas palabras («ave» y «nave») de los primeros versos de las dos estrofas forman una rima.*

S. 100/4 S äußern sich begründet dazu, ob ihnen das Gedicht gefällt oder nicht. Sie können sich dabei auf die einzelnen aufgeführten Aspekte oder auf das Gedicht insgesamt beziehen.

Lösung individuell

ACTIVIDADES CREATIVAS

S. 100/5 In 3er- oder 4er-Gruppen erstellen S eine Bild- oder eine Klangcollage zu dem Gedicht, welche sie anschließend präsentieren. Zur Vorbereitung außerhalb des Unterrichts sollten S dafür mindestens eine Woche Zeit bekommen.

Lösung individuell

S. 100/6 S schreiben eine weitere Strophe nach dem Modell des Gedichtes. Sie können dabei auf die
fakultativ Ideen von Übung 1 (S. 99) zurückgreifen und schreiben, was sie gerne wären.

Lösung individuell

Federico García Lorca: Al oído de una muchacha

Hinweis Da Lorca aus Andalusien stammte, bietet es sich an, das Gedicht im Rahmen der Lektion 3 (z. B. Algo más) zu behandeln.

COMPRENSIÓN, ANÁLISIS, COMENTARIO

S. 100/1 Ein/e S liest das Gedicht im Plenum vor, die anderen lesen mit. Sie spekulieren im Plenum über das Verhältnis zwischen lyrischem Ich und dem Mädchen.

Lösungsvorschlag *No parece que se conozcan mucho el yo lírico y la muchacha. Creo que al principio al yo lírico le gusta la muchacha, pero no se lo quiere decir porque ve algo raro en los ojos de ella.*

S. 100/2 S beschreiben mithilfe des Redemittelkastens die Struktur und den Stil des Gedichts.

Lösungsvorschlag *El poema se divide en cinco estrofas. Las primeras dos y la última constan de dos versos y la última estrofa son iguales. La tercera y cuarta solo constan de un verso cada una. Entre la segunda y la cuarta estrofa el autor utiliza la comparación de «dos arbolitos locos» (v. 5) cuando habla de los ojos de la muchacha. Predominan las frases cortas.*

S. 100/3 S spekulieren im Plenum darüber, warum das lyrische Ich dem Mädchen wohl nichts sagen wollte. Anschließend kommentieren S, ob sie die Gründe für nachvollziehbar halten oder nicht.

Lösungsvorschlag *Pienso que tiene que ver algo con lo que el yo lírico vio en los ojos de la muchacha. Tal vez a él le gustaba la muchacha, pero vio en sus ojos que ella se estaba riendo de él. Eso podría explicar la palabra «risa» en el quinto verso. Si es así, entiendo al yo lírico, pero creo que debía hablar con la muchacha, porque puede ser que estuviera equivocado y que ella no se reía de él, sino de otra cosa.*

ACTIVIDADES CREATIVAS

S. 100/4 S nehmen einen Perspektivenwechsel vor und schreiben entweder ein ähnliches Gedicht aus der Sicht des Mädchens oder übertragen das Gedicht in einen Erzähltext mit allwissendem Erzähler, sodass die Gedanken des lyrischen Ichs und des Mädchens mit eingebracht werden können. Die Schülerergebnisse sollten anschließend im Klassenraum ausgestellt werden. Mit Klebepunkten (s. Methodenpool, S. 145) wählen S den Text aus, der ihnen am besten gefällt.

Lösung individuell

S. 101–110 ZACARÍAS Y JEREMÍAS

Einsatzmöglichkeit	Nach Lektion 1 oder 4
Textsorte	Kurzgeschichte
Autor	Diego Muzzio
Erscheinungsjahr	2007
Kurzinhalt	Jeremías und Zacarías sind Zwillingsbrüder. Zacarías ist offenbar Autist und Jeremías muss sich tagsüber um ihn kümmern, während die Eltern

	arbeiten. Jeremías ist von der Situation genervt, vor allem davon, dass seine Mutter ständig anruft und fragt, ob alles in Ordnung ist. Bei einem kurzen Ausflug mit Zacarías in den Park trifft Jeremías seine Schulkameradin Eugenia, die ihn dazu überredet, bei einem Theaterstück in der Schule mitzuspielen. Die nächsten Nachmittage verbringt Jeremías nun mit dem Lernen seiner Rolle, während Zacarías scheinbar unbeteiligt im Wohnzimmer dabei sitzt. Während der Schulaufführung vergisst Jeremías seinen Text. In diesem Moment steht Zacarías aus dem Publikum auf und sagt den Satz, der seinem Bruder nicht eingefallen ist.
Hinweis zur Bearbeitung	In starken Lerngruppen kann der Text ggf. schon nach der thematisch passenden Lektion 1 behandelt werden. Aufgrund des sprachlichen Anspruchs und Umfangs ist aber der Einsatz nach Lektion 4 empfehlenswert.

Lösungen und Vorschläge für den Unterricht

ANTES DE LA LECTURA

S. 101/1 Um sich dem Thema der Erzählung zu nähern, überlegen S zum Einstieg, wie ihr Verhältnis zu ihren Geschwistern ist, was sie mit ihnen gemeinsam machen und was nicht. S, die keine Geschwister haben, überlegen in der Zeit, ob sie gerne welche hätten bzw. warum sie als Einzelkind ganz zufrieden sind. Das kann in einem Blitzlicht (s. Methodenpool, S. 144) geschehen.

Lösung   individuell

S. 101/2 Vor der eigentlichen Lektüre schauen S sich den Text an und erkennen anhand des Textbildes, Länge usw., dass es sich um eine Kurzgeschichte und damit um einen fiktionalen Text handelt. Redemittel zu Textsorten finden S auf S. 150.

Lösung   *Es un cuento / un relato.*

Parte I: l. 1–69

COMPRENSIÓN, ANÁLISIS, COMENTARIO

S. 108/2 S lesen den ersten Teil bis Zeile 61 als vorbereitende Hausaufgabe. Ist davor im Unterricht noch
♪ 15 Zeit, können sie es auch als Hörbuch hören. Sie legen sich eine Tabelle an und machen sich Stichpunkte. In der nächsten Stunde tauschen sie sich dann mit einem/-r MS darüber aus und ergänzen/korrigieren ihre Angaben ggf. Anschließend werden die Informationen über die einzelnen Figuren nacheinander im Plenum zusammengetragen.

Hinweis   Es ist wichtig, dass S den ersten Teil nicht bis ganz zu Ende lesen, sondern nur bis Zeile 61. Anderenfalls kann Übung 3 nicht bearbeitet werden.

Lösungsvorschlag

	Jeremías	*Zacarías*	*la madre*
¿Dónde está?	acostado en un sillón en el salón	sentado en una silla frente al televisor, en el salón	en el trabajo

¿Qué está haciendo?	–está mirando la tele –habla con su madre por teléfono	–está mirando la tele	–está trabajando –llama a Jeremías por teléfono para preguntar cómo están él y su hermano Zacarías
¿Qué tiene que hacer más tarde?	los deberes llevar a Zacarías a la plaza leerle algo a Zacarías decirle al padre que prepare la comida		

S. 108/3a, b Auf Grundlage des bisher Gelesenen stellen S Vermutungen zu den beiden Protagonisten Jeremías und Zacarías an: ihr Alter, ihr Verhältnis zueinander usw.
Anschließend lesen sie den letzten Absatz von Textteil 1 (Z. 62–69) und überprüfen und revidieren ggf. ihre ersten Vermutungen.

Lösungsvorschlag a) –Seguro que Jeremías es el hermano mayor porque la madre lo llama para preguntar si su hermano ha comido (l. 21–25) y le propone que le lea algo (l. 54).
–Parece que Jeremías tiene 14 o 15 años, porque ya se puede quedar solo en casa para cuidar a su hermano. Zacarías parece ser un niño todavía.
–La relación que hay entre ellos parece ser un poco difícil porque a Jeremías no le gusta cuidar a su hermano (por ejemplo, no le gusta leerle). El problema es que él se tiene que quedar con el hermano porque la familia no tiene dinero para pagar alguien para que lo cuide por las tardes.
b) No pensaba que Jeremías y Zacarías fueran hermanos mellizos. Como Jeremías tiene que cuidar a Zacarías parecía que este era bastante menor. Pero parece que tiene alguna enfermedad y que es por eso que parece niño y que su hermano lo tiene que cuidar.

S. 108/4 S bewerten die Reaktion von Jeremías gegenüber seiner Mutter und sagen, wie sie an seiner Stelle reagieren würden. Dies kann mündlich in Kleingruppen oder schriftlich als HA erfolgen.

Lösungsvorschlag Jeremías no parece tener muchas ganas de hablar con su madre cuando ella lo llama por teléfono. Por eso hace bromas que no le gustan a su madre. Primero pensé que no debería hablar así con su madre, porque ella solo llama para ver si sus hijos están bien y no es malo que se preocupe. Pero al leer un poco más entendí que reacciona así porque la madre lo llama muchas veces. Creo que a mí tampoco me gustaría que mi madre me llamara todo el tiempo para preguntar si todo está bien. Por otro lado también entiendo a la madre. Seguro que ella sabe que a Jeremías no le gusta mucho que tenga que cuidar al hermano enfermo, y que para él es una situación difícil, y por eso se preocupa un poco.

MEDIACIÓN

S. 108/5 S stellen sich vor, dass die Theater-AG ihrer Schule die Erzählung in ein Theaterstück umwandeln will. Dafür übertragen sie in Kleingruppen das erste Telefongespräch zwischen Jeremías und seiner Mutter ins Deutsche. Ggf. kann L hier noch einmal darauf hinweisen, dass S es bei einer literarischen Übersetzung darauf ankommt, dass der Text in der Zielsprache verständlich ist und authentisch klingt, was bei einer wortwörtlichen Übersetzung nicht gelingen wird. Trotzdem sollten sie mit Wörterbüchern arbeiten.

Lösungsvorschlag
Jeremías: Was ist?
Mutter: Jeremías, bist du es?
Jeremías: Nein, Donald Duck …
Mutter: Ist das eine Art ans Telefon zu gehen? (Pause.) Ich hab dich etwas gefragt!

Jeremías:	Wie soll ich denn rangehen, deiner Meinung nach?
Mutter:	Ein einfaches „Hallo" wäre schon mal nicht schlecht.
Jeremías:	Einfaches Hallo.
Mutter:	Was macht dein Bruder?
Jeremías:	Ich glaube, er turnt gerade am Barren.
Mutter:	Ich habe dir schon tausend Mal gesagt, dass ich es nicht mag, wenn du solche Witze machst.
Jeremías:	Er ist hier, Mama. Was soll er schon machen? Wir schauen fern.
Mutter:	Habt ihr schon gegessen?
Jeremías:	Ja.
Mutter:	Hat Zacarías etwas gegessen?
Jeremías:	Ja, hat er.
Mutter:	Aber hat er alles aufgegessen?
Jeremías:	Fast…
Mutter:	Was bedeutet „fast"?
Jeremías:	Er hat 78 Prozent von dem gegessen, was ich ihm aufgetan habe.
Mutter:	Jere, du bist groß genug, um die Situation zu verstehen. Mir gefällt es auch nicht, dass ich arbeiten und dich mit Zacarías alleine lassen muss, aber im Moment sind die Dinge halt so. Du weißt, dass wir es uns nicht leisten können, dass Elsa jeden Nachmittag auf deinen Bruder aufpasst, und ich finde, das Mindeste, was du tun könntest, ist ein bisschen mitzuhelfen und nicht jedes Mal so mit mir zu reden, wenn ich anrufe, um zu fragen, wie es euch geht.
Jeremías:	Das ist ja das Problem. Du rufst zehn Mal an, um immer dieselben Fragen zu stellen. Ich sage ja nicht, dass du nicht einmal, oder wenn du willst zwei oder drei Mal anrufen kannst, aber nicht zehn Mal. Uns geht's super, wir schauen fern und Zac hat fast alles gegessen, was ich ihm gegeben habe. Sonst noch was? So, und jetzt würden wir gerne weiter fernsehen, wenn es möglich ist.
Mutter:	Dein Bruder heißt Zacarías, nicht Zac. Und was ist mit dir? Hast du schon deine Hausaufgaben gemacht?
Jeremías:	Noch nicht, mache ich später.
Mutter:	Wann später?
Jeremías:	Mann, Mama!
Mutter:	Ist ja schon gut. … Hör mal. Hey Donald Duck, hörst du mich?
Jeremías:	Ja.
Mutter:	Denk daran, mit Zacarías eine Weile raus zu gehen. Und nicht so spät, sonst wird ihm kalt.
Jeremías:	Gut.
Mutter:	Und wenn Papa kommt, sag ihm, dass er etwas zu essen machen soll…
Jeremías:	Ja, tschüß.
Mutter:	Hörst du mich?
Jeremías:	Ja.
Mutter:	Wenn du Lust hast, kannst du deinem Bruder etwas vorlesen, ja?
Jeremías:	Nein, ich habe keine Lust, du weißt doch, dass ich Lesen nicht mag.
Mutter:	Ein bisschen Vorlesen tut dir schon nicht weh. Bücher beißen nicht. Liest du ihm jetzt was vor?
Jeremías:	Ja.
Mutter:	Und was?
Jeremías:	Weiß ich nicht.
Mutter:	Tschüß, ich hab dich lieb.
Jeremías:	Ich dich nicht.

L

ACTIVIDADES CREATIVAS

S. 108/6 S stellen in PA das Telefongespräch zwischen Jeremías und seiner Mutter szenisch dar.
fakultativ

Parte II: l. 70–161

COMPRENSIÓN, ANÁLISIS, COMENTARIO

S. 108–109/1a, b In HA lesen S den zweiten Teil der Erzählung und vervollständigen die Sätze mit einer der Optionen, die ihnen passend erscheint.
Sie vergleichen dann ihre Lösungen mit einem/einer MS. An einigen Stellen sind mehrere Lösungen möglich, da der Text Interpretationsspielraum lässt. Sollten die S sich bzgl. einer Lösung nicht einig sein, suchen sie Textbelege heraus, um ihre Meinung zu begründen.

Lösungsvorschlag 1 b – 2 b – 3 b/d – 4 a/b/d – 5 b/c

Parte III: l. 163–217

COMPRENSIÓN, ANÁLISIS, COMENTARIO

S. 109/1 S lesen den dritten Teil der Erzählung und fassen die dargestellte Situation in ca. zehn Sätzen zusammen. Die vorgegebenen Versatzstücke helfen ihnen. L kann noch einmal darauf hinweisen, dass eine Zusammenfassung immer im Präsens verfasst wird.

Lösungsvorschlag *Jeremías está estudiando su texto para la obra de teatro, mientras Zacarías está mirando la tele. Jeremías está de mal humor porque tiene problemas con el texto. Le parece imposible aprenderlo de memoria. En este momento llama su madre otra vez y le hace las mismas preguntas de siempre. Jeremías se enfada. De repente, el teléfono suena otra vez. Primero Jermías no quiere contestar, pero el teléfono no deja de sonar. Jeremías piensa que es otra vez su madre y atiende de mala forma. Pero no es su madre sino Eugenia que lo quiere invitar al cine. Jeremías se pone un poco nervioso, pero quedan para ir al cine. Al final Eugenia le dice que siga estudiando su texto y quedan en verse el día siguiente.*

S. 109/2 S kommentieren den Satz aus der Erzählung: warum Jeremias ihn äußert und ob sie mit seinem Verhalten einverstanden sind. Das kann mündlich in PA, in einem Blitzlicht (s. Methodenpool, S. 144) oder schriftlich geschehen.

Lösungsvorschlag *Jeremías está enfadado porque su madre lo llama todos los días y siempre hace las mismas preguntas. Jeremías está harto de esa situación, además está nervioso porque tiene problemas para aprender el texto para la obra de teatro. Zacarías, en cambio, siempre está tranquilo en su silla y no tiene que preocuparse por nada. Por eso Jeremías dice que le gustaría cambiar con su hermano por unos días. Entiendo la reacción de Jeremías. Seguro que él cuida bien a su hermano –aunque tal vez le gustaría hacer otras cosas– pero parece que la madre no confía mucho en que lo haga bien y llama todo el tiempo por teléfono para preguntar si están bien. A mí también me molestaría eso. Por el otro lado, él debería estar contento porque está bien y no tiene una enfermedad grave, como su hermano.*

Parte IV: 219–266

COMPRENSIÓN, ANÁLISIS, COMENTARIO

S. 109/1a S lesen den letzten Teil bis zur Zeile 261 und fassen die Situation zusammen. Dabei können sie sich an den Leitfragen orientieren. Anschließend tauschen sie sich in Kleingruppen aus und zum Schluss wird eine Zusammenfassung im Plenum erstellt.

Hinweis	Es ist wichtig, dass S den Textausschnitt zunächst nicht bis zum Ende lesen, sondern nur bis Zeile 261. Ggf. bietet es sich daher an, den Text ohne das Ende als Kopie auszuteilen.
Lösungsvorschlag	*Es el día de la presentación de la obra y Jeremías se está preparando junto con sus compañeros. Sus padres y Zacarías están sentados en el público con muchos otros padres, profesores etc. Jeremías está banstante nervioso. Después empieza la obra. Al principio todo funciona bastante bien y Jeremías consigue decir bien su texto. Pero en un momento se le olvida a su texto. Jeremías no consigue seguir y no sabe qué hacer.*
S. 109/1b, c	S formulieren Hypothesen über den Ausgang der Geschichte. Das kann mündlich in einem Blitzlicht (s. Methodenpool, S. 144) oder in Kleingruppen geschehen. Alternativ können S zu Hause selbst das Ende der Geschichte verfassen. Danach lesen sie die letzten fünf Zeilen der Erzählung, die eine überraschende Wendung beinhaltet, und sagen, was sie von dem Ende halten.
Lösung	b) Lösung individuell c) Lösung individuell
S. 109/2 fakultativ	S diskutieren im Plenum über die Doppeldeutigkeit des Satzes, den Zacarías sagt, als er auf die Bühne kommt. Um schwächeren S die Möglichkeit zu geben, sich zu äußern, bekommen S einige Minuten Zeit, um sich vorzubereiten. Dann besprechen sie ihre Interpretationen zuerst in Kleingruppen und anschließend im Plenum.
Lösungsvorschlag	*La frase tiene un doble sentido porque por un lado, es la parte del texto de la obra que Jeremías había olvidado. Pero por otro lado va bien con la situación: puede ser que Zacarías haya tenido la impresión que su hermano mellizo, que no sabía cómo seguir en el texto, lo había llamado porque necesitaba su ayuda. Por eso él va al escenario para ayudarlo con la frase que le faltaba.*

DESPUÉS DE LA LECTURA / COMPRENSIÓN, ANÁLISIS, COMENTARIO

S. 110/1a	Ziel der Übung ist, dass S eine Zusammenfassung der Erzählung schreiben. Als Vorbereitung bringen sie zuerst die Versatzstücke aus dem ersten Übungsteil in die richtige Reihenfolge, ordnen die Namen der Figuren zu und bilden kurze Sätze daraus.
Lösung	*–Jeremías tiene que cuidar del hermano.* *–Jeremías y Zacarías ven la tele.* *–La madre llama por teléfono.* *–La madre siempre está preocupada.* *–Jeremías y Zacarías van al parque.* *–Jeremías se cruza con una amiga.* *–Eugenia le propone a Jeremías actuar en la obra de teatro del instituto.* *–Jeremías quiere sacar una buena nota.* *–Zacarías no habla.* *–Jeremías ensaya el papel.* *–Zacarías escucha al hermano ensayando su texto.* *–Jeremías está frustrado.* *–Los padres y Zacarías van a ver la obra.* *–Jeremías está nervioso.* *–Jeremías olvida las palabras.* *–Zacarías sube al escenario y dice la frase de su hermano.*
S. 110/1b	S schreiben nun mithilfe der Sätze aus Übungsteil a eine komplette Zusammenfassung (zusammenhängender Fließtext).

Hinweis Ggf. werden im Plenum noch einmal die Grundregeln einer Zusammenfassung zusammengetragen. Alternativ schlagen S bei Bedarf eigenständig auf S. 144 nach.

Lösungsvorschlag *El cuento «Zacarías y Jeremías» de Diego Muzzio trata de la relación entre dos hermanos mellizos, Zacarías y Jeremías. Son jóvenes, pero Zacarías tiene una enfermedad mental –no habla y lo único que hace es hamacarse en su silla– y por eso su hermano lo tiene que cuidar como a un niño, mientras los padres trabajan. Un día, Jeremías lleva a su hermano a la plaza, donde se cruza con una amiga del instituto: Eugenia. Esta le propone a Jeremías actuar en la obra de teatro del instituto. Primero Jeremías no tiene muchas ganas, pero Eugenio le explica que así puede sacar una buena nota. Mientras Eugenia y Jeremías están charlando, Zacarías no habla, ni contesta las preguntas de Eugenia. Los días siguientes Jeremías ensaya el papel en casa, pero está frustrado porque no consigue aprenderlo de memoria. Zacarías está todo el tiempo sentado en su silla y escucha al hermano ensayando su texto.*
El día de la presentación de la obra los padres de Jeremías y Zacarías van al instituto para ver la obra. Jeremías está muy nervioso, pero primero todo funciona bien. Pero después olvida su texto y no sabe cómo continuar. Al final Zacarías sube al escenario y dice la frase de su hermano.

S. 110/2 Sprachmittlung Spanisch-Deutsch: S schreiben eine knappe Zusammenfassung auf Deutsch für den Flyer einer Schulaufführung von *Zacarías y Jeremías*. Wichtig ist, dass sie den Text ansprechend formulieren und das Ende nicht verraten.

Lösungsvorschlag Jeremías ist genervt: Er muss sich um seinen autistischen Zwillingsbruder kümmern und dann nervt auch noch seine Mutter durch ständiges Anrufen. Doch alles wird anders, als Eugenia, eine Klassenkameradin von Jeremías, ihn dazu überredet, bei einem Schultheaterstück mitzuspielen. Um eine gute Note zu bekommen und um Eugenia zu beeindrucken, lässt er sich darauf ein. Die nächsten Tage verbringt er damit, seinen Text zu lernen, wobei sein Bruder ihm eine ständige stumme Begleitung ist. Aber das Auswendiglernen ist schwerer als gedacht und Jeremías ist mehr und mehr frustriert. Dann ist der Tag der Aufführung da und Jeremías ist nervös: Wird er seine Rolle gut über die Bühne bringen?

S. 110/3a S charakterisieren eine der vier Personen aus der Erzählung schriftlich. Sollte die Personencharakterisierung den S relativ neu sein, empfiehlt es sich, die Seiten 144 und 152 gemeinsam durchzugehen. S können ein Wörterbuch konsultieren.

Hinweis In leistungsschwächeren Lerngruppen können S die Charakterisierung in Gruppen erarbeiten. Sie präsentieren sie anschließend auf einer Folie, sodass sie im Plenum besprochen werden kann.

Lösungsvorschlag *Jeremías: Jeremías, el personaje principal del cuento, es un joven argentino que vive con sus padres y su hermano mellizo Zacarías. Físicamente los dos hermanos se parecen: los dos tienen el pelo lacio y castaño, pero por otro lado son diferentes porque Zacarías sufre de un retraso mental. Al principio, Jeremías parece ser un poco agresivo porque cuando habla con su madre por teléfono se enfada mucho. Además, en esas conversaciones, es bastante cínico. Hace chistes que le duelen a la madre. Pero luego resulta que Jeremías también es una persona responsable porque cuida de su hermano Zacarías dándole comida por ejemplo o abrigándolo cuando salen de casa. Cuando Jeremías está con Eugenia es un chico tímido y a menudo está nervioso. Eso muestra que Eugenia le gusta y que Jeremías se siente inseguro de sí mismo cuando está con ella. También es un chico valiente, porque se atreve a participar en una obra de teatro para la cual no tiene mucho tiempo para ensayar.*

S. 110/3b S suchen Textbelege, die ihre Charakterisierung stützen.

Hinweis Sind die S schon in Personencharakterisierung geübt, lassen sie die Textverweise gleich mit in ihren Text einfließen, bearbeiten also 3a und b als eine Übung.

Lösungsvorschlag –*agresivo:* p. 101, l. 4, l. 18; p. 105, l. 192
–*pelo lacio y castaño:* p. 102, ll. 63–64

–*cínico:* p. 101, l. 7, l. 15
–*responsable:* p. 102, l. 38; p. 103, ll. 70–71
–*tímido/nervioso/inseguro:* p. 104, l. 141; p. 106, ll. 223–226, l. 228, l. 231

S. 110/4 S untersuchen die Sprache und den Sprachstil des Autors. Sie orientieren sich dabei an den Redemitteln auf S. 153–154 und belegen ihre Ausführungen am Text.

Hinweis S sollten mit einem Wörterbuch arbeiten.

Lösungsvorschlag *El estilo del cuento es diferente en las partes narrativas y en los diálogos.*
Cuando los personajes, sobre todo Jeremías, hablan el lenguaje se caracteriza por un estilo familiar, irónico y cotidiano (p. ej, p. 101, l. 13) y a veces incluso vulgar (p. 105, l. 192). En las partes de diálogo predominan frases cortas, no muy complicadas, como es normal en una conversación cotidiana e informal.
En las partes narrativas el autor utiliza un lenguaje escrito con frases más largas y complejas, pero tampoco muy complicadas. Por eso –y también por el tema– uno puede llegar a pensar que se trata de un cuento para jóvenes.

S. 110/5 S äußern sich mündlich, z. B. in einem Blitzlicht (s. Methodenpool, S. 144) dazu, wie ihnen die Erzählung gefallen hat. Sie können sich dabei auf die verschiedenen Kategorien (Figuren, Thema, Sprache, Stil) beziehen.

Lösung individuell

S. 110/6 S versetzen sich in eine der Figuren hinein und erzählen die Geschichte aus ihrer Perspektive.
fakultativ

Lösung individuell

S. 111–114 LA ABUELA DE FEDE

Einsatzmöglichkeit	Nach Lektion 4
Textsorte	Szene aus einem Theaterstück
Autor	Maxi de Diego
Erscheinungsjahr	2001
Kurzinhalt der Szene	Fede freut sich darauf, abends auf den Geburtstag eines Freundes zu gehen, wo er seinen Schwarm treffen wird. Doch seine Mutter, Federica, eröffnet ihm, dass sie selbst ausgehen möchte, sodass Fede zu Hause bleiben und auf die Großmutter aufpassen soll. Fede ist entsetzt und seine Schwester Lola wird bei dem Vorschlag sogar ohnmächtig. Auch der Vater verlässt unter einem Vorwand sofort das Haus, als er hört, dass jemand bei der Oma bleiben muss. Am Schluss des Textausschnitts macht sich auch die Mutter heimlich aus dem Staub, sodass nur noch Fede übrig bleibt.

Lösungen und Vorschläge für den Unterricht

ANTES DE LA LECTURA

S. 111/1 Thematische Vorentlastung: S arbeiten nach dem *Think-Pair-Share*-Prinzip. Sie überlegen sich ein stereotypes Bild einer Großmutter und wo und wie Großmütter wohnen können (z. B. alleine, in einem Altersheim, bei ihren Kindern). Dabei lassen sie ihre eigenen familiären Erfahrungen einfließen, die auch je nach Kulturkreis unterschiedlich sein können. Dann tauschen sie sich mit einem/einer MS aus. Danach folgt eine kurze Plenumsphase.

Lösung individuell

DESPUÉS DE LA LECTURA / COMPRENSIÓN, ANÁLISIS, COMENTARIO

S. 113/2 S lesen zunächst eine fehlerhafte Zusammenfassung der Szene. Dadurch ist der globale Inhalt vorgegeben. Anschließend lesen sie die Szene und berichtigen die Zusammenfassung mündlich im Plenum.

Lösungsvorschlag Fede, un joven, quiere ir al cumpleaños de su amigo Luis. Pero resulta que no puede ir porque su madre le pide que se quede con la abuela. Su madre es una persona extrovertida que no quiere mucho a su marido. Fede explica no quiere quedarse con la abuela porque la última vez que se quedó con ella, ella no tomó las pastillas y alguien terminó en el hospital.
Su madre dice que tampoco tiene tiempo para quedarse en casa porque ella ha quedado con Alejandro Sanz. Cuando entra la abuela ve que su hija y su nieto están hablando y piensa que están jugando. Más tarde entran la hermana y el padre que tampoco quieren quedarse con la abuela. El padre explica que tiene que volver a su trabajo porque tiene una cita con Alejandro Sanz. Su hijo no se lo cree; sabe que su padre solamente dice esto como un pretexto porque los ha oído. Finalmente está claro que Fede va a quedarse con la abuela.

S. 113/3a, b Nachdem S den Text gelesen haben vergleichen sie ihre Vorstellungen einer Großmutter (aus der Übung 1 auf S. 111) mit dem Bild, das der Text von der Großmutter von Fede vermittelt. Dazu sammeln sie im Plenum die Informationen, die der Text über die Großmutter liefert. Anschließend kommentieren sie das Verhalten der Familienmitglieder gegenüber der Großmutter.

Lösungsvorschlag a) –vive en casa de su hija Federica, la madre de Fede
–parece que es una abuela rara y que le pasa algo porque todos le tienen miedo y nadie de la familia quiere quedarse con ella
–tiene que tomar pastillas
–sufre de reúma
b) Me parece un poco raro que les dé tanto miedo que nadie quiere quedarse con la abuela. ¿Cómo puede ser tan peligrosa una señora mayor? Cuando pasa por el salón para buscar un vaso de leche, ella parece ser una abuela bastante normal. También me parece mal el comportamiento de Federica porque la abuela es su madre y ella la quiere dejar con otra persona.

S. 114/4a, b In 4er-Gruppen stellen S die Familienverhältnisse graphisch dar, am besten auf DIN-A3-Blättern, die anschließend von den Gruppen präsentiert werden. Innerhalb des Schaubildes notieren S auch Informationen zu den Figuren.

Lösungsvorschlag

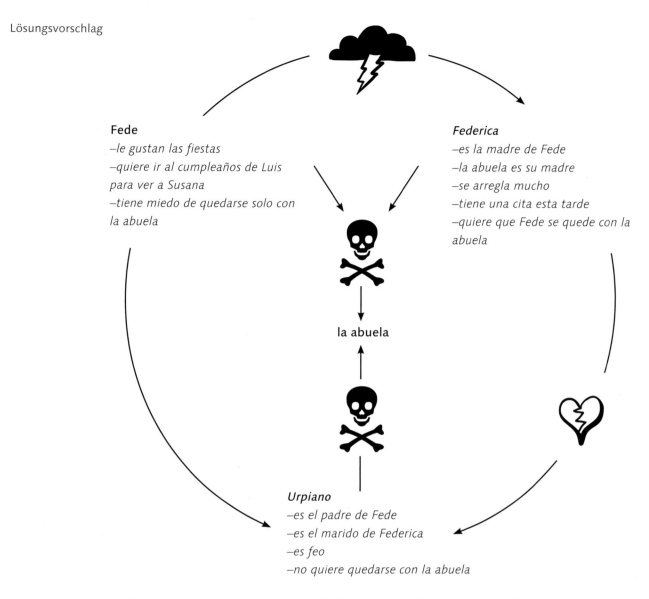

S. 114/4c	S wählen einen Protagonisten aus und schreiben eine Charakterisierung für ihre Figur. Sie denken sich zusätzlich das Aussehen aus. Wenn genügend Zeit zur Verfügung steht, können S Fotos suchen, die ihrer Vorstellung der Figur entsprechen und Plakate mit ihrer Charakterisierung und dem ausgewählten Foto erstellen.
Hinweis	L sollte darauf achten, dass möglichst alle Figuren charakterisiert werden.
Lösungsvorschlag	Federica: *Federica es la mujer de Urpiano, la madre de Fede y Lola y la hija de la abuela. Tiene probablemente un poco más de 40 años. Creo que es una mujer baja y fuerte. Eso se sabe porque ella tumba a Federico en el suelo, lo agarra y le tapa la boca porque quiere que él se quede en la casa con la abuela (p. 111, ll. 22–27). Me imagino que tiene una cara bonita. Usa ropa moderna, a veces demasiado moderna para su edad.* *El autor describe a Federica como una persona alegre y moderna, pero también egoísta: no le importa que su hijo quiera salir sino que piensa solo en sí misma y en la cita que tiene esa tarde. Aunque está con el padre de Federico y Lola, se encuentra con otros hombres. Además parece que es un personaje poco responsable porque al final huye de la casa para no quedarse con su madre y deja a Federico solo con ella, sabiendo que él tiene miedo de quedarse con la abuela.*

ACTIVIDADES CREATIVAS

S. 114/5a, b S arbeiten in 5er-Gruppen, verteilen die Rollen – Fede, Federica, Lola, Urpiano, *la abuela* – und üben sie Szene ein. Dabei stützen sie sich auf die erstellten Personencharakterisierungen aus Übung 4.
Anschließend werden die Szenen vorgespielt.

Hinweis Es wäre sinnvoll, wenn jede/r S die Rolle übernehmen würde, die er/sie in Übung 4 charakterisiert hat. So sind sie besser darauf eingestimmt. Dafür müsste auf eine entsprechende Gruppenzusammensetzung geachtet werden.

Lösung individuell

S. 114/6 S arbeiten in PA und wählen eine der kreativen Schreibaufgaben aus: Sie schreiben entweder die
fakultativ Szene mit einer weiteren Figur um oder verfassen eine Kurzgeschichte über das letzte Mal, das Fede auf seine Oma aufpassen sollte und wonach einer der beiden drei Wochen lang im Krankenhaus lag, wie es im Text angedeutet aber nicht weiter ausgeführt wird (p. 111, ll. 31–32).

Lösung individuell

ANHANG

METHODENPOOL

METHODEN ZUR ÜBUNG UND FESTIGUNG VON WORTSCHATZ

1. Ich packe meinen Koffer
Spielerische Übung zur Festigung eines Wortfeldes. Der/Die erste Spieler/in beginnt folgendermaßen: *En mi mochila hay...* (Begriff passend zum vorgegebenen Wortfeld, z. B. Schule). Der/Die nächste Spieler/in wiederholt den Satz und fügt einen weiteren Begriff hinzu. Wer einen Begriff beim Aufzählen vergisst, scheidet aus. Gewonnen hat, wer als letztes alle Begriffe in der richtigen Reihenfolge aufgezählt hat.

2. Ball
Spielerische Übung zur Festigung eines Wortfeldes oder von Wortschatz allgemein. L bringt einen Ball mit, nennt einen Begriff aus dem vorgegebenen Wortfeld und wirft den Ball an eine/n S weiter, die/der einen weiteren Begriff sagt. S werfen sich gegenseitig den Ball weiter zu, bis das Wortfeld vollständig ist.

3. Blitzlicht
Methode zur Kontextualisierung von Wortschatz und zur Automatisierung von Redemitteln und *chunks*: S bilden nacheinander Sätze zu einem vorgegebenen Kontext (z. B. *Lo que (no) me gusta de mi ciudad es/son...*). Dabei sind S sind der Reihe nach dran, ohne dass L sich einschaltet. Dies bietet sich vor allem bei stark automatisierenden Übungen an. L notiert sich die wichtigsten Fehler bzw. Schwierigkeiten; die Fehlerkorrektur erfolgt am Ende gebündelt.
Variante: Alle S stellen sich hin, ein/e S beginnt und setzt sich. Der/Die nächste S, dem/der etwas einfällt, darf etwas sagen und setzt sich ebenfalls usw. Die Blitzlicht-Runde endet, wenn alle sitzen.

METHODEN ZUR ÜBUNG UND FESTIGUNG VON GRAMMATIK (VERBEN)

1. Kettenkonjugieren
Methode zum Einschleifen und Wiederholen von Verbformen in den verschiedenen Zeiten und Modi. L gibt den Infinitiv und Tempus/Modus vor und S nennen nacheinander jeweils eine Form.

2. Verbtraining
Methode zum Einschleifen und Üben von Verbformen. L kopiert das Konjugationsschema einiger ausgewählter Verben (z. B. einer bestimmten Konjugationsklasse, unregelmäßige Verben, bestimmte Zeiten/Modi) auf eine Folie oder schreibt sie an die Tafel. S fragen sich zunächst in PA ab, wobei ein/e S mit dem Rücken zur Folie/Tafel sitzt. Der/Die andere S gibt das Verb und ggf. eine Zeitform oder einen Modus vor und kontrolliert mithilfe der Folie/Tafel den/die MS, der/die das Verb in der entsprechenden Form durchkonjugiert. Alternativ können auch nur einzelne Formen (z. B. 1. Pers. Sg.) abgefragt werden. Nach einer bestimmten Zeit gibt L ein Zeichen zum Wechseln. Nach der PA-Phase kann L die Folie entfernen bzw. die Tafel zuklappen und eine/n S nach einer Form fragen, die er/sie nun aus dem Kopf nennt. Diese/r S fragt dann den/die nächste S nach einer weiteren Form usw. (s. Meldekette/Fragekette/Redekette, Methodenpool, S. 144).

3. Sudoko
Spielerische Übung zur Verbkonjugation. Ein Verbsudoku besteht aus sechs Zeilen und sechs Spalten. In jeder Zeile und Spalte sind einige Verbformen desselben Verbs in einem einheitlichen Tempus/Modus vorgegeben (je mehr, desto einfacher wird es). S müssen die leeren Felder so vervollständigen, dass in jeder Zeile und in jeder Spalte alle sechs Formen des Verbs vorkommen.

4. Verbenwürfeln

Spielerische Übung zur Verbkonjugation. S üben in Gruppen von zwei bis vier MS. L gibt jeder Gruppe einen Würfel und einen Stapel mit Kärtchen, auf denen die Infinitive verschiedener Verben stehen. S ziehen jeweils eine Karte und würfeln. Die Zahl gibt dann die Person vor, in der sie die Form des entsprechenden Verbs bilden (1 = *yo*, 2 = *tú* usw.).
Hat der/die S die Form richtig gebildet, darf er/sie die Karte behalten. Ansonsten kommt sie zurück unter den Stapel. Wer am Ende die meisten Karten hat, hat gewonnen.

5. Tandembogen

Das Cuaderno enthält pro Lektion einen Tandembogen (S. 91–94). Diese werden folgendermaßen eingesetzt: S arbeiten zu zweit mit einem Bogen und sitzen sich frontal gegenüber. Der Bogen wird in der Mitte gefaltet, sodass jede/r S nur eine Spalte sehen kann. S1 beginnt, liest seinen/ihren Satz und vervollständigt ihn mit der entsprechenden grammatischen Form. S2 kann mithilfe seiner/ihrer Seite kontrollieren, ob die Lösung stimmt und korrigiert S1 ggf. Nun ist S2 an der Reihe und S1 kontrolliert mithilfe seiner/ihrer Seite des Bogens usw. Wichtig ist, dass es sich um eine mündliche Übung handelt, weshalb die Tandembögen als Dialoge konzipiert sind. Am Ende des Durchgangs tauschen S die Seiten.

METHODEN ZUR ÜBUNG UND FESTIGUNG DER ZAHLEN

1. Malen nach Zahlen

S üben die Zahlen auf Spanisch produktiv und rezeptiv, indem sie für ihre MS ein Malen-nach-Zahlen-Spiel erstellen. Dafür fertigen sie einfache Strich-Zeichnungen an und markieren die wichtigsten Verbindungspunkte mit Zahlen in ungeordneter Reihenfolge. Anschließend übertragen sie auf ein neues Blatt nur die Zahlen. S geben einem/einer MS dieses Blatt und diktieren die Zahlen in der Reihenfolge, wie sie zu verbinden sind, damit die angelegte Zeichnung entsteht. Der/Die MS zeichnet die Linie laut Diktat mit und erhält, wenn die Zahlen richtig genannt und verstanden werden, das ursprüngliche Motiv.

2. Bingo

Rezeptive Übung: S erhalten ein Spielblatt mit einem Raster für 16 (oder 25) Zahlen. S tragen in die 16 bzw. 25 Felder Zahlen einer bestimmten, von L vorgegebenen Größenordnung (z. B. von null bis 100) ein. Ein/e S ist Spielleiter/in und zieht aus einem Sack, in dem sich Zettelchen mit den entsprechenden Ziffern befinden, Nummern und nennt sie laut. S streichen die genannte Zahl ggf. auf ihrem Spielblatt durch. Der-/Diejenige, der/die als erstes alle Nummern einer waagerechten oder senkrechten Reihe durchgestrichen hat, ruft „Bingo!" und bekommt einen Punkt.

3. *Un poco de matemáticas*

Produktive und rezeptive Übung: Jede/r S schreibt eine einfache, im Kopf berechenbare Rechenaufgabe mit Lösung auf einen Zettel und gibt diesen bei L ab. Die Klasse wird in zwei Gruppen aufgeteilt. L liest eine Aufgabe vor. Gruppe A hat drei bis fünf Sekunden Zeit, um die Lösung zu nennen. Ist die Antwort richtig, wird auch die nächste Aufgabe an die Gruppe A gerichtet, bis sie eine falsche Lösung nennt oder die Zeit überschritten wird. In diesem Falle wird mit Gruppe B fortgefahren. L notiert die Punkte an der Tafel. Alternativ bekommt diejenige Gruppe den Punkt, die schneller die richtige Lösung nennt. Wird eine falsche Lösung genannt, verliert sie einen Punkt.

4. *La culebra de números*

Produktive und rezeptive Übung: S arbeiten in GA und stellen sich im Kreis auf. Die Gruppen sollten möglichst aus genau gleich vielen S bestehen. Ein/e S in jeder Gruppe nennt die erste Zahl. Der/Die nächste S im Kreis muss nun eine Zahl nennen, die mit der letzten Ziffer der erstgenannten Zahl beginnt (z. B. 15 – 52 – 23) usw. Jedes Mal, wenn der/die erste S wieder dran ist, notiert die Gruppe einen Strich. Das Spiel geht immer weiter, bis L unterbricht. S lesen anhand der Striche ab, wie viele Runden sie gespielt haben. Die Gruppe mit den meisten Runden gewinnt.

5. *¡Olé!*
Produktive Übung: Es wird im Plenum gespielt. Eine Zahl wird festgelegt. Nun zählen S der Reihe nach durch, wobei weder die festgelegte Zahl noch diejenigen Zahlen, in der sie enthalten ist (z. B. 2, 12, 20, 21 usw.), genannt werden dürfen. Anstelle dieser Zahl sagen S *¡Olé!*. Wer die Zahl versehentlich nennt, scheidet aus.

Das Spiel kann auch in kleineren Gruppen gespielt werden, wobei S sich gegenseitig kontrollieren.

METHODEN ZUR ÜBUNG DER AUSSPRACHE

1. *Shadowing*-Methode
Der Lesetext läuft sehr laut über CD und S lesen gleichzeitig laut mit. So können sie die Aussprache einerseits im Schutz der Gruppe üben, andererseits werden sie dazu animiert, dem Sprechtempo des Sprechers zu folgen.

2. Fehlerlesen
L teilt die Lerngruppe in zwei Gruppen, die gegeneinander spielen. Beide Gruppen haben den gleichen Lesetext vorliegen. Ein/e S der Gruppe A beginnt zu lesen. Macht er/sie einen Aussprachefehler, sagt der Lehrer „*Gracias.*" und der/die nächste S – diesmal aus Gruppe B – ist an der Reihe. Er/Sie beginnt den Satz, in dem der Fehler gemacht wurde, von vorne und liest solange vor, bis er/sie auch einen Fehler macht usw. Gewonnen hat die Gruppe, die die längsten Textpassagen fehlerfrei gelesen hat. In fortgeschrittenen Lerngruppen kann die jeweils gegnerische Gruppe anstelle von L die Aussprache kontrollieren.

3. Chorlesen
Diese Methode bietet sich vor allem im Anfangsunterricht mit jüngeren S an. Der Text läuft über CD. L stoppt nach jedem Satz bzw. Sinnabschnitt und S wiederholen den gehörten Teil im Chor, wobei sie sich an der Aussprache des Sprechers orientieren.

METHODEN ZUR FÖRDERUNG DER MÜNDLICHKEIT

1. Tandembogen
Diese Methode eignet sich nicht nur für grammatische Übungen, sondern v. a. auch zur Übung von Dialogen oder bestimmten kommunikativen Situationen. Das Cuaderno enthält pro Lektion einen Tandembogen (S. 91–94). Diese werden folgendermaßen eingesetzt: S arbeiten zu zweit mit einem Bogen und sitzen sich frontal gegenüber. Der Bogen wird in der Mitte gefaltet, sodass jede/r S nur eine Spalte sehen kann. S1 beginnt, liest seinen/ihren Satz und vervollständigt ihn mit dem fehlenden Element. S2 kann mithilfe seiner/ihrer Seite kontrollieren, ob die Lösung stimmt und korrigiert S1 ggf. Nun ist S2 an der Reihe und S1 kontrolliert mithilfe seiner/ihrer Seite des Bogens usw. Wichtig ist, dass es sich um eine mündliche Übung handelt, weshalb die Tandembögen als Dialoge konzipiert sind. Am Ende des Durchgangs tauschen S die Seiten. Mit den Tandembögen im Cuaderno sollen hauptsächlich grammatische Phänomene mündlich geübt werden. L kann nach dem Prinzip im Cuaderno eigene Tandembögen entwerfen, um beispielsweise Wortschatz zu üben oder bestimmte kommunikative Situationen (diskutieren, sich verabreden, telefonieren usw.) durchzuspielen.

2. Blitzlicht
Diese Methode eignet sich immer dann, wenn kurze Meinungsäußerungen oder Aussagen im Plenum gemacht werden sollen. Jede/r S äußert sich dabei – i. d. R. in ein bis zwei Sätzen – zur Ausgangsfrage. Die Reihenfolge geht entweder reihum oder es sagt immer der/die schnellste S etwas. Wichtig ist, dass alle S zu Wort kommen.

3. *Think – Pair – Share (¡Piensa, discute y comparte!)*
Form des kooperativen Lernens in drei Schritten. Sie bietet sich vor allem dann an, wenn das Ziel die Vorstellung der Ergebnisse von Gruppenarbeiten oder eine umfangreichere Äußerung im Plenum (z. B. im Rahmen einer Diskussion) ist. Außerdem bietet sie unsicheren S die Möglichkeit, sich in mehreren Schritten auf eine Äußerung vorzubereiten.
- Schritt 1 (*Piensa*): S machen sich zunächst in EA Gedanken über die Fragestellung bzw. bearbeiten die Aufgabe allein und machen sich ggf. Notizen.
- Schritt 2 (*Discute*): S tauschen die Ergebnisse ihrer EA mit einem/einer MS aus und machen sich ggf. Notizen zu dem Standpunkt des/der MS, sodass sie diesen wiedergeben könnten. Wenn nötig, korrigieren sie sich auch sprachlich und diskutieren unterschiedliche Sichtweisen.
- Schritt 3 (*Comparte*): S äußern sich im Plenum zu der Fragestellung oder finden sich zunächst in größeren Gruppen zusammen, wo die wichtigsten Ergebnisse der Partnerarbeiten festgehalten werden, um schließlich im Plenum präsentiert werden zu können.

4. Kugellager
Methode zum Üben von Dialogen oder zum Austausch über ein bestimmtes Thema. S stehen im Kreis. Jede/r zweite tritt nach innen und stellt sich einem/einer MS gegenüber, sodass es einen Innen- und einen Außenkreis gibt. S, die sich gegenüber stehen, beginnen ihren Dialog bzw. ihr Gespräch nach der vorgegebenen Fragestellung. Auf ein Signal von L hin rückt der Außenkreis eine bestimmte Anzahl von Plätzen nach links oder rechts weiter. Diese Methode gewährleistet, dass S mit vielen verschiedenen MS sprechen.

5. Omniumkontakt
Interaktive Methode zur Erhöhung des Sprachumsatzes und zur Förderung der Sprechfähigkeit. Diese Methode bietet sich vor allem an, wenn dialogisches Sprechen mit mehreren MS geübt werden soll. L gibt ein Thema oder eine konkrete Fragestellung vor. S gehen im Raum herum und bleiben auf ein Zeichen von L stehen und tauschen sich bzgl. der Fragestellung oder des Themas mit dem/der nächststehenden MS aus. Auf ein erneutes Zeichen von L gehen S weiter, bis L erneut das Zeichen zum Stehenbleiben gibt usw.
Variante: Statt eines akustischen Zeichens kann L auch Musik laufen lassen. Wenn L die Musik stoppt, bleiben S stehen und beginnen mit dem Dialog.

6. Meldekette/Fragekette/Redekette
Die Methode kann bei kurzen Meinungsäußerungen, landeskundlichen Quiz und auch bei grammatischen Übungen oder automatisierenden Übungen zur Syntax eingesetzt werden. S äußern sich im Plenum, wobei sie sich nach der eigenen Äußerung gegenseitig drannehmen und L etwas in den Hintergrund treten kann.

7. Klausurbogenmethode
Methode zur Förderung des monologischen Sprechens, z. B. zur Vorbereitung von Referaten oder Präsentationen. S knicken ein Blatt längs in der Mitte und schreiben den Text, den sie mündlich wiedergeben wollen, in die eine Spalte. Anschließend schreiben sie in die Nebenspalte wichtige Schlagworte und Stichpunkte zu dem Text. Mithilfe dieser Stichpunkte üben S in PA, ihren zuvor ausformulierten Text zu präsentieren. In einem ersten Schritt können sie bei Schwierigkeiten noch auf die Seite mit dem ausformulierten Text zurückgreifen. Nach mehrmaligem Durchsprechen sollten S in der Lage sein, den Text frei bzw. nur mithilfe der Stichwörter zu präsentieren.

METHODEN ZUR ERARBEITUNG VON TEXTEN UND THEMEN

1. Expertenpuzzle

Diese Methode bietet sich vor allem bei längeren oder komplexen Texten an, die sich in möglichst gleich lange Sinnabschnitte einteilen lassen, oder wenn mehrere kurze Texte zu einem Oberthema vorliegen. L teilt S zunächst in arbeitsgleiche Gruppen ein, deren Anzahl der Zahl der Textabschnitte entsprechen sollte. Jede Gruppe bekommt einen Textabschnitt/Themenbereich zugewiesen. In diesen Gruppen erarbeiten S sich den Textabschnitt gemeinsam und klären Fragen untereinander, bis der Inhalt allen S der Gruppe deutlich ist. Anschließend werden die Gruppen gemischt und arbeitsteilige Gruppen gebildet, sodass in jeder Gruppe ein „Experte" eines jeden Textabschnittes vorhanden ist. In diesen Gruppen stellt jede/r S „seinen" Text bzw. Themenbereich vor und die anderen machen sich Notizen. So haben am Ende alle S einen Überblick über alle Texte oder Textabschnitte. Zur Überprüfung könnte L einzelne S jeweils einen Textabschnitt vorstellen lassen, für den sie nicht „Experte" sind.

Diese Methode bietet sich auch bei Informationsrecherchen an, um Ergebnisse auszutauschen.

2. Schreibgespräch

Diese Methode ist eine Möglichkeit, sich dem Thema eines Textes zu nähern, darauf einzustimmen oder Vorwissen zu aktivieren. Sie kann aber auch nach der Lektüre eines Textes eingesetzt werden. Dann dient das Schreibgespräch der Sammlung von spontanen und persönlichen Eindrücken.

Bei dem Schreibgespräch schreiben S zunächst ihre eigenen Eindrücke, Kenntnisse usw. auf vorbereitete Plakate. Auf diesen befinden sich entweder Schlagwörter, Thesen, Fragen oder auch Bilder. Anschließend gehen S im Raum herum und lesen, was die MS geschrieben haben. Dies soll S zur weiteren Auseinandersetzung anregen. Sie sind explizit aufgefordert, die Beiträge der MS direkt auf den Plakaten zu kommentieren. Während des Schreibgesprächs darf nur geschrieben, nicht gesprochen werden.

METHODEN ZUR EVALUIERUNG

1. Klebepunkte

S bewerten Produkte (Texte, Poster, Prospekte, Plakate usw.) ihrer MS mithilfe von Klebepunkten. L verteilt ein bis zwei solcher Punkte an jede/n S und diese kleben sie auf das Produkt, das ihnen am besten gefällt. So ist eine schnelle, aber einigermaßen anonyme Abstimmung möglich.

2. Überarbeitung/Korrektur von Schülertexten

Um häufige Fehler einer Lerngruppe bewusst zu machen und auf längere Sicht zu reduzieren, kann L sich bei umfangreicheren Schreibaufgaben die Texte per E-Mail zuschicken oder direkt auf Folie schreiben lassen. Einzelne Texte werden für alle S kopiert und von ihnen korrigiert. Anschließend werden die Texte an die Wand projiziert und im Plenum besprochen, korrigiert und als Ganzes evaluiert. Wichtig ist dabei, dass der Name des Verfassers / der Verfasserin anonym bleibt und dass es nicht nur um die Benennung der Rechtschreib- und Grammatikfehler geht, sondern v. a. um die Bewertung des Textes als Ganzes (Inhalt, Aufbau usw.) und dass ein positives Feedback nicht ausbleibt.

METHODEN ZUR AKTIVIERUNG ALLER SCHÜLER/INNEN

Auswahlverfahren

Auf dieses Verfahren kann zurückgegriffen werden, wenn sich keine oder immer nur die gleichen S melden, um ihre Arbeitsergebnisse oder Hausaufgaben vorzustellen. Man bereitet ein Säckchen mit Karteikarten vor, auf denen alle Namen der Lerngruppe stehen und lässt in den entsprechenden Situationen eine/n S ein Kärtchen ziehen. Der/Die ausgeloste S stellt nun seine/ihre Arbeitsergebnisse bzw. Hausaufgaben vor. Statt Namen kann man auch Nummern auf die Kärtchen schreiben, was den Vorteil hat, dass man die Kärtchen in allen Lerngruppen einsetzen kann und nicht für jede Klasse neue Kärtchen machen muss. Auf der Klassenliste wird dann nachgeschaut, welche/r S die entsprechende Nummer hat.

METHODEN ZUR GRUPPENEINTEILUNG

1. S finden sich selbst zusammen
L gibt vor, wie viele S in einer Gruppe zusammenarbeiten sollen. S finden sich dann selbstständig zusammen. Dies kann problematisch werden, wenn einzelne S von ihren MS ausgeschlossen werden oder sich sehr homogene Gruppen bilden.

2. L bestimmt die Gruppen
Manchmal bietet es sich an, dass L die Gruppen zusammensetzt. So kann einerseits verhindert werden, dass immer die gleichen S zusammenarbeiten und andere S ausgeschlossen werden. Zum anderen können bestimmte Kriterien berücksichtigt werden, beispielsweise können leistungsheterogene (z. B. bei kreativen Aufgaben) oder leistungshomogene Gruppen (z. B. bei binnendifferenzierenden Aufgabenstellungen) gebildet werden.

3. Auslosung
L schreibt die Namen von S auf Karteikärtchen und lost die Gruppenzusammensetzung aus.

4. Interessensgruppen
Dies bietet sich vor allem bei Gruppenarbeiten zu verschiedenen Themen an. S schließen sich entsprechend ihrer thematischen Präferenzen zusammen. L sollte aber eine Höchst- und Mindestgrenze von Gruppenmitgliedern festlegen.

5. Memory
Dieses Verfahren bietet sich vor allem bei Partnerarbeiten an. L verteilt die Kartenpaare eines Memory-Spiels willkürlich an S, welche sich dann ihren Partner / ihre Partnerin suchen.

6. Symbolkarten
L bereitet Kärtchen mit Symbolen vor. Es gibt jeweils so viele gleiche Symbolkärtchen wie es Gruppenmitglieder geben soll. L teilt die Kärtchen willkürlich an S aus, die sich entsprechend ihrer Symbole zusammenfinden.

7. Kartenspiel
L verteilt die Karten eines normalen Kartenspiels und S finden sich dann in Gruppen zusammen, welche L vorgibt (z. B. alle Asse, alle Könige, alle Herzen usw.).

TRANSKRIPT DER HÖRTEXTE IM CUADERNO DE EJERCICIOS

🎧 1 Impressum

1 ¡DESCUBRE ARGENTINA!

🎧 2 **S. 3/1**

¡Bienvenidos a Argentina! Les invitamos a un viaje de 15 días de norte a sur! Si buscan algo especial, descubran nuestro maravilloso país, con sus paisajes impresionantes. Les ofrecemos un viaje con mucha aventura y cultura. La primera parada nos lleva al corazón de Argentina, a Buenos Aires. En la capital del país viven más de tres millones de personas, y en la provincia de Buenos Aires más de 15 millones. Es imprescindible dar un paseo por el barrio de San Telmo donde nació el tango. Además no se pierdan la Avenida 9 de Julio que con 140 metros es una de las más anchas del mundo. Allá también van a ver el Obelisco, el símbolo de la ciudad. Si continúan hacia el noreste del país, en la frontera con Brasil, pueden visitar las Cataratas del Iguazú. La garganta del diablo tiene una altura de 80 metros y es un espectáculo impresionante de la naturaleza.

Nuestra próxima parada nos lleva al noroeste del país, a las provincias de Jujuy y Salta que formaron parte del imperio inca y donde todavía hoy vive población indígena. Les recomiendo que suban al «Tren a las Nubes», que sale de Salta y sube la Cordillera de los Andes. Llega a 4.200 metros de altitud.

En Talampaya pueden disfrutar de otro gran espectáculo de la naturaleza. Les aconsejo que vayan a ver el Valle de la luna. Allá, los arqueólogos han encontrado restos de los primeros dinosaurios en la tierra.

¿Les gustan las montañas? Pues en la provincia de Mendoza, les va a encantar el Aconcagua, la montaña más grande de América, con casi 7.000 metros.

Si creen que ya lo han visto todo: ¡están equivocados! En Patagonia, en la Península Valdés, las ballenas ofrecen un espectáculo impresionante. ¡Les propongo que vayan allá para no perdérselo!

Y si después continúan hacia el sur del país tendrán que visitar el glaciar Perito Moreno, uno de los más grandes del mundo.

Nuestro viaje termina prácticamente en el fin del mundo, en Tierra del Fuego. Ushuaia es la ciudad más al sur del planeta, donde en invierno casi no hay luz.

¡Vengan a descubrir Argentina con nosotros!

🎧 3 **S. 3/2a, b**

Manuel: *No tengo ni idea cómo será el clima en Argentina, supongo que hace mucho calor… Yo voy este año en diciembre a Buenos Aires, pero… allí justo en diciembre no es invierno, ¿no? Es verano… ¿Sabes dónde queda Buenos Aires? ¿Hay algún río? ¿O playa? ¿Es grande la ciudad? ¿Qué me aconsejas visitar?*

Sara: *Pues por fin me voy, voy a ser au pair un año en Argentina. Estoy muy nerviosa, ¿sabes? A mí me encantan las montañas, me fascina hacer senderismo. Pero no sé mucho sobre el país… ¿sabes cómo es Argentina? … No sé si me lo pasaré bien ese año. Seguro que haré amigos y conoceré muchos lugares… Pero creo que echaré de menos la naturaleza. Yo voy a la Provincia de Mendoza… ¿Hay montañas por allí?*

Luisa: *El próximo año voy con mis padres a Chile y a Argentina. Vamos como siempre a visitar a mis abuelos chilenos, pero el próximo viaje yo quiero pasar una semana sola, sin mis padres. Ellos están de acuerdo, así que yo iré a Argentina… A qué provincia o ciudad argentinas voy a ir todavía no lo sé… Por eso te quería preguntar. Mira, el año pasado fui a México y estuve en Yucatán, conocí a muchos indígenas y escuché lenguas muy raras. Me gustaría hacer en Argentina algo así también. Tal vez tú me puedes ayudar, ¿tú sabes si en Argentina también hay gente que habla otras lenguas? ¿Dónde? ¿Adónde me recomiendas ir?*

A

🎧 4 **S. 6/4a, b**

Julio: *¿Diga? ¡Enzo! Chaval, ¿qué tal? ¡Qué sorpresa! Oye, ahora no puedo hablar mucho, estoy en el extranjero. Sí, sí. Por fin estoy en los Andes. Mañana vamos al Aconcagua, ya ves, a mi me fascinan las montañas, tío. Y estas son espectaculares, nada que ver con los Pirineos. […] Ah, pues llegué el trece de julio y me voy el tres de agosto. […] Pues nada, los billetes para Argentina estaban baratos, y compré el mío sin pensármelo tanto. Por cierto, ¿qué tal vosotros? ¿Ya estáis en vuestro nuevo piso? Cuando vuelva, tenemos que quedar, ¿vale?*

Gilberto: *Che, ya estoy en los glaciares. ¿Entonces, qué? ¿Te animás? […] ¿Por qué no tenés ganas de venir con los pibes? ¿Por qué decís que a vos no te interesa ver glaciares? Venite acá, nomás. La vamos a pasar bestia. Te lo digo yo. Todos van a estar acá. Y vos, ¿para qué querés quedarte allá, en Mendoza, eh? Tu viejo ya dijo que podés venir. También tu hermano, ustedes pueden venir juntos, che… […] Vamos a ver muchas zonas impresionantes acá cerca del glaciar Perito Moreno… Veremos cosas maravillosas… Animate, dale. Dale, vení.*

Jorge: *Parceros, es que no me lo creo. Nosotros tres aquí en Buenos Aires. ¡Estamos en el estadio de fútbol más famoso de Latinoamérica! ¡Qué chévere! Oye Miguel, ¿me sacas una foto? Gracias, parcero… Oigan, chicos, ¿ustedes no quieren sacarse una?*

🎧 5 **S. 8/9a**

Locutor: *¿Diga? Estás llamando al programa de radio «¿Y qué piensa el público?».*

Ana: *Hola, hola. Me llamo Ana y llamo porque yo tengo un problema con mi hermana y quiero que el público me dé algún consejo.*

Locutor: *Pues cuéntanos, Ana. ¿Qué pasa con tu hermana?*

Ana: *Mira, ella tiene 10 y yo 14. Le fascina estar conmigo, a mí también. Pero ya no me gusta que siempre quiera estar todo el tiempo conmigo, incluso cuando estoy con mis amigas del instituto. A mis amigas no les gustan las bromas de mi hermana, es que ella siempre cuenta chistes y para mis amigas eso no mola nada. No quiero dejar de ver a mis amigas, pero tampoco quiero bronca con mi hermana, la quiero muchísimo. ¿Qué le digo? ¿Qué hago?*

Locutor: *Chicos, chicas. ¿Qué puede hacer Ana? Mandadnos vuestros consejos por e-mail o llamadnos. Ana espera vuestro consejo. Y ahora, ¿quién nos llama?*

Luis: *Hola, hola. Yo soy Luis. Tengo 16 años… Y, bueno, pues… Es que… Yo…*

Locutor: *Ya, hombre, cuenta. No te cortes. Aquí nadie te ve, puedes hablar tranquilamente.*

Luis: *Sí, ¿verdad? Bueno, decía… Tengo 16 años y mido un metro setenta. Pero… todavía parezco un niño. Mi cara es muy joven, parece que tengo doce, es un horror. ¡Parezco un niño de doce! Hay una chica que me gusta mucho, pero no sé… Es simpática conmigo, a veces volvemos juntos a casa, es mi vecina. Pero no sé si yo le gusto o no. No creo. Bueno, ¿a quién le gustaría salir con un niño? El próximo viernes voy a ir a su fiesta de cumpleaños… Y quiero descubrir si le gusto o no. ¿Cómo lo hago? ¡Ayuda por favor!*

Locutor: *Vale, chicas, ya habéis escuchado: ayuda a Luis. ¿Qué puede hacer en la fiesta? A ver, ¿quién más nos llama?*

Toño: *¡Hola, buenas tardes a todos! Soy Toño, tengo 15 años. Mi problema es que… soy un poco aburrido y no sé si tengo que cambiar. Bueno, mi padre es un fanático del deporte, él nada, escala, hace senderismo, va en bici por la montaña, hace deporte extremo. Y yo pues no… No me gusta nada hacer deporte extremo… Me da un poco de miedo, la verdad. El problema es que a veces mis amigos vienen más por mi padre que por mí. ¡Hablan más con él que conmigo! No sé. ¿Debo cambiar? ¡No quiero perder a mis amigos, pero tampoco quiero hacer cosas que no me gustan nada!*

Locutor: *Tranquilo, Toño, seguro que nuestro público tiene un consejo también para ti. Sigue escuchando nuestro programa, y después de la próxima canción vamos a escuchar todos los consejos que el público tiene para ti y los otros chicos…*

🎧 6 **S. 13/8**

Sara: *Sí, buenas.*
Julia: *Hola, guapa, soy yo, Julia. ¡Feliz cumpleaños!*

Sara: *Hola amiga. ¡Muchas gracias! Che, estás loca, ¿por qué me llamas al celular? ¿No es muy caro?*
Julia: *No mucho, estoy llamando por Internet. Además: hoy es tu cumple, ¡claro que te iba a llamar! Y hace tanto tiempo que no nos escribimos e-mails. Tienes que contarme todo: ¿Qué tal Argentina?*
Sara: *Uff, la estoy pasando bestia, eh digo: genial.*
Julia: *Jaja, ya estás hablando como argentina. Ya no dices móvil, sino celular... y «che»...*
Sara: *Pues sí, claro, se me olvidó un poco el español de España pero ni modo. ¿Qué te estaba diciendo? Ah, sí, pues me lo estoy pasando superbién, Argentina es un país lindísimo y Buenos Aires me encanta.*
Julia: *¿Y no echas de menos a tu familia en Alemania?*
Sara: *Pues, claro que los extraño, pero hablamos mucho por Internet. Bueno, tampoco tanto, porque aquí hay tantas cosas que hacer. Podés hacer cualquier cosa en la ciudad. Por ejemplo, ahora me voy a encontrar con unos amigos de aquí para jugar al voleibol. Por la tarde me quieren llevar a un boliche de tango para celebrar mi cumple, es que tengo muchas ganas de ver cómo bailan tango. Y el próximo fin de semana vamos a hacer un pequeño viaje fuera de la ciudad para pasar un poco de tiempo en la naturaleza y hacer senderismo y esas cosas. Pero es apenas el próximo fin de semana.*
Julia: *Oye, ¿y ya has visto ballenas? A mí me encantaría.*
Sara: *No, todavía no. Es que el mejor lugar para ver ballenas es la Península Valdés, y queda bastante lejos. Son como 18 horas en bus.*
Julia: *Ah, claro, es un montón. ¿Y qué más haces allí, cómo es tu vida?*
Sara: *Pues, hago un montón de cosas. Quiero ver la mayor cantidad posible de lugares de la ciudad y del país. Así que, fíjate, ayer por la mañana fui al mercado a comprar fruta. De ahí fui a un parque, porque ya había quedado con una amiga. Comimos un bocadillo y leímos en el parque y luego nos encontramos por casualidad a sus primos que tocan la guitarra en la calle, así juntan un poco de dinero, ellos son muy simpáticos, trabajan para una ONG. El dinero que reciben en la calle, lo dan a la ONG. Como vos sabés, yo toco el bajo, y pues me puse a tocar con ellos. Fue genial. Después fui por la noche a un centro comercial que quedaba por allá a tomar un café. Es que acá siempre hay algo que hacer.*
Julia: *¡Qué bien! Me gustaría mucho irte a visitar.*
Sara: *Claro, animate, con mi familia argentina no hay problemas, ya me lo han dicho. Oye, guapa, ahora estoy llegando al campo de voleibol. Habla con tus padres, tal vez te dejan venir. Si quieres nos encontramos mañana en el chat y lo hablamos, ¿vale?*
Julia: *¡Genial! Entonces espero que pases un feliz cumpleaños argentino, jaja.*
Sara: *Vale, y gracias por la llamada. Chao.*
Julia: *Hasta mañana en el chat.*

2 EL NUEVO MUNDO

🎧 7 S. 19/2a, b

Locutor de radio: *Buenos días y bienvenidos a nuestro programa «Historia hoy». Nuestro tema de hoy es el viaje al «Nuevo Mundo» y tenemos de visita a Laura Calle, historiadora y experta en este tema. Buenos días.*
Historiadora: *Buenos días, muchas gracias por la invitación.*
Locutor de radio: *De nada, nos alegramos de tenerla aquí con nosotros. Ahora explíquenos una cosa: todos sabemos que Cristóbal Colón descubrió América en 1492. ¿Pero cómo llegó Colón a América, exactamente?*
Historiadora: *Bueno, gracias a los documentos históricos sabemos que Cristóbal Colón salió de España el 3 de agosto de 1492, con tres carabelas y más de 90 hombres en dirección a la India.*
Locutor de radio: *Un momento, ¿en dirección a la India?*
Historiadora: *Pues, sí. Colón quería descubrir un nuevo camino a la India y solo encontró América por casualidad. Fue un viaje bastante largo y con algunos problemas. Es más, solo seis días después de salir de España, Colón y sus hombres tuvieron el primer problema.*
Locutor de radio: *¿Y cuál fue ese problema?*

Historiadora: *Lo que sucedió fue que tuvieron que reparar uno de los barcos. Así que Colón y sus hombres se tuvieron que quedar un mes en las Islas Canarias. Llegaron el 9 de agosto y se quedaron allí hasta el 6 de septiembre...*

Locutor de radio: *¿Y el 6 de septiembre Cólon pudo continuar su viaje?*

Historiadora: *Así es. Pero pasaba el tiempo y no llegaban a ninguna costa. A principios de octubre, o sea: más o menos un mes después, los hombres empezaron a desesperarse, porque pensaban que no iban a llegar, y quisieron volver a España. Sin embargo, Colón no perdió la esperanza y consiguió calmarlos.*

Locutor de radio: *¿Y después todavía tardaron mucho en llegar?*

Historiadora: *No. El 12 de octubre, por fin, llegaron a América. En la noche se oyó el grito «¡Tierra a la vista!» y el mismo día Colón pisó por primera vez la Isla de Guanahaní, en el actual territorio de las Bahamas. Colón le puso a esta isla el nombre de «San Salvador».*

Locutor de radio: *O sea, veamos, usted ha dicho que Colón salió de España el 3 de agosto y llegó a América el 12 de octubre. Encontes el viaje duró ¡dos meses y nueve días! Lo que hoy en día se puede hacer en unas trece horas en avión... ¿Y cómo se dio cuenta de que no era la India sino América?*

🎧 8 **S. 22/4**

1 de octubre de 1492. El viaje continúa y sigue siendo muy difícil. El 3 de agosto salimos del Puerto de Palos y solo seis días después, el 9 de agosto, tuvimos el primer problema con una de las carabelas. Cuando Colón vio que no andaba bien, decidió parar en las Islas Canarias. Así que fuimos allí. Nos quedamos casi un mes en las Islas Canarias. Todos los días Colón nos decía que quería continuar el viaje pronto. El 6 de septiembre por fin pudimos continuar nuestro viaje. Ahora ya estamos muy cansados y a veces pensamos que no vamos a llegar nunca a la India, pero Colón cree que pronto veremos tierra porque hace algunos días vimos por primera vez pájaros en el cielo.

🎧 9–10 **S. 24/9**

Narrador: *Cansado, después de haber viajado mucho, pasando la marimorena, intentando convencer a reyes y señores sin lograr ningún éxito, Cristóbal Colón, el terco mercader y navegante genovés, llegaba por finales de 1490 a La Rábida, un pequeñito pueblo del sur de España, muy cerca de Huelva. Ahí estaba Colón, con su saco sucio, empapado de brisa y sudor, sin más ánimo que el de beber un poco de vino y conseguir algo de comer para su hijo Diego.*

Colón: *¡Mesera, mesera! ¡¿Que no hay atención en esta mesa?! Otra jarra de buen vino y algo de comer. ¡Y pronto! Ay, hijo mío. Yo que pensaba ser rico en poco tiempo. Y ahora tendré que vender estos mapas si quiero tener algunas monedas con que pagarme la comida.*

Diego: *Tengo sueño, papá. Estoy cansado.*

Colón: *Un momento, hijo, un momento. Debe ser el hambre. Comeremos y luego veremos adónde ir. ¿Te parece?*

Mesera: *Aquí tiene el vino y estas chuletas frescas.*

Fray Antonio: *Has tenido suerte, Colón, hijo mío.*

Colón: *Gracias, fray Antonio.*

Fray Antonio: *En estos tiempos de guerra hay mucha gente que busca la caridad de los conventos. La providencia hizo que hubiese algo para ti.*

Colón: *Y para Diego, fray Antonio. Mi hijo es lo más importante. Aún le falta conocer lo que es la vida y necesita protección.*

Fray Antonio: *La protección que le daremos, Colón. Porque ahora que los reyes te escucharán, estoy seguro que te brindarán apoyo. Los hombres juiciosos saben que lo que dices es cierto.*

Colón: *Lo es, fray Antonio, lo es. Demostraré al mundo entero que yendo por el occidente se puede llegar a las Indias, que hay una nueva ruta.*

Fray Antonio: *Pues sigue la tuya, Colón. La gente que tiene fe en sus proyectos es la gente en la que el mundo debe confiar. Ve, hijo. He hecho lo posible para que los reyes te reciban cerca de aquí, en Sevilla. Confía en Dios para que tu suerte cambie.*

BALANCE 1

🎧 11–12 **S. 35/4a, b**

Empleado: *Oficina de Turismo «Viajes Sol», buenos días.*
Turista: *Sí, buenos días. Tengo una pregunta: Estoy pensando viajar a Perú en agosto o septiembre de este año y me gustaría visitar Machu Picchu. Me han dicho que hay que hacer una reservación para hacer el camino inca, ¿es cierto eso?*
Empleado: *Sí, es correcto. Cada día pueden salir solo 500 personas al camino, por eso es necesario hacer una reservación con antelación.*
Turista: *Ah, no sabía que hay un número limitado de personas por cada día... ¿Y todavía hay lugares para agosto? ¿Y dónde puedo hacer la reservación?*
Empleado: *La puede hacer a través de nuestra agencia. Si quiere, la hacemos ahora mismo. Solo déjeme revisar si todavía quedan lugares para agosto... A ver... Mmh, no, lamentablemente todo el mes de agosto ya está completo. Pero estoy viendo que todavía hay unas plazas en un grupo que sale el dos de septiembre.*
Turista: *¿En un grupo? Mmmh, en realidad quería hacer el camino yo sola, sin grupo.*

Empleado: *Lo siento, pero eso lamentablemente ya no es posible. Tiene que ir en un grupo con un guía.*
Turista: *¿Está seguro? Porque un amigo mío fue solo a Machu Picchu, hace unos años.*
Empleado: *Sí, antes se podía ir sin grupo, pero desde el 2001 solo se permiten caminatas guiadas.*
Turista: *Ah, entiendo. Y dígame, ¿de dónde salen las excursiones entonces?*
Empleado: *Todas las excursiones salen de aquí, de Cuzco. Hay dos tipos de caminatas: las de cuatro días y las de dos días. Nuestro bus la iría a buscar a su hotel y la llevaría al kilómetro 82 o 104, donde comienzan las caminatas. También puede ir en tren.*
Turista: *Perfecto. ¿Tengo que hacer la reservación ya?*
Empleado: *Para septiembre todavía hay bastantes plazas. Pero lo mejor es hacer la reservación lo más rápido posible porque como ya le dije: el número de personas es limitado y entre abril y octubre vienen muchos turistas a hacer el camino inca.*
Turista: *Vale, entonces voy a llamar de nuevo cuando sepa las fechas. Muchas gracias por la información.*
Empleado: *De nada, adiós.*
Turista: *Adiós.*

3 CONTRASTES ANDALUCES

🎧 13 **S. 36/1**

Locutor de radio: *¡Hola y bienvenidos al programa «Viajar por España»! Hoy tenemos aquí a Manuel, un joven reportero que hace poco hizo un viaje por Andalucía. ¿Podrías contarnos tus impresiones de ese viaje?*
Periodista Manuel: *Hola, sí, claro. Pues, Andalucía, ¡qué mezcla de contrarios! Aunque yo ya sabía que Andalucía era tierra de contrastes, en mi último viaje pude verlo con mis propios ojos: los pueblos blancos donde parece que el tiempo se paró hace 50 años frente a ciudades modernas y dinámicas como Sevilla o Málaga.*
En la misma Sevilla me sorprendieron los contrastes arquitectónicos que te hacen viajar entre los siglos XII y XXI. O la plaza de toros de Málaga en medio de un barrio de edificios modernos. Lo que más me sorprendió fueron los contrastes entre personas llevando una vida muy agradable y gente luchando duro para ganarse la vida: En la Costa de Sol, por ejemplo, puedes ver a inmigrantes africanos vendiendo artículos para turistas a pocos metros de hoteles de cinco estrellas y centros comerciales gigantescos. También llama mucho la atención ver a los señoritos ricos dando vueltas en coches de superlujo mientras en sus tierras trabajan campesinos bajo un sol infernal.

A

Además hay una mezcla enorme entre el mundo tradicional y el mundo moderno: Igual puedes escuchar a cantaores de flamenco o ver gente bailando sevillanas en las ferias que oír la música más actual en las grandes discotecas.

Preguntando a la gente por las corridas de toros, tienes por un lado a los que las defienden con pasión diciendo que es un arte y por el otro a los que dicen que es un crimen brutal contra los animales.

En Andalucía todo es posible. Tanto puedes hacer surf y tomar el sol en sus playas fantásticas, como esquiar en Sierra Nevada. Mientras el parque nacional de Doñana, rico en agua es un paraíso para los pájaros, te mueres de calor en Almería con sus tierras desérticas.

Andalucía tiene algo especial. Pero lo mejor de mi viaje fueron los encuentros y las conversaciones. Al entrar en un bar, tomando unas tapas, en seguida la gente se pone a hablar contigo y después de unos minutos te sientes como en casa. Así lo pude ver también en las entrevistas que hice...

Locutor de radio: Muchísimas gracias, Manuel, por esas impresiones de un viaje tan interesante...

🎧 14 **S. 36/2**

La tradición de los baños árabes viene de la Edad Media de Al Andalus, en la que era muy corriente, muy habitual que las ciudades tuviesen lugares donde la población fuera a bañarse.

Era un lugar sobre todo, también de reunión. Además de limpieza, de purificación, de reunión social. Actualmente hemos recogido esa tradición adaptándola un poco a los tiempos actuales. En los baños tenemos siete piscinas. Seis son de agua caliente a distinta temperatura y una de agua fría. Es un lugar de relax donde generalmente se viene acompañado y se encuentra un sitio de paz, donde además el beneficio físico del bañarse en aguas a distintas temperaturas. El contraste de temperatura, estimula la circulación el sistema inmunitario. Eso en lo físico, y además en lo psicológico, alejado del ruido, del mundo actual.

🎧 15–16 **S. 36/3a, b**

Empleado: *Hola, buenos días. ¿En qué te puedo ayudar?*

Chico: *Hola, qué tal. Bueno, pues acabo de llegar a Córdoba y me gustaría conocer un poco esta Comunidad.*

Empleado: *Ah, no eres de aquí, ¿verdad?*

Chico: *No, soy ecuatoriano. Y llegué hace poco para estudiar fotografía en Córdoba.*

Empleado: *Ah, qué interesante. Vale, pues bienvenido. Entonces lo mejor es que te cuente un poco sobre esta Comunidad, lo que puedes ver y así ya tú decides si te interesa y te puedo dar más información. Bueno, vamos a ver, aquí, en este mapa ves toda la Comunidad de Andalucía. Te digo, Andalucía tiene ocho Provincias y claro, cada una es especial. Por ejemplo, [Almería] limita con las provincias de Granada al oeste y Murcia al norte. También limita con el Mar Mediterráneo, ¿lo ves aquí? Al sur y al oeste limita con el Mediterráneo. Todo esto es la provincia de [Almería]. Esta es una provincia bellísima, con unas playas muy tranquilas, algunas no son nada turísticas, entonces pues claro, estás a tu aire. Seguro que allí puedes hacer muchas fotos. En esta provincia ves muchos pueblos, y claro, en la ciudad del mismo nombre, [Almería], se puede ver mucho de la historia de España. En el siglo X tenía un puerto que era muy importante. Y si te interesa la historia puedes visitar también muchos museos en la capital de la provincia. Pero no solo hay playas e historia; el clima también cambia mucho, hay zonas de desierto. También puedes ir a Sierra Nevada, una parte de Sierra Nevada está en el suroeste de esta provincia, allí se pueden practicar diferentes deportes como bicicleta de montaña, senderismo y también se puede esquiar.*

Chico: *Ah, qué interesante: playas, desierto, nieve... ¡Qué contraste!*

Chico: *Y por esta zona de aquí... ¿qué hay?*

Empleado: *Ah, te refieres a [Huelva]. Esta provincia limita al norte con la de Badajoz, al este con la provincia de Sevilla, al sureste con la provincia de Cádiz, al sur con el océano Atlántico y al oeste con Portugal. Tiene medio millón de habitantes y es una provincia de mucha agricultura, aquí se ven campos por ejemplo de naranjas... Sí, hay muchos campesinos allí. Pero también es una provincia con*

grandes zonas protegidas, como el Parque Natural Sierra Aracena y el Parque Nacional de Doñana, que es la zona protegida más grande de Europa.
Chico: ¿La zona protegida más grande de Europa? ¿Me dice otra vez como se llama?
Empleado: Sí, es la más grande. Es el Parque Nacional de Doñana.
Chico: Pues todo parece muy interesante, campos de naranjas, parques naturales… ¿Y qué fiestas se celebran por allí?
Empleado: Pues ya pronto serán las Fiestas Colombinas, son siempre a principios de Agosto.
Chico: ¿Fiestas Colombinas? ¿Por Cristóbal Colón?
Empleado: Sí, sí. Es que en la provincia de [Huelva], está el puerto de Palos, desde donde Colón comenzó su viaje al Nuevo Mundo… El día más importante de las Fiestas Colombinas es el tres de agosto, porque el tres de agosto de 1492 salieron las tres carabelas de Colón. Por cierto, aquí tengo unos folletos…

17–19 S.39/6

Agustín: Hola. ¿Qué tal?
Carolina: Hola, Agustín, ¿qué tal?
Sara y David: Hola, Agustín.
Agustín: ¿De qué estábais hablando?
Sara: De las noticias, ¿no las viste ayer? ¡Una familia andaluza ganó medio millón de euros!
Agustín: Ah…
Carolina: Pero ahí no acaba todo… Dicen que esa familia es de Marbella, o sea ¡es de aquí! El problema es que la familia no quiso decir su apellido, entonces nadie sabe quiénes son los nuevos ricos. Seguro que ahora estarán muy felices pensando en qué hacer con el dinero. Oye, Agustín, ¿qué te pasa? Pareces un poco harto…
Agustín: Nada, nada. Prefiero hablar de otro tema…
David: Tranquilo, Agustín, soñar es gratis, tío. Y puede ser muy divertido… Mira, si yo tuviera medio millón, qué digo medio millón: solo un cuarto de millón, me compraría la mejor bicicleta de montaña del mundo y viajaría un año desde Alaska hasta Tierra del Fuego, así podría ver las montañas de California, vería algunas pirámides de México, visitaría las cataratas del Iguazú en Argentina… Y luego, llegaría hasta Tierra del Fuego, y…
Carolina: David, tranquilo… No puedes llegar en bici hasta Tierra del Fuego, porque no te va a alcanzar el tiempo y porque hace mucho frío allí. A ti te fascina la bicicleta, sí, pero creo que eso es demasiado.

Sara: Sí, David, es demasiado, pero yo te conozco y sé que algún día lo harás, ganes o no medio millón de euros…
David: Sí, Sara, tienes razón. Pero, claro, el dinero me haría el viaje más fácil. ¿Y tú, Carolina, qué harías?
Carolina: No sé… No sabría qué hacer con tanto dinero. Seguro que si tuviera tanto, lo ahorraría.
Sara: ¿Qué? ¿Estás loca? Yo lo gastaría todo, bueno, casi todo. A mí que me gusta tanto el cine… Yo creo que haría algo como David, en un año, dedicaría mucho tiempo a mi pasatiempo favorito: ver películas. Es decir, visitaría todos los festivales de cine en el mundo que pudiera, iría a San Sebastián, a Hollywood, a Cannes, al festival de Venecia, iría a la Berlinale… Huy, iría también a festivales de cine en México o en la India. Dicen que en la India hay un festival muy importante…
Carolina: Tienes razón, Sara, si tuviera dinero, también lo gastaría en algo especial… Bueno, yo os lo voy a decir pero no os riáis de mí.
David: No, no. Carolina, tú cuéntanos.
Carolina: Pues yo me compraría un billete para viajar a otro planeta, claro, si hubiera turismo a otro planeta ya. Sí, si fuera rica, me gustaría muchísimo hacer un viaje a otro planeta.

David: ¡Vaya! Es verdad… dicen que en veinte años habrá turismo en Marte, porque es un planeta que queda cerca al nuestro. Quién sabe… Y tú, Agustín, ¿qué harías?
Agustín: ¿Yo? Eh… pues… este… Mmh, no sé… Nada.

David: *¿Cómo que nada?*
Agustín: *Sí, no haría nada. No me compraría un coche deportivo, ni me compraría una casa en la playa… No iría a ningún planeta, tampoco conocería ningún país en bicicleta, no vería a Penélope Cruz ni a Antonio Banderas en festivales de cine, ni les sacaría fotos… ¿Y sabéis por qué? Pues porque la familia que ganó el medio millón de euros es la mía. Pero mis padres piensan que ahorrar el dinero es lo mejor…*

🎧 20 **S. 40/3a, b**

Con respecto a las corridas de toros en Lima, en Lima hay corridas de toros actualmente. No es con la misma frecuencia que hace años de cuando yo era pequeño, cuando yo tenía doce años o catorce años, me acuerdo de haber ido muchas veces. Bueno, muchas veces no, pero he ido varias veces a las corridas de toros con mis padres. A veces no me gustaba ver, nunca me ha gustado que hagan daño a los animales. A mi padre le gustaba mucho, y había mucha mucha gente. Pero es una tradición que un poco se ha perdido. Incluso hasta hace unos años teníamos intercambio de toreros españoles con toreros peruanos, que iban los peruanos a torear a España y venían muchos españoles a Lima. Y Lima junto con México eran una de las plazas principales para las corridas de toros que ahora, bueno, para bien o para mal de mucha gente, bueno, se ha ido perdiendo y yo pienso que tal vez con el tiempo va a desaparecer.

🎧 21 **S. 41/4b**

1. *Madrid. Hoy por la tarde se espera una manifestación de medio millón de participantes, que terminará en el Palacio Real. La manifestación es contra la globalización. Los manifestantes piden que los gobiernos europeos respeten las diferencias de cada país.*
2. *Barcelona. Hoy se decide si las corridas de toros se prohibirán definitivamente en la Comunidad Autónoma de Cataluña. Para muchos, este espectáculo no es una tradición española, sino, más bien, es maltrato animal.*
3. *Córdoba. Con la nueva campaña «La Andalucía verde es para ti» la Comunidad andaluza quiere atraer a más turistas a zonas rurales y apoyar así el turismo en pueblos y pequeñas ciudades.*
4. *Palma. El rey Juan Carlos dio finalmente ayer una entrevista en la que habló sobre su visita a Botsuana, país africano donde participó en un safari para cazar elefantes. El rey dice que se avergüenza de lo que hizo.*
5. *Almería. La organización no gubernamental «Un mundo para todos» comienza hoy un proyecto para integrar a migrantes africanos en la provincia andaluza de Almería. En este proyecto se busca también que los jóvenes españoles sean más tolerantes y sensibles con respecto a los migrantes africanos.*

4 DESAFÍOS GLOBALES

🎧 22 **S. 55/7a, b**

Empleada: *Cine Central, buenas tardes. ¿En qué puedo servirle?*
Clienta: *Buenas tardes, quiero hacer una reservación para la película «También la lluvia».*
Empleada: *Vale. ¿Qué función te interesa? Hay una a las 6 de la tarde, a las 8 y cuarto y a las 9 y media.*
Clienta: *Queremos ver la película a las 8 y 15.*
Empleada: *¿Cuántas personas sois?*
Clienta: *Somos nueve personas.*
Empleada: *Vale, dame un momento… Mmh sí, todavía hay plazas. Entonces, nueve entradas… Todos sois mayores de doce años, ¿verdad? Porque esta película no es para niños.*
Clienta: *Sí, todos.*
Empleada: *Perfecto. ¿Estáis en la universidad o en la ESO? Así os puedo dar entradas más baratas…*
Clienta: *Sí, unos van a la universidad y otros vamos todavía al instituto.*

Empleada: *Vale, entonces nueve entradas para estudiantes a las 8 y 15. ¿Y a qué nombre hago la reservación?*
Clienta: *Manuela Calle.*
Empleada: *Muy bien, ya está. Tenéis que venir a buscar las entradas quince minutos antes del comienzo de la película, o sea, a las ocho en punto por favor. El número de reservación es el 7013. Lo necesitáis para comprar las entradas. ¿Vale?*
Clienta: *Vale, muchas gracias.*
Empleada: *De nada. Qué os divirtáis con la película. Adiós.*
Clienta: *Adiós.*

🎧 23 **S. 58/3b**

Pues, mi día fue casi igual. Primero, por la mañana mi mamá nos pidió a mi hermano y a mí que después del instituto limpiáramos la cocina. Nos dijo que estaba harta de que ella y mi padre siempre tuvieran que hacerlo todo. Yo le contesté que yo siempre ayudaba en casa y que justo ese día yo había puesto la mesa para el desayuno, y que era mi hermano quien no hacía nada. Pero él lo escuchó y se enfadó muchísimo conmigo y le contó a mi mamá que yo estaba saliendo con Manuel. El problema es que yo no quería que mis padres lo supieran. Pero mi madre reaccionó muy bien y solo contestó que yo podía salir con quien yo quisiera, que ella pensaba que yo era suficientemente grande para eso y que ellos solo querían que nosotros hiciéramos un poco más en la casa y punto.

🎧 24–25 **S. 59/5a, b, c**

Locutor de radio: *Y después de esta última canción del grupo Che Sudaka de Barcelona, vamos a repetirnos la misma pregunta de todos los días: ¿qué día es hoy?*
Soledad: *Martes.*
Locutor: *Pues sí, hoy es martes, 12 de junio, para ser exactos. Y como siempre en este programa vamos a ver qué se esconde tras esta fecha. Conmigo está mi colega Soledad.*
Soledad: *Hola, Rafa.*
Locutor: *Bueno, Soledad, cuéntanos, ¿qué día es hoy?*
Soledad: *Como ya sabéis, hoy es martes y es 12 de junio. Pero además de eso, hoy es el Día mundial contra el trabajo infantil, es decir, contra el trabajo de los niños. Según datos de organizaciones internacionales, se cree que hay aproximadamente 215 millones de niños que trabajan, en todo el mundo. El problema no es el trabajo, sino que, si los niños tienen que trabajar, entonces ¿a qué hora van a la escuela? Así no podrán conseguir después algo mejor, sin formación y seguirán en la pobreza, no solo ellos, sino sus familias también.*
Locutor: *Claro, y no solo eso, Soledad. Imagínate, el trabajo les quita a los menores la oportunidad de ser niños, porque ya no les queda suficiente tiempo para jugar y realizar otras actividades.*
Soledad: *Sí, estoy totalmente de acuerdo. Mira, el derecho de los niños a ser niños es un derecho humano y para proteger mejor a los más pequeños en muchos países se lucha contra el trabajo infantil.*
Locutor: *Ah, ¿y qué puede hacer un país por ejemplo?*
Soledad: *Bueno, se puede subir la edad mínima para trabajar. En muchos países, la edad mínima ya es de quince años.*
Locutor: *¿Y qué opinan los niños de eso? Seguro que están muy contentos…*
Soledad: *Pues, esta es una pregunta interesante. No lo vas a creer pero ya existen organizaciones de niños y jóvenes trabajadores en varios países, como por ejemplo en Bolivia, Chile, Colombia, Paraguay y Venezuela. En estos países hay muchos niños que trabajan. Estas organizaciones están a favor del trabajo infantil. Y no quieren que la edad mínima para trabajar sea de quince años.*

Locutor: *¿Y qué quieren entonces? ¿No les parece mal tener que trabajar?*
Soledad: *Vamos a escuchar lo que dice María, una chica boliviana de 13 años. Ella es de la organización boliviana de niños trabajadores.*

María: *No queremos dejar de trabajar, ni queremos que suba la edad a los 15 años. Tenemos que ayudar a nuestras familias y para eso necesitamos el trabajo. Pero queremos que el gobierno haga una ley para mejorar nuestras condiciones de trabajo, y que nos haga respetar como trabajadores. Todos dicen que los niños no deben trabajar, pero no piensan en la situación económica de nuestro país. Claro, si estuviéramos bien, ninguno de nosotros tendría que trabajar. Pero el gobierno no piensa en eso, quieren acabar con el trabajo infantil y ya. Pero para eso tendrían que hacer algo contra la pobreza primero. Hay muchos niños que trabajan en condiciones muy malas para la salud y es importante luchar contra este tipo de trabajos. Nosotros apoyamos trabajos dignos, como el mío: por las mañanas voy a la escuela y todas las tardes trabajo cuatro horas en la tienda de mi madre. Ella también empezó a trabajar joven, a los 10 años. Yo creo que no es malo que los niños trabajen para ayudar a sus familias.*

Soledad: *Gracias, María por la información. Como vemos, este no es un problema fácil de resolver. La próxima semana vamos a hablar con un político que está en contra del trabajo infantil y …*

BALANCE 2

🎧 26 S. 66/1a

1. *Hola, buenos días. Muchas gracias a todos por venir. No esperaba a tanta gente, pero creo que todos encontraréis algún sitio para sentaros. Muy bien. Pues hoy os quiero hablar un poco sobre un nuevo proyecto en el que he estado trabajando cerca de tres meses. El proyecto se llama: Ecoturismo – el futuro de Andalucía. Y sí, bueno, pues… Eh, pues os voy a mostrar aquí unos gráficos del turismo actual en la Comunidad de Andalucía, aquí, a la izquierda tenemos, eh… Ay, ¡casi me caigo! Vale, vale. Os decía, aquí en este gráfico podemos ver el desarrollo del turismo en Andalucía en los últimos diez años, como veis, ha habido un incremento tanto en la infraestructura como en los servicios de…*

2. Chico: *Hola.*
   Lucía: *Hola.*
   Chico: *¿Qué tienes, Lucía? ¿Todo bien?*
   Lucía: *Sí, sí. Acabo de tener una reunión de trabajo. He presentado un nuevo proyecto.*
   Chico: *Ah, ¿sí? ¿Ahora? ¡Qué bien! ¿Y? ¿Cómo te ha salido todo?*
   Lucía: *Bueno, pues mal y bien.*
   Chico: *¿Mal y bien? ¿Cómo así?*

3. Entrevistador: *Pase, por favor. Buenos días.*
   Solicitante: *Hola, buenos días. Mucho gusto, me llamo Mariana García.*
   Entrevistador: *Mucho gusto. ¿Quiere un café o un té? ¿Agua?*
   Solicitante: *Un café, por favor.*
   Entrevistador: *Perfecto. […] Maribel, tráigame por favor un café para la señorita García. […] Siéntese. Pues, vamos a empezar, cuénteme un poco de usted. A mí personalmente me llama mucho la atención que usted, siendo de Madrid, no se haya quedado en Madrid para estudiar en la universidad y haya preferido irse a Santiago. ¿Por qué prefirió usted estudiar allí?*
   Solicitante: *Pues mire, la Universidad de Madrid es una de las mejores en España y Europa. Pero considero que en mi área, la Universidad de Santiago de Compostela es tan buena como la madrileña. Además, como usted puede ver, también he tomado otros cursos en universidades españolas, en la Universidad de Barcelona, en la Universidad de Alicante, y claro, también en Madrid. Al final, esto me ha permitido aprender mucho más. Si me hubiera quedado en Madrid, no habría conocido a otros profesores, otras teorías.*

🎧 27 S. 66/1b

Chico: *Hola.*
Lucía: *Hola.*
Chico: *¿Qué tienes, Lucía? ¿Todo bien?*
Lucía: *Sí, sí. Acabo de tener una reunión de trabajo. He presentado un nuevo proyecto.*

Chico: *Ah, ¿sí? ¿Ahora? ¡Qué bien! ¿Y? ¿Cómo te ha salido todo?*
Lucía: *Bueno, pues mal y bien.*
Chico: *¿Mal y bien? ¿Cómo así?*
Lucía: *Pues sí, la verdad es que al principio, antes de la presentación yo estaba muy tranquila. Pero luego, empezaron a llegar todos, eran como veinte o treinta. No sé. Entonces al empezar la presentación me puse muy nerviosa. No conseguía hablar muy bien. Y pues claro, me puse rojísima, ¿sabes? Yo no esperaba tanta gente. Y entonces…*
Chico: *¿Entonces?*
Lucía: *Pues, entonces, comencé a caminar un poco por el salón para tranquilizarme pero no vi una mochila y casi me caigo con ella. Pero no pasó nada. Todos se rieron y yo también. Fue todo muy gracioso. De repente conseguí hablar mejor, me puse muy tranquila y hablé sobre el proyecto sin parar una hora entera, hasta que llegó la secretaria y dijo que teníamos que terminar la reunión.*
Chico: *Ay Lucía, entonces te fue muy bien y no «mal y bien».*

LÖSUNGEN DER OFFENEN AUFGABEN IM CUADERNO DE EJERCICIOS

S. 5/1b
—«*Los argentinos venimos de los barcos.*»: *Muchos argentinos son descendientes de europeos.*
—«*Si te quedas esperando, ya perdiste.*»: *Tienes que hacer algo tú para cambiar la situación.*
—«*Extrañaría demasiado mi país.*»: *Lo echaría de menos.*
—«*Podés encontrar huellas de sus tradiciones.*»: *Todavía puedes reconocer esa cultura en Argentina.*

S. 10/1b
1. *Para los españoles, Buenos Aires suena a «otro mundo» (p. 16, l. 13), creen que debe de ser muy diferente.*
3. *El símbolo de la ciudad es el obelisco en la Avenida 9 de Julio.*
6. *A Teresa le gustan mucho las empanadas.*
9. *Hay muchas librerías en la Avenida Corrientes.*
10. *El Río de la Plata es el más ancho del mundo.*

S. 15/2
Lösungsvorschlag: *«Rumble», cuya protagonista es una adolescente, es la primera novela de Maitena. En «Rumble» Maitena se va a la Argentina de los años setenta, en los que Buenos Aires era muy diferente. La protagonista, cuya familia es rica y cuyos padres son muy estrictos, es una adolescente de doce años. El padre, cuyo origen es vasco, es profesor. Ella, siendo de un barrio rico, conoce solo algunos barrios y quiere conocer mejor su ciudad. Tiene un amigo chofer de autobuses con el que conoce un poco más de la ciudad. Esta adolescente pasa por muchas aventuras en las que podemos ver a la niña que está creciendo y es a veces buena y a veces un poco mala.*

S. 16/2
Lösungsvorschlag:
— *Hipótesis 1: A los padres no les interesan las notas porque han trabajado todo el día, ya es tarde y solo quieren dormir.*
— *Hipótesis 2: Los padres ya saben que la chica tiene problemas en la escuela, por eso no les sorprenden las malas notas y saben que no vale la pena discutir con ella por eso.*

S. 16/3
Lösungsvorschlag: *Esta noche Gabriela llega temprano, qué raro. Además, nos da un beso a todos y ayuda a preparar la comida. Eso es demasiado: seguro que ha pasado algo. Nos sentamos en la mesa y ella sigue hablando y contando chistes. Ahora estoy segurísimo que algo no está bien. Pero me gusta. Normalmente ella casi no habla con nosotros y nunca ayuda en la casa. Por eso no le digo nada. Después de comer nos acostamos a dormir. De repente, Gabriela entra en la habitación. Trae las notas de la escuela. Claro, por eso era tan amable: porque las notas son malas, como siempre. No me sorprende, ya debía saberlo.*

Hinweis: Die Protagonistin des Romans bleibt namenlos. S können sich also ggf. einen Namen ausdenken.

S. 61/3
Lösungsvorschlag: *A mí me parece que Sebastián tiene razón. El acceso al agua potable es un derecho humano y el alcalde es responsable de garantizar el abastecimiento de agua a todos los habitantes de su ciudad. Y si el precio del agua sube, la gente ya no la podrá pagar. Por otro lado, el alcalde también tiene razón: el equipo de la película les podría pagar mejor a los indígenas.*

Autoevaluación 1

hier | knicken

In dieser Unidad hast du gelernt:	Klappt es? Überprüfe deinen Kenntnisstand.	Lösungen	Noch Schwierigkeiten? Dann versuche Folgendes:
ein Land vorzustellen: informieren, Empfehlungen und Ratschläge geben	Tim gibt Ana Tipps für ihren Deutschlandbesuch. Setze folgende Verben richtig konjugiert ein: *tener que, encantar, proponer, perderse, interesar, aconsejar*.		▶ Para comunicarse, S. 182 ▶ Resumen, S. 24/1
	Si te ⬜1 la cultura, ⬜2 visitar Berlín. ⬜3 que vayamos juntos. ¡Y no ⬜4 Potsdam! También te ⬜5 que vayas a Colonia y al sur de Alemania: ¡te va a ⬜6 la comida!	1 interesa 2 tienes que 3 Propongo 4 te pierdas 5 aconsejo 6 encantar	
dein Leben zu beschreiben	Wie sagst du, dass etwas ein Klischee ist?	Es un **estereotipo**.	▶ Para comunicarse, S. 182
zu sagen, was du (nicht) tun würdest	Bilde die Verbform im Konditional.		Autocontrol 1/2[1] Tándem, S. 91 TdG[2], S. 25/1
	1. En Argentina, yo (*visitar*) Buenos Aires.	1. En Argentina, yo **visitaría** Buenos Aires.	
	2. Mis padres (*subir*) al Tren a las Nubes.	2. Mis padres **subirían** al Tren a las Nubes.	▶ Para comunicarse, S. 182 ▶ Resumen, S. 24/5 ▶ GH[3], S. 25–26/2
	3. Mi hermano (*tomar*) un curso de tango.	3. Mi hermano **tomaría** un curso de tango.	
	4. ¿Qué (*hacer*) vosotros en Argentina?	4. ¿Qué **haríais** vosotros en Argentina?	
	5. Nosotros (*comer*) carne todos los días.	5. Nosotros **comeríamos** carne todos los días.	
deinen Stil zu verbessern	a) Formuliere den Satz um. Benutze *al + infinitvo*. Cuando llegué a casa, vi a Ana.	a) **Al llegar** a casa, vi a Ana.	Autocontrol 1/3–5 TdG, S. 25/2, 3
	b) Füge die Sätze mit *cuyo/-a* zusammen. Tengo un primo. Su novia es actriz.	b) Tengo un primo **cuya** novia es actriz.	▶ Resumen, S. 24–25/6–9 ▶ GH, S. 26–27/5, 6
	c) Formuliere den Satz um. Benutze das *gerundio*. Si la gente habla, se entiende.	c) **Hablando** se entiende la gente.	
etwas lebhaft zu schildern	Sage, dass …		
	a) etwas unglaublich ist.	a) ¡Es increíble!	
	b) etwas der totale Wahnsinn ist.	b) ¡Es una auténtica locura!	▶ Para comunicarse, S. 182

hier | knicken

1 1/2: *Unidad 1 / Übung 2* **2** TdG: Teste deine Grammatikkenntnisse **3** GH: Grammatikheft

Autoevaluación 2

In dieser Unidad hast du gelernt:	Klappt es? Überprüfe deinen Kenntnisstand.	Lösungen	Noch Schwierigkeiten? Dann versuche Folgendes:
über historische Ereignisse zu sprechen	Setze das Verb in die richtige Form. En 1492 los españoles (*llegar*) por primera vez a América. Cristóbal Colón (*entrar*) en la historia como el descubridor de América. En ese tiempo, los aztecas (*vivir*) en el territorio del México actual.	En 1492 los españoles **llegaron** por primera vez a América. Cristóbal Colón **entró** en la historia como el descubridor de América. En ese tiempo, los aztecas **vivían** en el territorio del México actual.	▶ Los verbos, S. 170–176 ▶ GH[1], S. 16–17/6.2
Jahreszahlen/ Zeitangaben wiederzugeben	Sage, … a) an welchem Tag und in welchem Jahr du geboren wurdest. b) in welchem Jahrhundert deine Oma und in welchem du geboren wurdest. c) dass um 1519 im heutigen Mexiko die Azteken lebten.	a) Nací **el** … **de** … **del** (año)… b) Mi abuela nació **en el siglo** (XX). Yo nací **en el siglo** (XX/XXI). c) **Alrededor de** 1519 en el territorio del México actual vivían los aztecas.	▶ Para hablar de, S. 188
Fakten zu präsentieren	Formuliere die Sätze auf Spanisch. a) Man weiß, dass die Mayas große Architekten waren. b) Hier kann man nicht über die Straße gehen. c) In Mexiko werden verschiedene indigene Sprachen gesprochen. d) In Brasilien wird kein Spanisch gesprochen, sondern Portugiesisch.	a) **Se sabe** que los mayas eran grandes arquitectos. b) Aquí no **se puede** cruzar la calle. c) En México **se hablan** diferentes lenguas indígenas. d) En Brasil no **se habla** español sino portugués.	Autocontrol 2/6[2] TdG[3], S. 47/1 ▶ Para comunicarse, S. 188 ▶ Resumen, S. 46/1 ▶ GH, S. 28/7
Möglichkeiten, Wünsche, Aufforderungen und Überraschung in der Vergangenheit zu äußern	Bilde Sätze. Bringe die Infinitive in die richtige Form. a) me / quería que / *ayudar* (tú) / los deberes / con b) *llamar* (ella) / ayer / lo / él esperaba que c) no pensé que / dinero / tanto / *tener* (ellos) d) su casa / *ir* (nosotros) / a / ella dijo que	a) Quería que (tú) me **ayudaras** con los deberes. b) Él esperaba que (ella) lo **llamara** ayer. c) No pensé que (ellos) **tuvieran** tanto dinero. d) Ella dijo que (nosotros) **fuéramos** a su casa.	Autocontrol 2/2, 3 Tándem, S. 92 TdG, S. 47/3 ▶ Para comunicarse, S. 188 ▶ Los verbos, S. 170–176 ▶ Resumen, S. 46–47/4 ▶ GH, S. 29–30/9

1 GH: Grammatikheft
2 2/6: *Unidad 2* / Übung 6
3 TdG: Teste deine Grammatikkenntnisse

Autoevaluación 3

In dieser Unidad hast du gelernt:	Klappt es? Überprüfe deinen Kenntnisstand.	Lösungen	Noch Schwierigkeiten? Dann versuche Folgendes:
Gegensätze darzustellen	Sage Folgendes auf Spanisch.		Autocontrol 3/1[1]
	a) Einerseits ist Andalusien sehr schön, andererseits hat die Region viele Probleme.	a) **Por un lado**, Andalucía es muy bonita, **por otro lado**, la región tiene muchos problemas.	▶ Para comunicarse, S. 194
	b) In Barcelona kann man an den Strand gehen, in Madrid dagegen gibt es keinen Strand.	b) En Barcelona se puede ir a la playa, en Madrid **en cambio** no hay playa.	
Bedingungen zu formulieren	Unterstreiche die richtige Verbform.		Autocontrol 3/4 Tándem, S. 93 TdG[2], S. 69/3
	a) Si tuviera/tendría mucho dinero, viajara/viajaría por el mundo.	a) Si **tuviera** mucho dinero, **viajaría** por el mundo.	
	b) Pudiéramos/Podríamos ir al parque si hiciera/haría mejor tiempo.	b) **Podríamos** ir al parque si **hiciera** mejor tiempo.	▶ Resumen, S. 68/1 ▶ GH[3], S. 32/12
	c) ¿Qué hicieras/harías tú, si te enamoraras/enamorarías de tu mejor amigo?	c) ¿Qué **harías** tú, si te **enamoraras** de tu mejor amigo?	
	d) Si yo fuera/sería tú, no lo hiciera/haría.	d) Si yo **fuera** tú, no lo **haría**.	
etwas zu vergleichen / Vorteile und Nachteile abzuwägen	Frage einen Mitschüler / eine Mitschülerin, …		
	a) was die Vor- und Nachteile vom Leben in einer großen Stadt sind.	a) ¿Cuáles son las **ventajas** y **desventajas** de vivir en una ciudad grande?	▶ Para comunicarse, S. 194
	b) was man außer den weißen Dörfern noch in Andalusien besichtigen kann.	b) ¿Qué más se puede visitar en Andalucía **aparte de** los pueblos blancos?	
eine Argumentationslinie aufzubauen / seine Meinung zu verteidigen / Argumente zu bewerten	Reagiere auf die Aussage von Antonio: «Las corridas son parte de nuestra cultura.»		▶ Para comunicarse, S. 194
	a) Du findest das verrückt.	a) ¿Estamos locos o qué?	
	b) Sage, dass du (nicht) mit Antonio einverstanden bist.	b) (No) estoy de acuerdo con Antonio.	
	c) Sage, dass du für/gegen den Stierkampf bist.	c) Estoy **a favor / en contra** de las corridas.	

1 3/1: *Unidad* 3 / Übung 1
2 TdG: Teste deine Grammatikkenntnisse
3 GH: Grammatikheft

Autoevaluación 4

hier knicken

In dieser Unidad hast du gelernt:	Klappt es? Überprüfe deinen Kenntnisstand.	Lösungen	Noch Schwierigkeiten? Dann versuche Folgendes:
Themenwortschatz *desafíos globales*	Wie sagst du auf Spanisch…		Autocontrol 4/1[1]
	a) die Armut bekämpfen	a) **luchar contra** la **pobreza**	
	b) die Landflucht	b) el **éxodo rural**	▶ Para hablar de, S. 201
	c) den Zugang zu Trinkwasser gewährleisten	c) **garantizar el acceso** al **agua potable**	
	d) die Lebensbedingungen verbessern	d) **mejorar las condiciones de vida**	
	e) die Menschenrechte	e) **los derechos humanos**	
deinen Standpunkt zu äußern / Statistiken auszuwerten	Sage auf Spanisch, dass …		
	a) von deinem Standpunkt aus die Trinkwasserversorgung das größte Problem ist.	a) **Desde mi punto de vista** el abastecimiento de agua potable es el mayor problema.	▶ Para comunicarse, S. 201
	b) du der Meinung bist, dass Nichtregierungsorganisationen eine wichtige Arbeit leisten.	b) **En mi opinión / Yo opino que** las ONGs hacen un trabajo importante.	
Bedingungen in der Vergangenheit auszudrücken	Was wäre passiert, wenn Ana mehr Glück gehabt hätte? Formuliere Sätze mit *si*.		Autocontrol 4/3, 4 TdG[2], S. 91/1
	a) Ana no encontró trabajo en su pueblo. Por eso, se fue a la ciudad.	a) Si Ana **hubiera encontrado** trabajo en su pueblo, no **se habría ido** a la ciudad.	▶ Resumen, S. 90/1, 2 ▶ GH[3], S. 33–34/14–16
	b) Ana discutió con su mejor amigo. Por eso, ahora está triste.	b) Si Ana no **hubiera discutido** con su mejor amigo, ahora no **estaría** triste.	
wiederzugeben, was jemand gesagt hat	Erzähle Juan, was Gabi dir gestern gesagt hat.		Autocontrol 4/2 TdG, S. 91/2
	a) «Llamaré a Juan mañana.»	a) Gabi dijo que te **llamaría** hoy.	
	b) «Creo que hoy Juan no va a estar en casa.»	b) Dijo que **creía** que ayer no **ibas** a estar en casa.	▶ Resumen, S. 90/3 ▶ GH, S. 23/8.3.1, S. 34/17
Aufforderungen in der Vergangenheit wiederzugeben	Gib die Aufforderungen wieder. Beginne so: Julia me pidió que …	Julia me pidió que …	TdG, S. 91/3
	a) «Dime la verdad.»	a) le **dijera** la verdad.	▶ Resumen, S. 91/4 ▶ GH, S. 35/18
	b) «No hagas nada.»	b) no **hiciera** nada.	
	c) «Explícame los deberes.»	c) le **explicara** los deberes.	

hier knicken

1 4/1: *Unidad* 4 / Übung 1   **2** TdG: Teste deine Grammatikkenntnisse   **3** GH: Grammatikheft

Ficha de trabajo 1

ATRACCIONES TURÍSTICAS DE ARGENTINA

1. Marca con una equis (X) las dos fotos que elegiste en el ejercicio 1 (p. 8) y escribe al lado de las dos fotos lo que muestran. Mira las páginas 8 y 9 del libro si no te acuerdas.

1

a Allí nació el tango.

2

b Es un espectáculo de la naturaleza. Está en el noreste de Argentina, en la frontera con Brasil.

3

c En ese lugar vivieron los primeros dinosaurios en la tierra.

4

d Es una de las calles más anchas del mundo. Allí está el Obelisco, el símbolo de la ciudad.

5

e Sale de Salta, sube la Cordillera de los Andes y llega a una altura de 4.200 metros. Está en el noroeste del país.

Ficha de trabajo 1

_____	6	**f** Es uno de los más grandes del mundo.
_____	7	**g** Es la ciudad más al sur del planeta. Está en Tierra del Fuego.
_____	8	**h** Tiene una altitud de casi 7.000 metros. Está en la provincia de Mendoza.
_____	9	**i** Es un espectáculo impresionante que uno no se puede perder.

🎧 2 **2.** Escucha lo que dicen sobre «tus» fotos y relaciónalas con el bocadillo[1] correspondiente.

🎧 2 **3.** Vuelve a escuchar. ¿Qué más llegas a saber[2] sobre los lugares de tus fotos?

_____

_____

Para completar tus apuntes, mira la transcripción del texto (p. 119).

4. Pregúntales a varios/-as compañeros/-as qué fotos eligieron y qué muestran. Escribe el nombre del lugar debajo de cada foto. Luego relaciona esas fotos con los bocadillos correspondientes según la información que te dan.

1 el bocadillo *hier: die Sprechblase*
2 llegar a saber algo *etw. erfahren*

PARA HABLAR DE UNA REGIÓN

Ficha de trabajo 2

Completa el mapa mental con todas las expresiones que ya conoces para hablar de una región y las actividades que puedes hacer ahí.

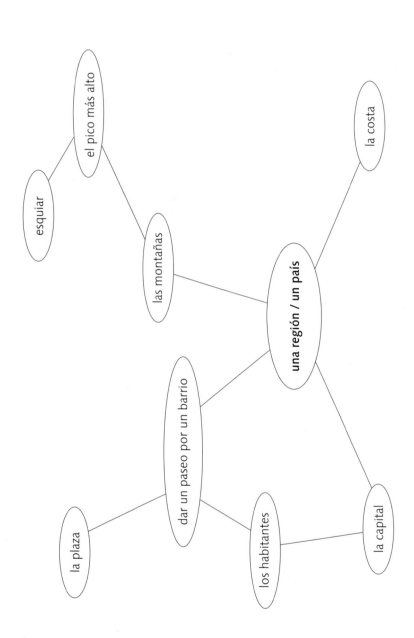

Ficha de trabajo 3

CHARLA DE UN MINUTO: ARGENTINA

1. **Lluvia de ideas.** Apunta en tu cuaderno todo lo que ya sabes sobre Argentina. Escribe solo palabras y frases cortas. Puedes hacer una lista u organizar la información en un mapa mental.

2. Busca más información sobre el país en el Pequeño Diccionario (libro, pp. 158–164). Completa tu lista / mapa mental con la información nueva que te parezca importante para tu charla.

   > En el Pequeño Diccionario hay varios artículos que tienen que ver con Argentina.

3. Mira toda la información que tienes ahora. ¿Cómo la puedes estructurar? Escribe aquí la estructura[1] de tu presentación.

   _____
   _____
   _____
   _____
   _____

4. Si quieres, busca fotos y un mapa[2] para ilustrar tu charla.

5. Para cada punto de tu estructura formula la información correspondiente en frases completas. Escribe en tu cuaderno. No te olvides de usar enlaces.

   > Hoy voy a hablar sobre ___.   El tema de mi charla es ___.   Quiero mostraros/explicaros ___.
   > Os voy a presentar ___.   Un aspecto importante es ___.   Como ya sabéis, ___.
   > Este es un mapa de ___.   Esta foto muestra ___.   Aquí vemos ___.   Al final / Para terminar ___.

6. Ahora lee el texto en voz alta y bastante despacio y presenta tus fotos y mapa, si los tienes. Mira el reloj: solo tienes un minuto para la charla completa. Si tardas más tiempo para leerlo, tienes que acortar[3] el texto. Quita la información menos importante/interesante.

7. Apunta en fichas[4] o en una hoja tu estructura y las palabras clave[5] de cada punto. Practica la charla con esos apuntes y con ayuda de tu texto. Cuando se la presentes a tus compañeros/-as solo puedes usar tus apuntes como ayuda. Habla libremente.

1 la estructura *hier: die Gliederung*
2 el mapa *die Landkarte*
3 acortar *kürzen*
4 la ficha *hier: die Karteikarte*
5 la palabra clave *das Schlüsselwort*

Ficha de trabajo 4

EVALUACIÓN DE UNA BREVE PRESENTACIÓN

Escucha las charlas sobre Argentina de tus compañeros/-as y evalúalas bajo estos criterios.

1. Nombre: _____	sí	no	más o menos
• La charla tiene una estructura clara.	☐	☐	☐
• El/La compañero/-a da la información importante.	☐	☐	☐
• Usa frases cortas y claras.	☐	☐	☐
• Explica las palabras nuevas.	☐	☐	☐
• Habla despacio y de forma clara.	☐	☐	☐
• Mira al grupo y contesta las preguntas.	☐	☐	☐
• _____	☐	☐	☐

Comentarios: _____

- -

2. Nombre: _____	sí	no	más o menos
• La charla tiene una estructura clara.	☐	☐	☐
• El/La compañero/-a da la información importante.	☐	☐	☐
• Usa frases cortas y claras.	☐	☐	☐
• Explica las palabras nuevas.	☐	☐	☐
• Habla despacio y de forma clara.	☐	☐	☐
• Mira al grupo y contesta las preguntas.	☐	☐	☐
• _____	☐	☐	☐

Comentarios: _____

- -

3. Nombre: _____	sí	no	más o menos
• La charla tiene una estructura clara.	☐	☐	☐
• El/La compañero/-a da la información importante.	☐	☐	☐
• Usa frases cortas y claras.	☐	☐	☐
• Explica las palabras nuevas.	☐	☐	☐
• Habla despacio y de forma clara.	☐	☐	☐
• Mira al grupo y contesta las preguntas.	☐	☐	☐
• _____	☐	☐	☐

Comentarios: _____

Ficha de trabajo 5

ASÍ NOS VEMOS

🎧 4–5 **1. Escucha lo que dicen Rosana y Marta en la entrevista y apunta una información por pregunta.**

	Rosana	Marta
¿Ser argentino/-a?	_____	_____
¿Su región?	_____	_____
¿Vivir en otro lugar?	_____	_____

🎧 6 **2. Escucha las respuestas de Federico y completa el texto con las palabras que faltan.**

¿Ser argentino? ¿Y yo qué sé? No tengo _____ _____, che… Somos todos muy diferentes, así que no creo que haya una definición para «ser argentino». Yo, _____ _____, nunca me pondría un poncho aunque sea tradicional de Argentina. Además soy vegetariano. Pero dicen que los argentinos comemos muchísima _____. Y vos, ¿qué decís? Yo, _____ _____, también soy argentino, ¿no?

Vivo en Ushuaia, en Tierra del Fuego. Dicen que es el «fin del _____». Mis viejos vinieron para acá hace diez años. Tienen un pequeño hotel. Yo a veces los ayudo un poco y me gusta mucho hablar con los _____ que llegan con sus mochilas inmensas de todas las partes del mundo. Y cuando no tengo nada que hacer por la tarde, salgo a _____ y no paro hasta que baje el sol.

Claro que sí. Aunque me gusta Tierra del Fuego, a veces tengo muchas ganas de irme a una ciudad _____. Y sobre todo a un lugar que tenga más luz y donde haga más _____. A lo mejor me iría a Italia, allá vive un _____ de mi viejo.

Ficha de trabajo 6

BÚSQUEDA DE INFORMACIÓN: CIUDADES ARGENTINAS

1. Busca en el Pequeño Diccionario (pp. 158–164) y en Internet información sobre la ciudad argentina que te toca presentar.

Nombre de la ciudad: _____

Número de habitantes: _____

Nombre de la provincia: _____

¿En qué parte de Argentina está situada la provincia?
_____
_____
_____

Características geográficas del lugar (altitud, clima, etc.):
_____
_____
_____
_____
_____
_____

Algo típico/especial del lugar:
_____
_____
_____
_____
_____
_____

Más información interesante (opcional): _____
_____
_____
_____

2. Escucha las presentaciones de tus compañeros/-as y toma apuntes sobre los lugares que presentan. Escribe en tu cuaderno.

EL ESPAÑOL ARGENTINO

7 Escucha el diálogo y subraya los argentinismos[1]. ¿Cómo dices esas palabras en el español de España? Después escucha otra vez y marca las partes de las palabras que no se pronuncian[2] como en España.

Javi: ¿Sí?

Rosana: ¡Hola, Javi! ¿Cómo andás?

Javi: ¡Ah! ¡Hola, Rosana! Muy bien. Y tú, ¿qué tal?

5 *Rosana:* Pues bueno…

Javi: ¿Qué te pasa? Espero que no tengas problemas para quedar esta tarde y hacer los deberes de Matemáticas juntos…

Rosana: Pues por eso te llamo Javi, porque

10 tengo acá un quilombo tremendo…

Javi: ¿Pero por qué?

Rosana: Pues es que mis viejos no están, se fueron todo el fin de semana de viaje y ayer festejé en casa con unos amigos hasta

15 muy tarde…

Javi: No me digas más: y tienes la casa hecha un caos.

Rosana: Más o menos, y por eso no sé si me va a dar tiempo a hacer la tarea contigo.

Javi: Pero Rosana, sabes que el profe de Mates dijo que tenía que presentar el ejercicio el lunes. Como no me ponga una buena nota, voy a suspender la asignatura…

20 *Rosana:* Tranquilo Javi, la tarea no es tan difícil y la podés hacer vos solo sin mi ayuda…

Javi: Eso lo dices tú porque eres un genio de las Mates, pero yo…

Rosana: Pues no sé, pero primero tengo que limpiar un poco acá.

Javi: ¿Qué te parece si voy a tu casa y te ayudo a limpiar?

Rosana: ¿En serio? ¿Vos me ayudarías? Eso sería bárbaro…

25 *Javi:* Claro, con la condición de que luego tú me ayudes con las Mates.

Rosana: Eso está hecho, Javi. Te espero en casa.

Javi: Venga, en media hora estoy ahí.

Rosana: Bueno, ¡chao!

Javi: ¡Hasta luego!

1 el argentinismo *ein Wort oder eine andere sprachliche Struktur, die in Argentinien verwendet wird*
2 pronunciar *aussprechen*

Ficha de trabajo 8

EL CONDICIONAL

1. a) Una de las preguntas de la entrevista es: «¿Te podrías imaginar vivir en otro lugar?». ¿Cuál es la traducción correcta de esa pregunta? Márcala y subraya la palabra alemana que corresponde a «podrías».

1. ☐ Kannst du dir vorstellen, an einem anderen Ort zu leben?
2. ☐ Könntest du dir vorstellen, an einem anderen Ort zu leben?
3. ☐ Konntest du dir vorstellen, an einem anderen Ort zu leben?

> Las respuestas de los chicos (libro, pp. 11–12 y 119) te pueden ayudar a encontrar la traducción correcta.

b) ¿Para qué se usa el condicional? Marca la opción correcta.

Der Konditional wird gebraucht, …
1. ☐ um auszudrücken, was man (nicht) tun will.
2. ☐ um auszudrücken, was man (nicht) tun wird.
3. ☐ um auszudrücken, was man (nicht) tun würde.

2. a) Lee las respuestas de los chicos a esa pregunta (pp. 11–12 y 119) y escribe las seis nuevas formas de condicionales.

_____   _____   _____

_____   _____   _____

b) ¿Cómo se forma el condicional? Mira las formas del ejercicio 2a y completa la regla. Revisa tus respuestas con ayuda del *Resumen* (libro, p. 24/5).

El condicional se forma con la raíz[1] del ☐ futuro / ☐ infinitivo y con las terminaciones[2] _____ (yo), _____ (tú), -ía, -íamos, -íais, -ían.

3. Según la regla del ejercicio 2b, completa la tabla con los verbos en condicional. Revisa las formas con ayuda del Resumen (libro, p. 24/5).

			decir
[yo]			
[tú]			
[él/ella/usted]		tendría	
[nosotros/-as]			
[vosotros/-as]			
[ellos/-as]	bailarían		

1 la raíz *hier: der Stamm* **2** la terminación *die Endung*

Ficha de trabajo 9

EL SUBJUNTIVO EN FRASES RELATIVAS

1. Lee las frases. Marca con una equis (X) las frases, donde se exprese un deseo[1] o una condición[2]. Luego, subraya en cada frase el objeto al que se refiere[3] la frase relativa.

1. ☐ Busco un apartamento en el centro de Madrid que <u>tenga</u> cuatro habitaciones y que no <u>sea</u> tan caro.
2. ☐ Yo vivo en un apartamento en el centro de Madrid que <u>tiene</u> cuatro habitaciones y que no <u>es</u> tan caro.
3. ☐ Necesitamos un empleado que <u>tenga</u> por lo menos dos años de experiencia laboral.
4. ☐ Tenemos un nuevo empleado que ya <u>tiene</u> dos años de experiencia laboral.
5. ☐ Buscamos un profesor que <u>pueda dar</u> clases de Inglés y Alemán.
6. ☐ ¿Habéis visto al profesor que <u>da</u> clases de Inglés y Alemán?
7. ☐ ¿No conoces a nadie que <u>hable</u> bien francés para que me ayude con los deberes?
8. ☐ Sí, conozco a alguien que <u>habla</u> bien francés y que te podría ayudar.
9. ☐ ¿Conoces a alguien que <u>pueda</u> explicarme Mates?
10. ☐ No, no conozco a nadie que <u>pueda</u> explicarte Mates.

2. ¿Cuándo hay que usar el indicativo en una frase relativa y cuándo el subjuntivo? Completa la regla en alemán.

1. Wenn im Relativsatz ausgesagt wird, wie das Bezugsobjekt sein soll (Wünsche oder Bedingungen, die es erfüllen soll), steht im Relativsatz der _____.

2. Wenn das Bezugsobjekt negativ ist (*nadie*, *nada*, *ninguno/-a*, etc.) wird im Relativsatz der _____ verwendet.

3. Wenn ausgesagt wird, wie etwas ist (tatsächliche Eigenschaften des Bezugsobjektes), steht das Verb im Relativsatz im _____.

3. ¿Cómo te imaginas tus próximas vacaciones? Completa el texto con las formas en indicativo o en subjuntivo.

Este año mis padres quieren ir a Argentina, al pueblo de mis abuelos, donde _____ (*hacer*) muchísimo frío en invierno. Ellos dicen que es un lugar genial donde _____ (*poder*/nosotros) hacer muchas cosas con la familia. Pero a mí me parece que es un pueblo muy pequeño donde no _____ (*haber*) mucho para hacer. Además, prefiero ir a un país donde _____ (*hacer*) calor, donde _____ (*poder*/yo) ir a la playa y que no _____ (*estar*) tan lejos. Hay muchas islas en el Mar Mediterráneo que _____ (*estar*) mucho más cerca y que _____ (*ser*) superbonitas. Pero mis padres quieren ver a toda la gente que no _____ (*haber*) visto desde hace años. Claro que los entiendo, pero… ¡ojalá conozca allí a alguien que _____ (*ser*) simpático y que _____ (*querer*) hacer cosas divertidas conmigo!

1 el deseo *der Wunsch*   2 la condición *die Bedingung*   3 referirse a algo *sich auf etwas beziehen*

Ficha de trabajo 10

MEJORAR TU ESTILO CON EL GERUNDIO

1. Mira las siguientes frases del texto «Buenos Aires en 48 horas». ¿Qué significa el gerundio en estas frases? Reescribe las frases sin gerundio. Marca la parte de tu frase que sustituya[1] el gerundio. Hay varias opciones.

1. <u>Hablando</u> con la gente y <u>perdiéndote</u> por las calles es como puedes conocer realmente bien esta ciudad fantástica.

   Mira el contexto para descubrir lo que significa cada frase.

   _____
   _____
   _____

2. Seguro que vas a ver a gente <u>bailando</u> tango por la calle.

   _____
   _____
   _____

3. <u>Paseando</u> por la ciudad, vas a flipar con la cantidad de parrillas.

   _____
   _____
   _____

4. Los porteños parecen capaces de hacer casi de todo <u>leyendo</u>.

   _____
   _____
   _____

2. Reescribe las frases del ejercicio 1 en alemán y marca la parte que corresponda[2] al gerundio. Hay varias opciones.

1. _____
   _____

2. _____

3. _____

4. _____

1 sustituir *ersetzen*   **2** corresponder a *etw. entsprechen*

Ficha de trabajo 11

PARA HABLAR DE ESTADÍSTICAS

1. a) Escribe los valores[1] correspondientes a cada gráfico sobre las líneas.

> tres cuartos (de ___)   el 20 por ciento[2] (de ___)   la minoría (de ___)   la mitad (de ___)
> una décima parte (de ___)   un quinto (de ___)   la mayoría (de ___)   un tercio (de ___)   un cuarto (de ___)

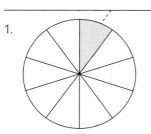

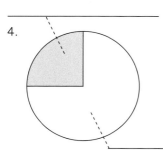

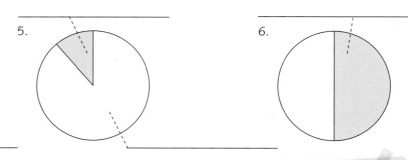

b) Reescribe las frases, formulando las cifras[3] subrayadas de otra forma.

> Si la cifra está en singular (p. ej. un quinto, el 20%, la mayoría etc.), pero la referencia está en plural (p. ej. de los alumnos), el verbo puede estar en singular o en plural: El 20% de los jóvenes participa(n) en proyectos sociales. Pero: El 20% de la población participa en proyectos sociales.

1. Un quinto de los alumnos quiere(n) estudiar en la universidad.
   _____

2. Un 33 por ciento de los alumnos participa(n) en algún intercambio escolar.
   _____

3. Diez de cada 100 alumnos necesitan ayuda para hacer los deberes.
   _____

4. El 50 por ciento de los chicos de mi clase está(n) enamorado(s) de Paula.
   _____

5. Una gran parte de los alumnos participa(n) en proyectos sociales.
   _____

[1] el valor *der Wert*   [2] el (20) por ciento *(20) Prozent*   [3] la cifra *die Zahlenangabe*

Ficha de trabajo 11

2. Escribe en las líneas la expresión correcta en alemán.

um ___ % ansteigen   gleichbleibend sein   auf ___ ansteigen   sich verdoppeln   um ___ % sinken

1. El año pasado, un kiwi costaba 20 céntimos[1], ahora cuesta 40 céntimos. El precio se ha duplicado.

   duplicarse = _____

2. Un litro de zumo costaba un euro, ahora cuesta 1,50 euros. El precio ha subido un 50 por ciento.

   subir un ___ por ciento = _____

3. Los sueldos[2] se han mantenido constantes en los últimos doce meses: no han subido y tampoco han bajado.

   mantenerse constante = _____

4. El mes pasado, 2 000 personas estaban en paro. Este mes, el número de desempleados[3] ha subido a 2 700.

   subir a ___ = _____

5. Este mes, la cantidad de turistas ha bajado un 20 por ciento. El mes pasado vino un 20 por ciento más de turistas a la ciudad.

   bajar un ___ por ciento = _____

3. Completa las frases usando las expresiones del ejercicio 2.

Usa el pretérito indefinido o el pretérito perfecto.

El precio de los tomates

_____ 50 %.

El número de personas que emigran[4] a otros países _____

5 000 por mes.

El precio del agua

_____.

El precio de las patatas

_____.

Los sueldos _____

20 %.

---

1 el céntimo *der (Euro-) Cent*
2 el sueldo *das Gehalt / der Lohn*
3 el desempleado / la desempleada *der/die Arbeitslose*
4 emigrar *auswandern*

Ficha de trabajo 12

«SERÁS FELIZ»

1. Lee el texto de la canción «Serás feliz». Después vuelve a leerlo junto con un/a compañero/-a y subrayad todo lo que entendáis sin usar el diccionario.

Las palabras con asterisco (*) no las conocéis todavía, pero conocéis palabras parecidas en español o en otros idiomas que os ayudan a entenderlas.

Serás feliz (Che Sudaka)

cuando mires fijo al horizonte*

cuando disfrutes de subir al monte*

cuando no temas al hambre y al frío

5 cuando no temas al hombre y al río

cuando el rencor no posea tu alma

cuando consigas andar con la calma*

cuando en el mar encuentres un respiro

cuando el presente camine contigo

10 (*estribillo*:) serás feliz un segundo*,

serás feliz en el mundo…

un segundo…

en el mundo

cuando te explote* el pecho de alegría*

15 cuando mires los ojos al sol

cuando recuerdes tu tiempo vivido

cuando puedas ver un cielo rojo

cuando los niños te inspiren sonrisas

cuando los viejos saluden tu arte*

20 cuando sientas ganas de dar ayuda… a quien sea

cuando sepas que no vale la pena enojarte

(*estribillo*)
© Kasba Music

2. Marcad las palabras que no entendéis y buscadlas en el diccionario. Pensad primero qué clase de palabra es (verbo, adjetivo, sustantivo, etc.). Escribid las palabras en alemán en las líneas al lado del texto.

3. Vuestra banda del instituto está buscando una canción nueva. Escribidles un e-mail en alemán, contando de qué trata la canción de Che Sudaka. Después, si queréis, podéis escribir vuestra propia versión de la canción en alemán.

Ficha de trabajo 13

PRUEBA DE VOCABULARIO 1

total: ____/22 puntos

1. Completa las frases con el vocabulario nuevo. ____/10 puntos

1. Los argentinos hablan el español de una _____ diferente. Por ejemplo, dicen «vos» y no «tú».

2. Este año quiero celebrar mi cumpleaños con mucha gente. Voy a hacer una gran fiesta y voy a _____ a toda mi familia y a todos mis amigos.

3. El Tren a las Nubes _____ la Cordillera de los Andes y llega a 4200 metros de _____.

4. Siemens es una _____ grande, donde trabajan muchos _____.

5. A Ana le duele la barriga porque ha comido _____ empanadas.

6. Vera no come carne. Ella es _____.

7. Una región donde hay muchos turistas es una región _____.

8. Ana le _____ su nuevo novio a Javi: le cuenta cómo es, qué hace, etc.

2. Escribe la palabra correcta con su artículo en singular y en plural. ____/8 puntos

_____   _____   _____   _____

_____   _____   _____   _____

3. Escribe el antónimo (≠) o sinónimo (=) de las siguientes palabras. ____/4 puntos

1. en dirección a = _____

2. el principio ≠ _____

3. ayer por la noche = _____

4. ir/caminar = _____

EL NUEVO MUNDO

Marca las respuestas correctas. Puedes consultar un diccionario o la lista de vocabulario en el libro.

1. ¿En qué año llegaron los españoles a América?
   - a) en 1492
   - b) en 1942
   - c) en 1294

2. ¿Quién entró en la historia como el descubridor de América?
   - a) Hernán Cortés
   - b) Cristóbal Colón
   - c) Marco Polo

3. ¿Cuál era el principal objetivo de la expedición española?
   - a) Descubrir el «Nuevo Mundo»
   - b) Encontrar una nueva ruta comercial a la India
   - c) Conquistar Asia

4. ¿Quién pagó la expedición de Colón?
   - a) los Reyes Católicos, Fernando e Isabel
   - b) los Reyes Cristianos, Felipe e Isabel
   - c) los Reyes portugueses, Juan y Leonor

5. ¿Cómo se llamaban las carabelas de Colón?
   - a) La Chica, la Niña y la Muchacha
   - b) La Pinta, la Niña y la Santa María
   - c) La Santa Elena, la Santa Cristina y la Santa Isidora

6. ¿Qué pueblos indígenas vivían alrededor de 1519 en el territorio del México actual?
   - a) los incas y los mayas
   - b) los aztecas y los mayas
   - c) los incas y los aztecas

7. ¿Quién es conocido hoy como el conquistador de México?
   - a) Cristóbal Colón
   - b) Franscisco Pizarro
   - c) Hernán Cortés

8. ¿Cuál era la capital del imperio azteca en aquella época?
   - a) Tenochtitlan
   - b) Chichén Itzá
   - c) Yucatán

9. ¿Quién era el emperador azteca cuando llegaron los españoles?
   - a) Moctezuma
   - b) Atahualpa
   - c) Cuauhtémoc

10. La población indígena en el territorio del México actual pasó de 25 millones en 1521 a …
    - a) 2 millones en 1580.
    - b) 35 millones en 1580.
    - c) 10 millones en 1580.

CÓMO ENTENDER PALABRAS DESCONOCIDAS

Ficha de trabajo 15

Vas a leer unas frases de una entrevista con un historiador. Escribe en alemán el significado de las palabras subrayadas y marca qué te ayudó a descubrirlo (otra palabra en español, una palabra en otra lengua, el contexto o el diccionario). Intenta no usar el diccionario más de dos veces.

1. Nuestro tema de hoy es «El <u>descubrimiento</u> del Nuevo Mundo».	En alemán: _____ ☐ otra palabra en español: _____ ☐ palabra en otra lengua: _____ ☐ el contexto ☐ el diccionario
2. Gracias por la <u>invitación</u>.	En alemán: _____ ☐ otra palabra en español: _____ ☐ palabra en otra lengua: _____ ☐ el contexto ☐ el diccionario
3. Colón pensaba que <u>navegando</u> hacia el Oeste llegaría a la India.	En alemán: _____ ☐ otra palabra en español: _____ ☐ palabra en otra lengua: _____ ☐ el contexto ☐ el diccionario
4. Él quería descubrir otra ruta a Asia porque pensaba que la Tierra era <u>redonda</u>.	En alemán: _____ ☐ otra palabra en español: _____ ☐ palabra en otra lengua: _____ ☐ el contexto ☐ el diccionario
5. Los reyes de Portugal no querían <u>apoyar</u> el proyecto de Colón, pero los Reyes Católicos, Isabel y Fernando, decidieron pagar su viaje.	En alemán: _____ ☐ otra palabra en español: _____ ☐ palabra en otra lengua: _____ ☐ el contexto ☐ el diccionario
6. ¿No era <u>peligroso</u> [hacer un viaje así]?	En alemán: _____ ☐ otra palabra en español: _____ ☐ palabra en otra lengua: _____ ☐ el contexto ☐ el diccionario
7. Mucha gente pensaba que Colón estaba loco, pero el 3 de agosto de 1492 finalmente <u>partió</u> del Puerto de Palos en Andalucía con tres barcos.	En alemán: _____ ☐ otra palabra en español: _____ ☐ palabra en otra lengua: _____ ☐ el contexto ☐ el diccionario

Ficha de trabajo 15

8. Cuando el 12 de octubre de 1492 Colón llegó a territorios americanos, empezó la <u>conquista</u> de América.	En alemán: _____ ☐ otra palabra en español: _____ ☐ palabra en otra lengua: _____ ☐ el contexto ☐ el diccionario
9. ¿Y cómo <u>reaccionaron</u> los indígenas cuando llegaron los españoles?	En alemán: _____ ☐ otra palabra en español: _____ ☐ palabra en otra lengua: _____ ☐ el contexto ☐ el diccionario
10. Algunos <u>casos</u> son muy interesantes.	En alemán: _____ ☐ otra palabra en español: _____ ☐ palabra en otra lengua: _____ ☐ el contexto ☐ el diccionario
11. Cuando Hernán Cortés llegó a Tenochtitlan, la capital del imperio azteca, los indígenas pensaron que era el <u>dios</u> Quetzalcoatl.	En alemán: _____ ☐ otra palabra en español: _____ ☐ palabra en otra lengua: _____ ☐ el contexto ☐ el diccionario
12. La población de México pasó de 25 a 2 millones desde 1521 a 1580 por las <u>guerras</u>, los trabajos durísimos y las enfermedades nuevas que los españoles llevaron a América.	En alemán: _____ ☐ otra palabra en español: _____ ☐ palabra en otra lengua: _____ ☐ el contexto ☐ el diccionario
13. La población de México pasó de 25 a 2 millones desde 1521 a 1580 por las guerras, los trabajos durísimos y las <u>enfermedades</u> nuevas que los españoles llevaron a América.	En alemán: _____ ☐ otra palabra en español: _____ ☐ palabra en otra lengua: _____ ☐ el contexto ☐ el diccionario
14. Una <u>catástrofe</u> para la población azteca…	En alemán: _____ ☐ otra palabra en español: _____ ☐ palabra en otra lengua: _____ ☐ el contexto ☐ el diccionario

LA CONQUISTA DE AMÉRICA LATINA

Organiza en el mapa mental la información que ya tienes sobre el descubrimiento del Nuevo Mundo.

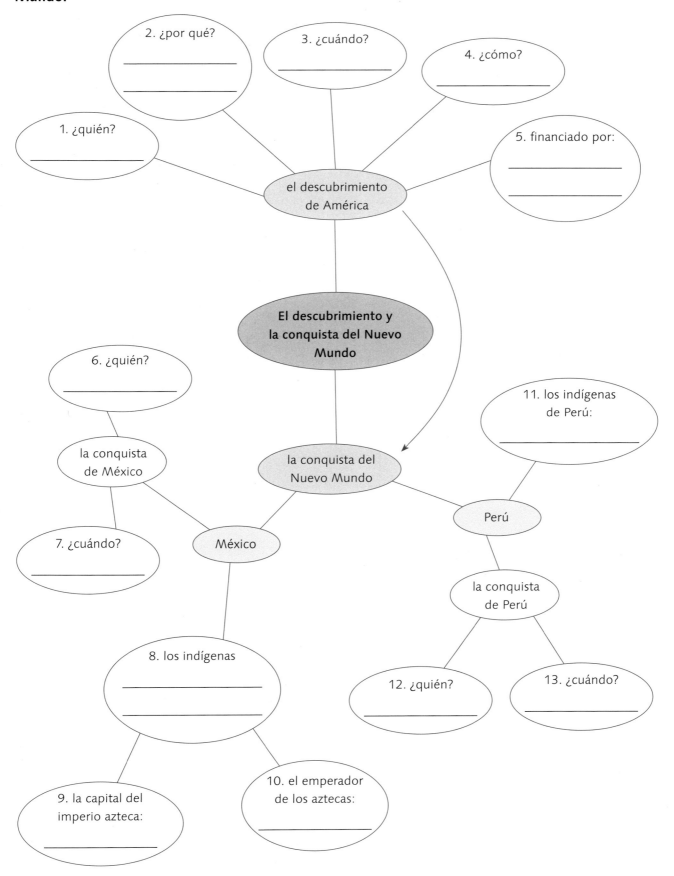

Ficha de trabajo 17

PRESENTACIÓN: EL DESCUBRIMIENTO DEL NUEVO MUNDO

Vas a presentar los acontecimientos históricos del descubrimiento de América con ayuda de estas imágenes. Apunta para cada imagen lo que sabes sobre el motivo[1] y ponlas en un orden[2] lógico para tu presentación.

1 el motivo *das (Bild-)Motiv*   2 el orden *die Reihenfolge*

LOS TIEMPOS VERBALES

INDEFINIDOS IRREGULARES

* **estar**: estuve, …
* **tener**: tuve, …
* **hacer**: hice, … hizo, …
* **poder**: pude, …
* **poner**: puse, …
* **querer**: quise, …
* **saber**: supe, …
* **venir**: vine, …
* **decir**: dije, … dijeron

Endungen	Sonderfall
	* **ser/ir**
-e	fui
-iste	fuiste
-o	fue
-imos	fuimos
-isteis	fuisteis
-ieron	fueron

VERBOS IRREGULARES

* **e → ie**: querer, entender, …
* **o → ue**: poder, volver, …
* **y**: construir, …
* **e → i**: pedir, reír, …
* **zc**: conocer, …

PRESENTE

-ar	-er	-ir
-o	-o	-o
-as	-es	-es
-a	-e	-e
-amos	-emos	-imos
-áis	-éis	-ís
-an	-en	-en

FUTURO I

-é
-ás
-á
-emos
-éis
-án

PLUSCUAMPERFECTO

* **haber**	+ participio
había	-ado
habías	-ido
había	
habíamos	
habíais	
habían	

INDEFINIDO

-ar	-er/-ir
-é	-í
-aste	-iste
-ó	-ió
-amos	-imos
-asteis	-isteis
-aron	-ieron

PASADO INMEDIATO

acabar de + infinitivo

FUTURO INMEDIATO

* **ir a** + infinitivo

IMPERFECTO

-ar	-er/-ir
-aba	-ía
-abas	-ías
-aba	-ía
-ábamos	-íamos
-abais	-íais
-aban	-ían

PERFECTO

* **haber**	+ participio
he	-ado
has	-ido
ha	
hemos	
habéis	
han	

PRESENTE CONTINUO

* **estar**	+ gerundio
estoy	-ando
estás	-iendo
está	
estamos	
estáis	
están	

FUTUROS IRREGULARES

* **haber**: habré …
* **poder**: podré …
* **querer**: querré …
* **saber**: sabré …
* **poner**: pondré …
* **salir**: saldré …
* **tener**: tendré …
* **valer**: valdré …
* **venir**: vendré …
* **decir**: diré …
* **hacer**: haré …

IMPERFECTOS IRREGULARES

* **ser**: era, eras …
* **ir**: iba, ibas …
* **ver**: veía, veías …

PARTICIPIOS IRREGULARES

* **abrir**: abierto
* **decir**: dicho
* **escribir**: escrito
* **hacer**: hecho
* **morir**: muerto
* **poner**: puesto
* **romper**: roto
* **ver**: visto
* **volver**: vuelto

GERUNDIOS IRREGULARES

* **ir**: yendo
* **leer**: leyendo
* **oír**: oyendo
* **decir**: diciendo
* **dormir**: durmiendo
* **morir**: muriendo
* **reír**: riendo

Ficha de trabajo 19

SISTEMATIZAR EL VOCABULARIO

1. Ordena las palabras del ejercicio 4a (libro, p. 33) en la tabla. No te olvides de apuntar también el artículo y el género[1] (m./f.) de los sustantivos. Después revisa tu solución en el diccionario. Ojo: cuatro palabras pueden ser sustantivos y también adjetivos.

adjetivo	adverbio	sustantivo
_____	_____	_____ (___)
_____	_____	_____ (___)
_____	_____	_____ (___)
_____	_____	_____ (___)
_____	_____	_____ (___)
_____	_____	_____ (___)
_____	_____	_____ (___)
_____	_____	_____ (___)
_____	_____	_____ (___)
_____	_____	_____ (___)
_____	_____	_____ (___)
_____	_____	_____ (___)
_____	_____	_____ (___)
_____	_____	_____ (___)
_____	_____	_____ (___)

2. Mira las terminaciones[2] de las palabras en la tabla y completa la regla relacionando las partes de las frases.

Esta regla te ayuda a reconocer si una palabra es un adjetivo, un adverbio o un sustantivo.

Las palabras que terminan en -able e -ible son normalmente [1]
Las palabras que terminan en -mente son normalmente [2]
Las palabras que terminan en -dor/a, -tud, -ción, -ión, -tad y -dad son normalmente [3]
Algunas palabras que terminan en -dor/a también pueden ser [4]
Los sustantivos que terminan en -tud, -ción, -ión, -tad y -dad son siempre [5]
Los sustantivos que terminan en -dor son siempre [6]
Y los sustantivos que terminan en -dora son siempre [7]

[a] masculinos
[b] adverbios
[c] adjetivos
[d] femeninos
[e] sustantivos

[1] el género *hier: das grammatische Genus (maskulin/männlich oder feminin/weiblich)*   [2] la terminación *die Endung*

Ficha de trabajo 20

LA CONQUISTA DE TENOCHTITLAN

Escribe el número correspondiente de las imágenes del cómic en las casillas. Sobran tres títulos que no corresponden a ninguna imagen.

☐ Los españoles quieren matar a Moctezuma.

☐ Los españoles vuelven a Tenochtitlan y conquistan la ciudad.

☐ Los españoles ven que los aztecas son muy ricos.

☐ La rebelión de los aztecas

☐ Moctezuma recibe a los españoles en Tenochtitlan.

☐ Moctezuma muere.

☐ Cortés se enamora de Malinche.

☐ Cortés encuentra el oro de los aztecas.

☐ Los españoles se van de Tenochtitlan.

☐ Los españoles ven que Tenochtitlan es una ciudad muy avanzada.

☐ Los aztecas ya no quieren a los españoles en Tenochtitlan.

Ficha de trabajo 20

Ficha de trabajo 21

LAS LENGUAS DE AMÉRICA LATINA

1. Infórmate en Internet en qué países de América Latina se hablan o se hablaban las lenguas taíno, náhuatl, quechua, aimara y guaraní. Marca las regiones en el mapa con diferentes colores.

- [ ] taíno
- [ ] náhuatl
- [ ] quechua
- [ ] aimara
- [ ] guaraní

- [ ] español
- [ ] portugués
- [ ] inglés
- [ ] francés
- [ ] neerlandés[1]

2. Infórmate en qué países de América Latina se habla español, portugués, inglés, francés y neerlandés y marca los países en el mapa.

Al final del libro encuentras un mapa lingüístico con los países donde se habla español.

[1] neerlandés *Niederländisch (Sprache)*

EXPLICANDO PALABRAS

1. Relaciona las palabras con sus explicaciones.

nombrar • • lo que una persona piensa

gobernar • • algo que no es correcto o que no está bien hecho

el error • • lo que una persona siente

el pensamiento • • darle un nombre a una persona o a una cosa; decir el nombre de una persona

la mirada • • las personas viejas

el sentimiento • • la forma como una persona mira

los ancianos • • lo que hace un gobernador en una región o en un país

2. Completa las frases con las palabras del ejercicio 1.

A veces tienes que escribir también el artículo definido o indefinido de los sustantivos.

1. Si quieres que te ayude, tienes que decírmelo, pues no puedo leer tus _____.

2. Fue _____ no avisarle a mi tía que íbamos a Madrid a visitarla: cuando llegamos a su casa se había ido de vacaciones y tuvimos que quedarnos en un hotel.

3. El problema de los pueblos en el campo es que mucha gente joven se va para las ciudades grandes, y en los pueblos solo quedan _____.

4. El miedo es _____.

5. Algunas personas tienen miedo de José porque no parece muy simpático y además tiene _____ un poco rara. Pero es muy buena gente.

6. Antes de la llegada de los españoles al continente americano, los incas _____ casi toda Sudamérica.

7. A mi prima pequeña la _____ mejor jugadora de fútbol de su colegio. ¡Está muy contenta!

Ficha de trabajo 23

«YO SOY INDIO»

1. ¿De qué trata el poema? Lee el poema y marca con diferentes colores todas la palabras y frases que se repiten. Usa un color por cada palabra/frase repetida.

   Para determinar[1] el tema de un poema puede ayudar mirar las palabras, frases y otros elementos que se repiten.

   Natalio Hernández

   Yo soy indio *(versión abreviada)*

   Yo soy indio: porque así me nombraron los hombres blancos
   cuando llegaron a esta tierra nueva.

   Yo soy indio: por ignorancia de los hombres blancos
   al llegar a las tierras que gobernaban mis abuelos.

   5 Yo soy indio: porque así me señalaron los hombres blancos
   para justificar su dominio[2] y discriminación.

   Yo soy indio: porque así nos llamaron los blancos
   a todos los hombres de este Continente.

   Yo soy indio: ahora me enorgullece[3] esta palabra
   10 con la que antes se mofaban[4] de mí los hombres blancos.

   Yo soy indio: ahora no me avergüenza[5] que así me llamen,
   porque sé del error histórico de los blancos.

   Yo soy indio: ahora sé que tengo mis propias raíces[6]
   y mi propio pensamiento.

   15 Yo soy indio: ahora sé que tengo rostro[7] propio,
   mi propia mirada y sentimiento.

   Yo soy indio: ahora sé que soy verdaderamente mexicano,
   porque hablo el idioma mexicano,
   la lengua de mis abuelos.

   (...)

   20 Yo soy indio: ahora puedo escuchar
   la palabra de los ancianos.

   Yo soy indio: ahora vuelve a enraizarme[8] la tierra:
   nuestra madre tierra.

   Fuente: © Natalio Hernández, Canto nuevo de Anahuac, Ed. Diana, 1994

   1 determinar *bestimmen*
   2 el dominio *die Herrschaft*
   3 enorgullecer *jdn Stolz machen*
   4 mofarse de alguien *sich über jdn lustig machen*
   5 avergonzar a alguien *jdn beschämen*
   6 la raíz *die Wurzel*
   7 el rostro = la cara
   8 enraizarse *jdm Wurzeln geben*

2. ¿Quién es el yo lírico y cómo se siente? Subraya todas las informaciones que encuentres sobre el yo lírico. ▶

Ficha de trabajo 23

3. Vuelve a mirar el poema y toma apuntes sobre los siguientes aspectos.

Estructura

1. ¿Cuántas estrofas hay? _____

2. ¿De cuántos versos es cada estrofa? _____

3. ¿Tienen alguna característica? _____

4. ¿Hay estructuras que se repiten? ¿Cuáles? _____
   _____
   _____

5. Hay un cambio[1] entre las primeras cuatro estrofas y el resto, ¿en qué consiste ese cambio? _____
   _____

6. ¿Hay rimas? ¿Cómo son? _____
   _____

Contenido

1. Hay un cambio entre las primeras cuatro estrofas y el resto en cuanto a[2] los sentimientos del yo lírico. ¿En qué palabras se nota[3] ese cambio?
   _____
   _____
   _____

2. Completa el mapa mental: ¿con qué relacionaba el yo lírico la palabra «indio» antes y con qué la relaciona ahora?

   > los hombres blancos   la ignorancia   mofarse   el orgullo   el error histórico   las raíces   el rostro propio
   > mexicano   la discriminación   los abuelos   el dominio

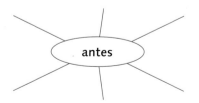

---

1 el cambio *die Veränderung*   **2** en cuanto a + sust. *bezüglich*   **3** notarse *sich bemerkbar machen*

Ficha de trabajo 24

PRUEBA DE VOCABULARIO 2

total: ____/27 puntos

1. Busca los seis adjetivos, escríbelos en las líneas junto con su significado en alemán.

____/12 puntos

rutaprincipalsoldadoemperadorrápidoterritorioactualconocidoconquistacasomaravillaorroredondoretiradapeligroso

_____   _____

_____   _____

_____   _____

2. Relaciona las palabras de la izquierda con las definiciones de la derecha.

____/7 puntos

1. el objetivo   a) agua que cae del cielo
2. el territorio   b) lo que una persona sabe sobre una cosa
3. la enfermedad   c) el tiempo en el que se va a hacer una cosa
4. el conocimiento   d) lo que una persona quiere conseguir
5. la duración   e) un problema de salud
6. la lluvia   f) una zona
7. el muchacho   g) otra palabra para chico

3. Completa las frases con verbos. Ojo: dos veces necesitas el indefinido.

____/4 puntos

1. Se puede _____ en barco o en Internet.

2. Juan no quiere que Juana vaya sola a casa. Por eso, él la _____.

3. Ana _____ ayer de que Juana y Juan son novios. Antes pensaba que eran amigos.

4. El reloj de David _____ ayer. Ahora ya no funciona.

4. Escribe la palabra correcta con artículo en singular.

____/4 puntos

_____ _____ _____ _____

ANDALUCÍA: TIERRA DE CONTRASTES

Trabajad en parejas: recortad las fotos y juntad pares que forman contrastes. Hay varias opciones. No tenéis que usar todas las fotos.

la arquitectura moderna

las ciudades modernas

las tierras desérticas en Almería

los pueblos blancos

el Parque nacional de Doñana

las playas en la Costa del Sol

las corridas de toros

nieve en Sierra Nevada

Ficha de trabajo 25

el trabajo duro en el campo

la lucha contra las corridas de toros

la gente rica

la plaza de toros en Málaga

las tradiciones: el flamenco

los bares y las discotecas

los inmigrantes

Ficha de trabajo 26

CÓMO EXPRESAR CONTRASTES

1. Subraya en la entrevista de radio las expresiones que usa Manuel para expresar contrastes.

Locutor de radio: ¡Hola y bienvenidos al programa «Viajar por España»! Hoy tenemos aquí a Manuel, un joven reportero que hace poco hizo un viaje por Andalucía. ¿Podrías contarnos tus impresiones de ese viaje?

Manuel: Hola, sí, claro. Pues, Andalucía, ¡qué mezcla de contrarios! Aunque yo ya sabía que Andalucía era tierra de contrastes, en mi último viaje pude verlo con mis propios ojos: los pueblos blancos donde parece que el tiempo se paró hace 50 años frente a ciudades modernas y dinámicas como Sevilla o Málaga.

En la misma Sevilla me sorprendieron los contrastes arquitectónicos que te hacen viajar entre los siglos XII y XXI. O la plaza de toros de Málaga en medio de un barrio de edificios modernos. Lo que más me sorprendió fueron los contrastes entre personas llevando una vida muy agradable y gente luchando duro para ganarse la vida: en la Costa de Sol, por ejemplo, puedes ver a inmigrantes africanos vendiendo artículos para turistas a pocos metros de hoteles de cinco estrellas y centros comerciales gigantescos. También llama mucho la atención ver a los señoritos ricos dando vueltas en coches de superlujo mientras en sus tierras trabajan campesinos bajo un sol infernal.

Además hay una mezcla enorme entre el mundo tradicional y el mundo moderno: igual puedes escuchar a cantaores de flamenco o ver gente bailando sevillanas en las ferias que oír la música más actual en las grandes discotecas.

Preguntando a la gente por las corridas de toros, tienes por un lado a los que las defienden con pasión diciendo que es un arte y por el otro a los que dicen que es un crimen brutal contra los animales.

En Andalucía todo es posible. Tanto puedes hacer surf y tomar el sol en sus playas fantásticas, como esquiar en Sierra Nevada. Mientras el parque nacional de Doñana, rico en agua es un paraíso para los pájaros, te mueres de calor en Almería con sus tierras desérticas.

Andalucía tiene algo especial. Pero lo mejor de mi viaje fueron los encuentros y las conversaciones. Al entrar en un bar, tomando unas tapas, en seguida la gente se pone a hablar contigo y después de unos minutos te sientes como en casa. Así lo pude ver también en las entrevistas que hice…

Locutor de radio: Muchísimas gracias, Manuel, por esas impresiones de un viaje tan interesante.

2. Busca en el texto las expresiones correspondientes en español y escríbelas sobre las líneas.

a) ebenso … wie … – _____

b) sowohl … als auch … – _____

c) einerseits … andererseits … – _____

d) gegenüber … – _____

e) während – _____

Ficha de trabajo 29

FORMANDO ANTÓNIMOS

1. Escribe los antónimos[1] de las palabras en la columna[2] correspondiente de la tabla, según su prefijo[3].

	des-	in-	im-
1. humano			
2. conectar			
3. el interés			
4. posible			
5. útil			
6. creíble			
7. agradable			
8. el empleo			
9. la justicia			
10. la ventaja			
11. la igualdad			
12. la paciencia			
13. aparecer			

---

2. Traduce las siguientes palabras al alemán y subraya la parte que corresponde al prefijo español.

1. el desinterés: _____

2. desagradable: _____

3. el desempleo: _____

4. la injusticia: _____

5. imposible: _____

Si no sabes qué significan las palabras, búscalas en un diccionario.

---

1 el antónimo *das Gegenteil*   **2** la columna *die Spalte*   **3** el prefijo *das Präfix (= die Vorsilbe des Wortes)*

UNA ENTREVISTA SOBRE LAS CORRIDAS DE TOROS

1. Han entrevistado a varias personas sobre las corridas de toros. Escucha las respuestas y relaciona el número de la entrevista con la pregunta correspondiente.

a) Entrevista 1 •   • 1. ¿La corrida de toros es un deporte o un arte?

b) Entrevista 2 •   • 2. ¿Se deberían prohibir las corridas?

c) Entrevista 3 •   • 3. ¿Qué piensan los jóvenes españoles de las corridas?

d) Entrevista 4 •   • 4. ¿Sería mejor que el toro no tuviera que morir en las corridas?

e) Entrevista 5 •   • 5. ¿Por qué hay tan pocas mujeres en las corridas de toros?

- -

2. Vuelve a escuchar a las personas y apunta los argumentos de cada una.

1. ¿Por qué hay tan pocas mujeres en las corridas de toros?

   Señora: _____

   Chica: _____

2. ¿La corrida de toros es un deporte o un arte?

   Chica: _____

   Chico: _____

3. ¿Sería mejor que el toro no tuviera que morir en las corridas?

   Chica: _____

   _____

4. ¿Se deberían prohibir las corridas?

   Señora: _____

   _____

   Señor: _____

   _____

5. ¿Qué piensan los jóvenes españoles de las corridas?

   Chico: _____

Ficha de trabajo 31

LOS ADJETIVOS DELANTE Y DETRÁS DEL SUSTANTIVO

1. Algunos adjetivos cambian su significado dependiendo de su posición en la frase. Relaciona las frases con el significado correspondiente del adjetivo subrayado.

1. Ana es mi <u>antigua</u> **profesora** de Español.
2. Roma es una **ciudad** <u>antigua</u>.
3. Víctor es un <u>viejo</u> **compañero** de trabajo.
4. Con sus 80 años Paco es un **hombre** <u>viejo</u>.
5. Este es un <u>gran</u> **actor**.
6. Las Ventas es una **plaza de toros** <u>grande</u>.
7. La <u>nueva</u> **novia** de Marco es muy simpática.
8. ¿Tienes una **bicicleta** <u>nueva</u>?
9. Juan no tiene padres. ¡<u>Pobre</u> **niño**!
10. Honduras es un **país** <u>pobre</u>.
11. La <u>única</u> **cosa** que le interesa a Pablo es el fútbol.
12. ¡El viaje a Andalucía fue una **experiencia** <u>única</u>!

a) langjährig
b) neu/neuwertig
c) einmalig/einzigartig
d) arm/bedauernswert
e) groß
f) ehemalig
g) alt/antik
h) einzig
i) neu/aktuell/jetzig
j) alt
k) großartig/bedeutend
l) arm/bedürftig

2. Completa la tabla con las palabras en alemán del ejercicio 1. Después revísalo en el Resumen 4 (libro, p. 68).

Adjetivo	delante del sustantivo significa…	detrás del sustantivo significa…
1. antiguo/-a		
2. viejo/-a		
3. gran/grande		
4. nuevo/-a		
5. pobre		
6. único/-a		

Ficha de trabajo 32

EVALUACIÓN DE UN DEBATE

Evalúa el debate de tus compañeros/-as bajo los siguientes criterios.

1. **Nombre:** _____

	sí	no	más o menos
• Él/Ella preparó ocho papelitos con expresiones de interacción.	☐	☐	☐
• Preparó una lista de argumentos.	☐	☐	☐
• Explicó antes del debate las palabras desconocidas[1].	☐	☐	☐
• Sus argumentos eran comprensibles[2].	☐	☐	☐
• No sobraron[3] más de dos argumentos de su lista de argumentos.	☐	☐	☐
• Usaba expresiones de interacción adecuadas[4] para reaccionar a los argumentos de la otra persona.	☐	☐	☐
• Subrayaba[5] lo que decía con la entonación[6] y con gestos[7] adecuados.	☐	☐	☐
• Hablaba de forma clara.	☐	☐	☐
• Miraba a la otra persona mientras hablaba.	☐	☐	☐
• _____	☐	☐	☐

Comentarios: _____

1 desconocido/-a *unbekannt*
2 comprensible *hier: nachvollziehbar*
3 sobrar *übrig bleiben*
4 adecuado/-a *angemessen, passend*
5 subrayar *unterstreichen (auch im übertragenden Sinn)*
6 la entonación *die Betonung*
7 el gesto *die Geste*

----

2. **Nombre:** _____

	sí	no	más o menos
• Él/Ella preparó ocho papelitos con expresiones de interacción.	☐	☐	☐
• Preparó una lista de argumentos:	☐	☐	☐
• Explicó antes del debate las palabras desconocidas[1].	☐	☐	☐
• Sus argumentos eran comprensibles[2].	☐	☐	☐
• No sobraron[3] más de dos argumentos de su lista de argumentos.	☐	☐	☐
• Usaba expresiones de interacción adecuadas[4] para reaccionar a los argumentos de la otra persona.	☐	☐	☐
• Subrayaba[5] lo que decía con la entonación[6] y con gestos[7] adecuados.	☐	☐	☐
• Hablaba de forma clara.	☐	☐	☐
• Miraba a la otra persona mientras hablaba.	☐	☐	☐
• _____	☐	☐	☐

Comentarios: _____

1 desconocido/-a *unbekannt*
2 comprensible *hier: nachvollziehbar*
3 sobrar *übrig bleiben*
4 adecuado/-a *angemessen, passend*
5 subrayar *unterstreichen (auch im übertragenden Sinn)*
6 la entonación *die Betonung*
7 el gesto *die Geste*

Ficha de trabajo 33

PRUEBA DE VOCABULARIO 3

total: ____/22 puntos

1. Completa las frases con las palabras correspondientes en español.   ____/6 puntos

| seinen Lebensunterhalt verdienen   gegen etw. sein   es sei denn   Gebäude   Gegenteil   Diskothek |

1. «Nuevo» es _____ de «viejo».

2. Un arquitecto construye casas y _____.

3. Es difícil _____ haciendo arte. Tienes que ser muy bueno/-a.

4. La gente va a _____ para bailar.

5. Juan no tiene dinero. No puede irse de vacaciones _____ sus padres le paguen el viaje.

6. A Ana no le gustan las corridas de toros. Ella _____ de ellas y quiere que se prohíban.

2. Marca la opción correcta.   ____/4 puntos

1. Un problema puede ser…
   ☐ agradable   ☐ digno   ☐ dinámico   ☐ grave.

2. Un crimen puede ser…
   ☐ brutal   ☐ agradable   ☐ seco   ☐ tolerante.

3. Un sueldo puede ser…
   ☐ inteligente   ☐ tolerante   ☐ hipócrita   ☐ digno.

4. La ropa puede estar…
   ☐ seca   ☐ motivada   ☐ horrorizada.

3. Relaciona las palabras con sus sinónimos.   ____/6 puntos

a pocos metros ●   ● inmenso/-a
enorme ●   ● cerca
quizás ●   ● viejo/-a
grave ●   ● serio/-a
el desempleo ●   ● el paro
antiguo/-a ●   ● tal vez

4. Escribe el antónimo de las siguientes palabras en las líneas.   ____/6 puntos

1. la ventaja ≠ _____   4. antiguo/-a ≠ _____

2. ahorrar ≠ _____   5. estar en contra de algo ≠ _____

3. el desempleo ≠ _____   6. permitir ≠ _____

PARA HABLAR SOBRE DESAFÍOS GLOBALES

Completa la red de palabras con un máximo de palabras (sinónimos, antónimos o palabras de la misma familia) que ya conoces para hablar sobre desafíos globales.

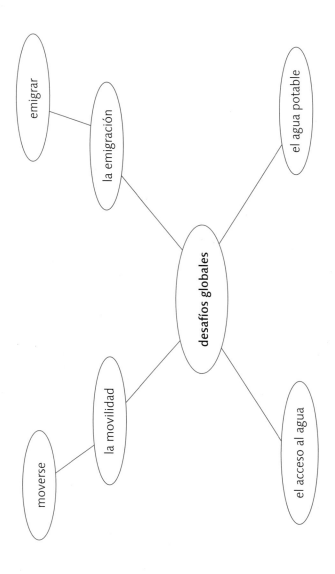

Ficha de trabajo 35

ESTILO FORMAL CONTRA ESTILO FAMILIAR

1. Escucha la entrevista y concéntrate en el estilo de hablar. Subraya en la transcripción los pasajes[1] en los cuales se nota que se trata de un estilo formal[2].

Periodista: ¡Buenos días, queridos oyentes de «Medellín por la mañana»! Les deseo a todos un estupendo día y espero que compartan con nosotros las dos próximas horas de programa. Como cada día, en el programa de hoy tenemos un invitado en el estudio. Esta mañana contamos con la presencia de Carla Pazos, una de las responsables en el proyecto del Parque Biblioteca España en el barrio de Santo Domingo Savio de nuestra ciudad. ¡Buenos días, señora Pazos!

Carla P.: ¡Buenos días y muchas gracias por la invitación!

Periodista: Gracias a usted. En primer lugar me gustaría pedirle algunas informaciones generales del proyecto y de su trabajo en el parque.

Carla P.: Bueno, como seguramente muchos oyentes ya saben, el Parque Biblioteca España nació para ofrecer un espacio cultural en uno de los barrios más pobres de la ciudad. Nosotros intentamos hacer llegar a todos los vecinos la posibilidad de acceder a los libros y a la cultura con diferentes actividades, especialmente para los más pequeños. Aunque yo hago sobre todo trabajos de bibliotecaria, también coordino diferentes cursos y talleres.

Periodista: Y eso en un edificio incomparable…

Carla P.: La verdad es que todo el parque es un marco espectacular. Lo más impresionante ha sido realizarlo acá, en la parte alta de la ciudad, donde viven los vecinos con menos posibilidades. El conjunto arquitectónico está compuesto por tres torres con forma de roca y muchos turistas vienen a visitarlo.

Periodista: ¿Qué piensan los vecinos del barrio sobre el proyecto?

Carla P.: Lógicamente, la mayoría está muy contenta. Gracias al Parque Biblioteca España los jóvenes de la zona tienen por fin una alternativa y ha desaparecido la criminalidad del barrio. Además los niños tienen ahora muchos más espacios para jugar y disfrutar. Y por eso las madres están especialmente felices.

Periodista: Realmente parece que el proyecto sólo tiene aspectos positivos…

Carla P.: La verdad es que gracias a él el barrio tiene una nueva imagen y además de la gran oferta cultural, el proyecto lucha contra la marginalidad y la discriminación social. Además se ha convertido en uno de los símbolos de Medellín.

Periodista: Muy bien señora Pazos, muchas gracias por su tiempo. Fue un placer conocerla.

Carla P.: El placer fue mío. Aprovecho para invitar a todos a que se pasen por el Parque Biblioteca España, donde estaremos encantados de atenderles.

Periodista: Pues ya lo han escuchado, señoras y señores. Agradecemos a Carla Pazos su presencia en el programa de hoy y continuamos con…

2. ¿En qué aspectos crees tú sería diferente la conversación si los hablantes fueran amigos?

_____

_____

_____

_____

1 el pasaje *der Textabschnitt*
2 formal *förmlich, formell*

PRUEBA DE VOCABULARIO 4

total: ____/18 puntos

1. Relaciona las palabras con las imágenes. Sobran cuatro palabras.   ____/6 puntos

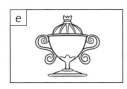

1. la ley
2. el método
3. el agua corriente
4. la obra
5. el premio
6. el teleférico
7. el tráfico
8. el molino
9. la basura
10. el acceso

2. Marca en cada línea la palabra que no tiene nada que ver con las otras.   ____/3 puntos

1. ☐ el derecho ☐ la ley ☐ el huerto ☐ la policía
2. ☐ el poder ☐ el transporte ☐ el tráfico ☐ la hora pico
3. ☐ el agua potable ☐ el voluntario ☐ el recurso ☐ el abastecimiento

3. Completa las frases con las palabras correspondientes en español. No te olvides de los artículos de los sustantivos.   ____/4 puntos

unterschreiben   Kontakt   Ausbildung   Herausforderung

1. Una cosa que es difícil de conseguir es _____.

2. Después del instituto puedes estudiar en la universidad o puedes hacer _____.

3. Luis ha perdido _____ con su amigo Jan. Ya no se ven, ni hablan por teléfono ni se escriben e-mails o mensajes.

4. Antes de empezar a trabajar en una empresa tienes que _____ un contrato laboral.

4. Escribe el antónimo (≠) o sinónimo (=) de las siguientes palabras.   ____/5 puntos

1. seguro ≠ _____
2. útil ≠ _____
3. actual ≠ _____
4. urbano ≠ _____
5. global = _____

LÖSUNGEN DER KOPIERVORLAGEN FÜR DAS SCHÜLERBUCH

1 ¡DESCUBRE ARGENTINA!

KV1 1. Siehe Lösungsvorschlag zu Übung 3.

2. 1d – 2a – 3b – 4e – 5c – 6h – 7i – 8f – 9g

3. Lösungsvorschlag:
   – la Avenida 9 de Julio en Buenos Aires (foto 1): Tiene 140 metros (de ancho).
   – el barrio de San Telmo (foto 2): Es imprescindible dar un paseo por ese barrio.
   – las Cataratas del Iguazú (foto 3): Una de ellas tiene un altura de 80 metros.
   – el Tren a las Nubes (foto 4): En esas provincias vive población indígena.
   – el Valle de la Luna (foto 5): Es otro gran espectáculo de la naturaleza.
   – el Aconcagua (foto 6): Es la montaña más grande de América.
   – una ballena en la Península Valdés (foto 7): La Península Valdés está en Patagonia.
   – el glaciar Perito Moreno (foto 8): Está en el sur del país.
   – Ushuaia (foto 9): Ahí en invierno casi no hay luz.

4. Siehe Lösung zu Übung 2.

KV2 Lösung individuell

KV3 Lösung individuell

KV4 Lösung individuell

KV5 1. Lösungsvorschlag:

	Rosana	Marta
¿Ser argentino/-a?	Hay gente de muchas culturas diferentes en el país, pero todos se sienten argentinos.	Muchas personas solidarias
¿Su región?	Mendoza: una ciudad moderna	Purmamarca: un pueblo donde hay muchos indígenas
¿Vivir en otro lugar?	Nunca	Quiere irse a estudiar a una ciudad grande

2. ni idea – por ejemplo – carne – sin embargo – mundo – turistas – correr – grande – calor – hermano

KV6 Lösung individuell

KV7 – argentinismos:
l. 3: andás (en España: andas) – l. 10: un quilombo (en España: un problema) – l. 12: mis viejos (en España: mis padres) – l. 16: la tarea (en España: los deberes) – l. 19–23: vos (en España: tú) – l. 21: acá (en España: aquí) – l. 23: bárbaro (en España: genial)
– palabras con una pronunciación diferente:
l. 9: <u>ll</u>amo – l. 13: a<u>y</u>er – l. 16–19: ha<u>c</u>er

KV8 1. a) 2. Könntest du dir vorstellen, an einem anderen Ort zu leben?
   b) 3. … um auszudrücken, was man (nicht) tun würde.

2. a) estaría – haría – extrañaría – tendría – volvería – me iría
   b) El condicional se forma con la raíz del <u>futuro</u> y con las terminaciones <u>-ía</u> (yo), <u>-ías</u> (tú), -ía, -íamos, -íais, -ían.

3.		bailar	tener	decir
	[yo]	bailaría	tendría	diría
	[tú]	bailarías	tendrías	dirías
	[él/ella/usted]	bailaría	tendría	diría
	[nosotros/-as]	bailaríamos	tendríamos	diríamos
	[vosotros/-as]	bailaríais	tendríais	diríais
	[ellos/-as]	bailarían	tendrían	dirían

KV9 1. 1. *Busco <u>un apartamento en el centro de Madrid</u> que tenga cuatro habitaciones y que no sea tan caro.*
3. *Necesitamos <u>un empleado</u> que tenga por lo menos dos años de experiencia laboral.*
5. *Buscamos <u>un profesor</u> que pueda dar clases de Inglés y Alemán.*
7. *¿No conoces a <u>nadie</u> que hable bien francés para que me ayude con los deberes?*
9. *¿Conoces a <u>alguien</u> que pueda explicarme Mates?*
10. *No, no conozco a <u>nadie</u> que pueda explicarte Mates.*

2. 1. subjuntivo
2. subjuntivo
3. Indikativ

3. *hace – podemos – hay – haga – pueda – esté – están – son – han – sea – quiera*

KV10 1. Lösungsvorschlag:
1. *<u>Si hablas</u> con la gente y te pierdes por las calles, puedes conocer realmente bien esta ciudad fantástica.*
2. *Seguro que vas a ver a gente <u>que baila</u> tango por la calle.*
3. *<u>Cuando pasees</u> por la ciudad, vas a flipar con la cantidad de parrillas.*
4. *Los porteños parecen capaces de leer <u>mientras</u> hacen otras cosas.*

2. Lösungsvorschlag:
1. Am besten kannst du diese tolle Stadt kennenlernen, <u>indem du mit den Leuten sprichst und durch die Straßen schlenderst</u>.
2. Bestimmt wirst du Leute sehen, <u>die auf der Straße Tango tanzen</u>.
3. <u>Wenn du durch die Stadt spazierst</u>, wirst du überrascht sein, wie viele Steakhäuser es gibt.
4. Die Einwohner von Buenos Aires scheinen in der Lage zu sein, bei allem, was sie tun, <u>gleichzeitig zu lesen</u>.

KV11 1. a) 1. *una décima parte (de)* – 2. *un tercio (de)* – 3. *un quinto (de) / el 20 por ciento (de)* – 4. *un cuarto (de) / tres cuartos (de)* – 5. *la minoría (de) / la mayoría (de)* – 6. *la mitad (de)*
b) 1. *<u>El 20 por ciento</u> de los alumnos quiere(n) estudiar en la universidad.*
2. *<u>Un tercio</u> de los alumnos participa(n) en algún intercambio escolar.*
3. *<u>Una décima parte / El diez por ciento</u> de los alumnos necesita(n) ayuda para hacer los deberes.*
4. *<u>La mitad</u> de los chicos de mi clase está(n) enamorado(s) de Paula.*
5. *<u>La mayoría</u> de los alumnos participa(n) en proyectos sociales.*

2. 1. *duplicarse* = sich verdoppeln – 2. *subir un … por ciento* = um … % ansteigen – 3. *mantenerse constante* = gleichbleibend sein – 4. *subir a…* = auf … ansteigen – 5. *bajar un… por ciento* = um … % sinken

3. 1. *ha subido un / subió un* – 2. *ha subido a / subió a* – 3. *se ha duplicado / se duplicó* – 4. *se ha mantenido constante / se mantuvo constante* – 5. *han bajado un / bajaron un*

KV12 1. Lösung individuell
2. Lösung individuell
3. Lösungsvorschlag:
Hey Leute,
ihr sucht doch ein neues Lied zum Covern. Ich habe neulich ein tolles Lied auf Spanisch gehört: „Serás feliz" von der Band Che Sudaka. Darin werden Momente aufgezählt, wann man glücklich sein wird, z. B. wenn man den Horizont betrachtet, wenn man keine Angst vor Hunger und Kälte haben muss, wenn einem das Herz vor Freude explodiert, wenn sich der Himmel rot färbt usw. Ich fand das Lied sehr schön und dachte, dass ihr es vielleicht mal anhören wollt.
Liebe Grüße
Khaled

KV13 1. 1. *forma* – 2. *invitar* – 3. *sube, altitud/altura* – 4. *empresa, empleados* – 5. *demasiadas* – 6. *vegetariana* – 7. *turística* – 8. *describe*
2. *el corazón, los corazones – el mapa, los mapas – la manifestación, las manifestaciones – la esquina, las esquinas*
3. 1. *hacia* – 2. *el fin / el final* – 3. *anoche* – 4. *andar*

2 EL NUEVO MUNDO

KV14 1 a – 2 b – 3 b – 4 a – 5 b – 6 b – 7 c – 8 a – 9 a – 10 a

KV15 1. *el descubrimiento* – die Entdeckung; bekannt: *descubrir*
2. *la invitación* – die Einladung; engl./fr. invitation
3. *navegar* – segeln; engl. to navigate, lat. navigare
4. *redondo/-a* – rund (Wörterbuch)
5. *apoyar a* – unterstützen; fr. appuyer
6. *peligroso/-a* – gefährlich; bekannt: *el peligro*
7. *partir* – abfahren; fr. partir
8. *la conquista* – die Eroberung; engl. conquest
9. *reaccionar* – reagieren; engl. to react
10. *el caso* – der Fall; engl. case, fr. le cas, lat. casus
11. *el dios / la diosa* – der Gott / die Göttin; fr. le dieu
12. *la guerra* – der Krieg; fr. la guerre
13. *la enfermedad* – die Krankheit; bekannt: *estar enfermo/-a*
14. *la catástrofe* – die Katastrophe

KV16 1. *Cristóbal Colón* – 2. *buscaba una nueva ruta a la India* – 3. *1492* – 4. *en carabelas* – 5. *los Reyes Católicos* – 6. *Hernán Cortés* – 7. *1519* – 8. *los mayas y los aztecas* – 9. *Tenochtitlan* – 10. *Moctezuma* – 11. *los incas* – 12. *Francisco Pizarro* – 13. *1532*

KV17 Lösungsvorschlag:
1. *Colón: quería demostrar que la tierra es redonda, buscaba una nueva ruta a la India*
2. *Reyes Católicos y Colón: los Reyes Católicos pagaron el viaje de Colón*
3. *las carabelas: las carabelas de Colón: la Pinta, la Niña y la Santa María*
4. *Llegada: llegaron a América el 12 de octubre de 1492*
5. *Cortés: Hernán Cortés, conquistador de México*
6. *Tenochtitlan: la capital de los aztecas adonde llegó Cortés en 1519*
7. *Cortés y Moctezuma: el emperador azteca, Moctezuma, recibió muy bien a los españoles*

KV18 Keine Lösung

KV19 Siehe Lösung auf S. 51 (zu S. 33/4a, b).

KV20 1. *Moctezuma recibe a los españoles en Tenochtitlan.*
2. *Los españoles ven que los aztecas son muy ricos.*
3. *Los españoles ven que Tenochtitlan es una ciudad muy avanzada.*
4. *Los aztecas ya no quieren a los españoles en Tenochtitlan.*
5. *La rebelión de los aztecas*
6. *Moctezuma muere.*
7. *Los españoles se van de Tenochtitlan.*
8. *Los españoles vuelven a Tenochtitlan y conquistan la ciudad.*

KV21 1. Siehe Lösung auf S. 64 (zu S. 44/2c).
2. *–español: México, Guatemala, (Belice), Honduras, El Salvador, Nicaragua, Costa Rica, Panamá, Venezuela, Colombia, Ecuador, Perú, Bolivia, Chile, Argentina, Paraguay, Uruguay, Cuba, República Dominicana, (Puerto Rico)*
–portugués: Brasil
–inglés: Belice, Guyana Británica
–francés: Guyana Francesa, Haití
–neerlandés: Guyana Holandesa

KV22 1. *nombrar: darle un nombre a una persona o a una cosa; decir el nombre de una persona – gobernar: lo que hace un gobernador en una región o en un país – el error: algo que no es correcto o que no está bien hecho – el pensamiento: lo que una persona piensa – la mirada: la forma como una persona mira – el sentimiento: lo que una persona siente – los ancianos: las personas viejas*
2. *1. pensamientos – 2. un error – 3. (los) ancianos – 4. un sentimiento – 5. una mirada – 6. gobernaban – 7. nombraron*

KV23 1. Wiederholungen: *Yo soy indio, los (hombres) blancos, la tierra, mis abuelos, propio/-a*
2. *Yo soy indio (l. 1); ahora me enorgullece esta palabra con la que antes se mofaban de mí (ll. 9–10); sé que tengo mis propias raíces y mi propio pensamiento (ll. 13–14); ahora sé que tengo rostro propio, mi propia mirada y sentimiento (ll. 15–16); soy verdaderamente mexicano (l. 17); hablo el idioma mexicano, la lengua de mis abuelos (ll. 18–19)*
3. *–Estructura:*
   1. *Hay once estrofas en esta parte del poema.*
   2. *dos versos por estrofa; una estrofa tiene tres versos.*
   3. *Todas empiezan con las palabras «Yo soy indio».*
   4. *Se repite el «Yo soy indio», después viene siempre un «porque»/«por» o un «ahora». Hasta la mitad del poema habla de «los hombres blancos», después ya no aparece más.*
   5. *En las primeras cuatro estrofas sigue un «porque» después del «Yo soy indio», y en las últimas sigue un «ahora».*
   6. *No hay rimas, pero hay palabras que se repiten al final de algunos versos: blancos, mexicano, tierra.*
   –Contenido:
   1. *En las primeras cuatro estrofas hay muchas palabras negativas como «ignorancia» (l. 3), «dominio y discriminación» (l. 6). Después hay más palabras positivas: «me enorgullece» (l. 9), «no me avergüenza» (l. 11), «mis propias raíces» (l. 13) etc.*
   2. *–antes: los hombres blancos, ignorancia, mofarse, error histórico, discriminación, dominio*
   –ahora: orgullo, raíces, rostro propio, mexicano, abuelos

KV24 1. 1. *principal* – Haupt-
2. *rápido* – schnell
3. *actual* – gegenwärtig, heutig

4. *conocido* – bekannt
5. *redondo* – rund
6. *peligroso* – gefährlich

2. 1 d – 2 f – 3 e – 4 b – 5 c – 6 a – 7 g
3. 1. *navegar* – 2. *acompaña* – 3. *se enteró* – 4. *se rompió*
4. 1. *el fuego* – 2. *el hombre* – 3. *el calendario* – 4. *la muerte*

3 CONTRASTES ANDALUCES

KV25 Lösung individuell

KV26 1. *frente a (l. 6) – los contrastes entre... y... (l. 10) – mientras (ll. 13, 21) – igual... que... (ll. 15–16) – por un lado... por el otro... (ll. 18–19) – tanto... como... (l. 20)*
2. a) *igual... que...* – b) *tanto... como...* – c) *por un lado... por el otro (lado)...* – d) *frente a...* – e) *mientras*

KV27 Lösung individuell

KV28 1. *–Ventajas / Aspectos positivos:*
   1. *el paisaje: montañas, el Mediterráneo, el Atlántico*
   2. *el clima: cientos de horas de sol al año*
   –Desventajas/Problemas:
   1. *el paro, problemas sociales*
   2. *casi no hay industria, Andalucía depende del turismo*
   3. *las sequías en el campo, los campesinos no tienen agua para regar sus campos*
   4. *paisaje destruido (boom inmobiliario)*
   5. *la gente gana poco, hay pocas posibilidades de trabajo*
   6. *muchos jóvenes no terminan la ESO*
2. 1. a) *El turismo trae dinero a Andalucía y crea trabajo.*
   b) *Se construyeron muchos hoteles en la costa y se destruyó el paisaje; se usa mucha agua para los campos de golf y casi no queda agua para los campesinos.*
   2. a) *Muchas empresas no contratan a jóvenes porque no tienen experiencia laboral.*
   b) *No tienen experiencia porque nadie les da un trabajo.*
   c) *No terminan la escuela porque piensan que no vale la pena: de todas formas no van a encontrar trabajo.*

KV29 1. Siehe Lösung auf S. 81 (zu S. 56–57/4b)
2. 1. das D<u>es</u>interesse – 2. <u>un</u>angenehm – 3. die Arbeitsl<u>os</u>igkeit – 4. die <u>Un</u>gerechtigkeit – 5. <u>un</u>möglich

KV30 1., 2. Siehe Lösung auf S. 89 (zu S. 61/3b, c).

KV31 1. 1 f – 2 g – 3 a – 4 j – 5 k – 6 e – 7 i – 8 b – 9 d – 10 l – 11 h – 12 c

2.

Adjetivo	delante del sustantivo significa...	detrás del sustantivo significa...
1. *antiguo/-a*	ehemalig	alt/antik
2. *viejo/-a*	langjährig	alt
3. *gran/grande*	großartig/bedeutend	groß
4. *nuevo/-a*	neu/aktuell/jetzig	neu/neuwertig
5. *pobre*	arm/bedauernswert	arm/bedürftig
6. *único/-a*	einzig	einmalig/einzigartig

KV32 Keine Lösung

KV33 1. 1. *el contrario* – 2. *edificios* – 3. *ganarse la vida* – 4. *la discoteca* – 5. *a no ser que* – 6. *en contra*
2. 1. *grave* – 2. *brutal* – 3. *digno* – 4. *seca*
3. *a pocos metros – cerca*
   enorme – inmenso/-a
   quizás – tal vez
   grave – serio/-a
   el desempleo – el paro
   antiguo/-a – viejo/-a
4. 1. *la desventaja* – 2. *gastar* – 3. *el empleo* – 4. *nuevo/-a* – 5. *estar a favor de algo* – 6. *prohibir*

4 DESAFÍOS GLOBALES

KV34 Lösung individuell

KV35 1., 2. Siehe Lösungsvorschlag auf S. 116 (zu S. 84/10).

KV36 1. *la ley*: c – 3. *el agua corriente*: d – 4. *la obra*: b – 5. *el premio*: e – 7. *el tráfico*: f – 9. *la basura*: a
2. 1. *el huerto* – 2. *el poder* – 3. *el voluntario*
3. 1. *un desafío* – 2. *una formación* – 3. *el contacto* – 4. *firmar*
4. 1. *inseguro* – 2. *inútil* – 3. *histórico* – 4. *rural* – 5. *mundial*

Ficha de trabajo DVD 1

ESCENA 1: RUTA NACIONAL 40

1. Mira el reportaje sobre la Ruta Nacional 40 hasta el minuto 01:45 y relaciona las cifras con la información correspondiente.

La Ruta Nacional 40 tiene 5.140 ● ● lagos y salares[1].
Cruza 11 ● ● provincias.
Pasa por 236 ● ● empezaron a construir la ruta.
Pasa al lado de 13 ● ● puentes.
A través de ella uno puede llegar a 20 ● ● la ruta finalmente tiene su trazado[2] actual.
En el 1935 ● ● parques nacionales y reservas.
Desde el 2005 ● ● kilómetros de largo.

2. Mira el reportaje hasta el final y apunta lo que puedes ver y hacer si viajas en la Ruta Nacional 40 por Argentina.

Si no entiendes los detalles, apunta lo que ves en las imágenes.

_____
_____
_____

3. Un amigo tuyo va a viajar con su familia a Argentina. Te pregunta qué pueden hacer para conocer muchos lugares del país. Recomiéndale viajar por la Ruta Nacional 40. Escríbele en español o alemán y explícale lo que es la ruta, los datos que tienes sobre ella y qué cosas interesantes hay por allí.

Para:
Asunto:

_____
_____
_____
_____
_____
_____
_____
_____
_____
_____
_____

1 el salar *der Salzsee* 2 el trazado *die Streckenführung*

ESCENA 2: BACKSTAGE RUTA NACIONAL 40

1. ¿Qué dicen las personas? Mira la escena y completa el texto con las palabras que faltan.

Señor: Acá estamos donde todo empieza: Cabo Vírgenes. Acá, en esa _____ hacia allá, hacia el mar, están nuestras queridas _____ Malvinas[1]. Estamos preparándonos para salir, rumbo al Chaltén con el helicóptero de Gendarmería. Estamos en el Calafate, en el _____ del Calafate. La mañana es muy _____. Esperemos que todo vaya bien. Esperamos dos _____ para este vuelo.

Señora: Sí, la experiencia, la _____ que hemos conocido. Y sobre todo los _____ porque yo no, no conocía, todo lo que hemos hecho yo no lo conocía.

Señor: Bueno, y así hemos llegado al fin de este hermoso _____, de esta hermosa historia que seguramente se va a volver a repetir con más viajes, con más _____ y con una aventura más. Ahí está mi compañera que me dice que «hola». Hola, Ina. Me dice «hola». Y bueno, seguimos en la _____ 40.

1 Malvinas *Falkland*

---

2. a) Revisa si has completado el texto del ejercicio 1 con las palabras correctas. Marca las palabras que has entendido bien. Estas son las palabras que faltan:

- ☐ aeropuerto
- ☐ paisajes
- ☐ viaje
- ☐ fotos
- ☐ ruta
- ☐ gente
- ☐ fría
- ☐ dirección
- ☐ Islas
- ☐ días

b) ¿Cuál fue el problema con las palabras que no habías entendido bien? ¿Por qué no las entendiste bien? Contad en clase, cuáles fueron vuestros problemas y cómo se podrían solucionar.

3. Qué crees: ¿quiénes son las personas que ves en el video? ¿Por qué han hecho ese viaje? Apunta una hipótesis, tomando en cuenta el título de la escena y lo que dicen.

Ficha de trabajo DVD 3

ESCENA 3: OTRO DESTINO (TRÁILER 1)

1. Mira la escena una primera vez sin sonido. Toma apuntes sobre las siguientes preguntas.

1. ¿Quiénes son las personas? _____
2. ¿Dónde están las personas? _____
3. ¿Qué hacen las personas? _____
4. ¿Cómo se sienten? ¿Por qué? _____

2. a) Ahora mira la escena con sonido. Marca si la frase es correcta (c), falsa (f) o si no está en la escena (¿?).

	c	f	¿?
1. El chico que se va se llama Frederick.	☐	☐	☐
2. Es la primera vez que alguien de la familia se va de Argentina.	☐	☐	☐
3. La novia del chico vive en España.	☐	☐	☐
4. El chico va a echar de menos a su hijo.	☐	☐	☐
5. Al padre le parece mal que su hijo se vaya del país.	☐	☐	☐
6. En algún momento el chico quiere volver a Argentina.	☐	☐	☐

b) Vuelve a ver la escena, si es necesario con subtítulos, y corrige las dos frases falsas. Escribe en tu cuaderno.

ESCENA 4: OTRO DESTINO (TRÁILER 2)

3. Primero mira el reportaje. Después marca la opción correcta.

1. El tema principal de las entrevistas es:
   a) ☐ españoles en Argentina.
   b) ☐ la emigración de jóvenes argentinos.
   c) ☐ la vida de los jóvenes en Argentina.

2. En el reportaje vemos entrevistas con…
   a) ☐ jóvenes y expertos del tema.
   b) ☐ jóvenes y sus padres.
   c) ☐ jóvenes y sus amigos.

3. En el reportaje, los jóvenes explican…
   a) ☐ por qué quieren volver a Argentina.
   b) ☐ qué no les gusta en España.
   c) ☐ por qué salieron de su país.

4. La mayoría de los jóvenes emigró porque…
   a) ☐ querían conocer otros países.
   b) ☐ no veían un futuro en su país.
   c) ☐ no les gusta su país.

4. ¿Por qué emigran tantos jóvenes? Vuelve a ver la escena y marca los aspectos que mencionan.

- la edad
- la pobreza
- el clima
- el trabajo
- el dinero
- las ganas de viajar
- las dificultades en el país
- la crisis política
- la comida
- las enfermedades
- el amor[1]

1 el amor *die Liebe*

ESCENA 5: TEMPLO MAYOR (OPCIÓN A)

1. Mira el reportaje sin subtítulos. Toma apuntes. Luego trabaja con un compañero / una compañera: resumid en una o dos frases de qué trata el reportaje.

_____

_____

_____

2. Vuelve a mirar el reportaje (con subtítulos) y contesta las siguientes preguntas.

> Lee las preguntas antes de mirar la escena. Así sabes en qué aspectos te tienes que concentrar al verla.

1. ¿En qué ciudad están Karen y Carlos? ¿Cómo se llama la ciudad ahora y cómo se llamaba antes?

_____

2. ¿En qué lugar exactamente se encuentran Karen y Carlos?

_____

3. ¿Qué pueblo indígena construyó esa ciudad en su tiempo? Apunta los dos nombres del grupo indígena.

_____   _____

4. ¿Qué tipos de edificios existían antes en ese lugar? Nombra tres.

_____   _____   _____

5. ¿Quién era Huitzilopochtli?

_____

6. ¿Por qué hoy en día el lugar está en ruinas?

_____

_____

7. ¿Cuándo empezó el descubrimiento de la zona arqueológica y del Templo Mayor?

_____

3. Compara tus resultados con un compañero / una compañera.

ESCENA 5: TEMPLO MAYOR (OPCIÓN B)

1. Mira el reportaje sin subtítulos. Toma apuntes. Luego trabaja con un compañero / una compañera: resumid en una o dos frases de qué trata el reportaje.

_____
_____
_____

2. Vuelve a mirar el reportaje (con o sin subtítulos). Completa el mapa mental con lo que llegas a saber sobre el lugar donde se encuentran Karen y Carlos.

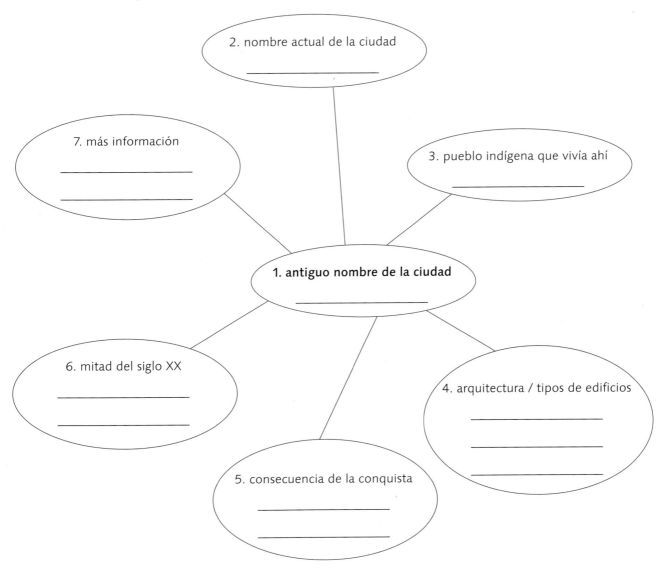

Ficha de trabajo DVD 6

ESCENA 6: TEMPLO MAYOR 1 (OPCIÓN A)

1. Mira el video del Museo del Templo Mayor en México. Vas a hacer un texto para el video. Para eso apunta primero (en alemán) algunos objetos que se pueden ver en el museo.

_____

_____

_____

_____

2. Trabajad en grupos de cuatro: haced un texto informativo para el video.

–Comparad vuestros apuntes del ejercicio 1 y completadlos.
–Haced una lista con objetos que queréis presentar y buscad las palabras en español en el diccionario.
–Inventad información sobre los objetos que vais a presentar, p.ej. qué es exactamente, cuál era su nombre en náhuatl, para qué lo usaban los aztecas, etc. ¡Podéis inventar algo divertido!
–Si os interesa el tema también podéis buscar información en la página web del museo y presentar esa información.
–Mirad otra vez el video en clase y paralelamente presentad vuestra información sobre los objetos que se ven. Todos del grupo deberían hablar un poco. Acordaos que el video dura más o menos siete minutos y no debe haber pausas muy largas en el texto.

✂ -

ESCENA 7: TEMPLO MAYOR 2 (OPCIÓN B)

3. Mira el video del Museo del Templo Mayor en México. Vas a hacer un texto publicitario[1] sobre el museo. Para eso apunta primero (en alemán) los objetos que se pueden ver en el museo, cómo es el museo y para quién puede ser interesante.

1. Objetos que se pueden ver: _____

2. ¿Cómo es el museo? _____

3. ¿Para quién puede ser interesante? _____

_____

4. Trabajad en grupos de cuatro: haced un texto publicitario o un afiche sobre el museo.

–Comparad vuestros apuntes del ejercicio 3 y completadlos.
–Haced una lista con la información que queréis presentar y buscad las palabras en español en el diccionario.
–Podéis buscar información en la página web del museo.
–Elaborad un texto publicitario (por ejemplo para la radio) o un afiche de publicidad para el museo.
–Luego presentad vuestro producto en clase.

1 el texto publicitario _der Werbetext_

ESCENA 8: LOS JÓVENES ANDALUCES, OBLIGADOS A EMIGRAR EN BUSCA DE TRABAJO (OPCIÓN A)

1. a) Mira el reportaje sin sonido. Contesta las preguntas basándote en las imágenes y en la información que recibes.

1. ¿Quién es la chica? _____

2. ¿Qué hace la chica? _____
_____

3. Qué crees: ¿adónde va y para qué?
_____

b) Discutid vuestras respuestas en clase.

2. La situación laboral de los jóvenes españoles/andaluces: en grupos de tres intercambiad lo que ya sabéis sobre ese tema. Estas palabras os pueden ayudar.

| el paro | las posibilidades | el trabajo | el empleo | el dinero | la emigración |

3. Ahora mira el reportaje con sonido y marca si la información es correcta (c), falsa (f) o si no está en el texto (¿?).

	c	f	¿?
1. Patricia es de Sevilla.	☐	☐	☐
2. Patricia está en paro desde hace cinco años.	☐	☐	☐
3. Ella es periodista.	☐	☐	☐
4. Quiere irse a Inglaterra[1] para buscar empleo.	☐	☐	☐
5. Tiene un amigo en Brighton que la va a ayudar a buscar trabajo.	☐	☐	☐
6. Si no encuentra trabajo allí, va a buscar también en otros países.	☐	☐	☐
7. Desde que ha empezado la crisis 200.000 jóvenes han emigrado.	☐	☐	☐
8. La mayoría de los jóvenes desempleados no están bien preparados para la vida laboral.	☐	☐	☐
9. Según Patricia la mayoría de los jóvenes desempleados no tienen ganas de trabajar.	☐	☐	☐
10. Patricia piensa que la situación laboral en España va a ser mejor en unos años.	☐	☐	☐

4. Vuelve a mirar la escena y corrige las cuatro frases falsas.

_____
_____
_____
_____

[1] Inglaterra *England*

ESCENA 8: LOS JÓVENES ANDALUCES, OBLIGADOS A EMIGRAR EN BUSCA DE TRABAJO (OPCIÓN B)

1. a) Mira el reportaje sin sonido. Contesta las preguntas basándote en las imágenes y en la información que recibes.

1. ¿Quién es la chica? _____
2. ¿Qué hace la chica? _____
3. Qué crees: ¿adónde va y para qué?
_____

b) Discutid vuestras respuestas en clase.

2. La situación laboral de los jóvenes españoles/andaluces: en grupos de tres intercambiad lo que ya sabéis sobre ese tema.

3. a) Mira el reportaje con sonido y toma apuntes: ¿qué llegas a saber sobre…?

Patricia: _____
_____
_____

la situación laboral en España: _____
_____
_____

b) Compara tus apuntes con un compañero / una compañera y complétalos. Luego presentad los resultados en clase.

4. a) Apunta los argumentos de Patricia para emigrar. ¿Qué le podría decir un amigo/novio para que se quede en España? Apunta sus argumentos también.

emigrar (argumentos de Patricia)	quedarse en España (posibles argumentos)

b) Trabajad en grupos de dos o tres: con ayuda del ejercicio 4a escribid una escena o un diálogo entre Patricia y sus padres / su mejor amigo / su pareja¹ sobre su intención de emigrar. Luego presentad el resultado en clase.

1 la pareja *hier: der feste Freund / die feste Freundin*

Ficha de trabajo DVD 9

ESCENA 9: TAMBIÉN LA LLUVIA (ESCENA 1)

1. a) Vas a ver una escena de la película «También la lluvia». Antes de verla, apunta lo que sabes sobre la trama[1] de la película, los protagonistas y sobre la «Guerra del agua».

Te ayuda el ejercicio 8 a y b de la página 56 del cuaderno y el texto del libro, p. 75.

1. la trama de la película: _____

2. los protagonistas (Daniel, Costa, Sebastián): _____

3. la «Guerra del agua»: _____

b) Comparad vuestros resultados en clase.

2. a) Mira la escena sin subtítulos. Toma apuntes sobre lo que ves y entiendes.

_____

b) Habla con un compañero / una compañera: ¿qué está pasando en la escena?

3. Vuelve a ver la escena. Después apunta en las líneas qué dice cada persona (a, b, c, etc.).

Daniel: _____ la chica: _____ Costa: _____

| g | No nos permiten recoger el agua que cae de la lluvia. |

| f | ¿Te imaginas un documental sobre esto? |

| b | No pienso gastar un duro más. |

| h | Venden nuestros pozos, nuestros lagos. Y la lluvia que cae sobre nuestras cabezas. |

| d | Compañeros, ¿qué más nos van a robar ahora? |

| i | Dicen que quieren movilizar a miles de personas. |

| a | ¡Les van a quitar el agua! |

| c | Y si no lo contamos vamos a dejar escapar una oportunidad buenísima. |

| e | ¡Que no soy una ONG [...]! |

[1] la trama *die Handlung*

ESCENA 10: TAMBIÉN LA LLUVIA (ESCENA 2)

1. La siguiente escena de la película «También la lluvia» se puede dividir en dos partes. Mira la escena y describe lo que ves en cada parte.

1. Primera parte (primeros 5 segundos): _____

2. Segunda parte: _____

2. Se puede decir que hay dos niveles de ficción[1] en la película «También la lluvia». Habla con un compañero / un compañera y discutid: ¿se podría decir que la primera y la segunda parte de la escena se diferencian en su nivel de ficción? ¿Por qué (no)?

3. Con lo que ya sabes sobre la película explica el final de la escena: ¿por qué los policías se llevan a Daniel? Apunta tu hipótesis y discútela con tus compañeros.

4. Los españoles observan cómo los policías llegan y se llevan a Daniel. Con lo que sabes sobre los personajes, inventa un monólogo interior de Costa, la chica de la cámara o de Daniel.

[1] el nivel de ficción *die Ebene der Fiktionalität*

Ficha de trabajo DVD 11

ESCENA 11: CAMBIANDO EL CAMBIO

1. Mira la escena sin subtítulos. ¿Cómo se puede describir esa comunidad[1] en Ecuador? Toma apuntes.

_____

_____

2. Vuelve a mirar la escena sin subtítulos y marca, si la información es correcta (c), falsa (f) o si no se sabe (¿?).

	c	f	¿?
1. En la comunidad viven más o menos 400 personas.	☐	☐	☐
2. En la comunidad hay unas 80 familias.	☐	☐	☐
3. La gente trabaja en el campo y con sus animales.	☐	☐	☐
4. Según el director de la escuela, los niños del pueblo hablan tanto español como los niños en las ciudades.	☐	☐	☐
5. El problema de la escuela del pueblo es que no hay libros.	☐	☐	☐
6. A los niños les gusta mucho ir a la escuela.	☐	☐	☐
7. En casa, los niños solo hablan quechua.	☐	☐	☐

3. Mira la escena con subtítulos, revisa tus respuestas y corrige las tres frases falsas.

_____

_____

[1] la comunidad *die Gemeinde*

ESCENA 12: RED DE BIBLIOTECAS, MEDELLÍN

4. Mira la escena sin subtítulos. Toma apuntes sobre el tema y describe el lugar donde están Yeisson y su madre.

el tema: _____

el lugar: _____

5. Mira la escena con subtítulos y contesta las siguientes preguntas.

1. ¿Qué ha aprendido Yeisson en el grupo «Villactivos»? Apunta por lo menos dos cosas.

_____

2. ¿Qué quiere hacer Yeisson como «periodista local»?

_____

3. ¿Por qué a la madre de Yeisson le gusta que él participe en ese programa?

_____

Ficha de trabajo DVD 12

ESCENA 13: PARQUE BIBLIOTECA ESPAÑA

1. Mira la primera parte de la escena sin subtítulos y marca la opción correcta.

1. ¿Cuántos Parques Biblioteca ya existen en Medellín?
   - a) ☐ tres
   - b) ☐ cuatro
   - c) ☐ cinco

2. ¿Cuántos Parques Biblioteca más se van a construir?
   - a) ☐ uno
   - b) ☐ cuatro
   - c) ☐ ocho

3. Cuando planearon los Parques Biblioteca decidieron que las bibliotecas más bonitas…
   - a) ☐ debían estar en las partes más bellas de la ciudad.
   - b) ☐ debían estar en las partes más pobres de la ciudad.
   - c) ☐ debían estar en las partes menos pobres de la ciudad.

4. Un objetivo importante en la construcción de las bibliotecas era…
   - a) ☐ que el proyecto no costara mucho dinero.
   - b) ☐ ganar mucho dinero con el proyecto.
   - c) ☐ garantizar una alta calidad de las bibliotecas.

2. Mira el resto de la escena sin subtítulos y relaciona las informaciones correspondientes.

1. El 50 % de los usuarios[1] de los Parques Biblioteca
2. El 81 % de los usuarios
3. Como en cada biblioteca hay más de 100 ordenadores
4. El 94 % de los usuarios
5. El 75 % de los equipos
6. En las bibliotecas, los usuarios

a) usa la biblioteca para acceder a la web[2].
b) son personas económicamente desfavorecidas[3].
c) son estudiantes de secundaria[4].
d) pueden acceder a Internet de forma gratuita[5].
e) se usan para actividades educativas.
f) se han convertido en centros de información y formación.

3. Vuelve a mirar la escena, esta vez con subtítulos. Revisa tus respuestas con ayuda de los subtítulos.

4. ¿Qué opinas tú sobre el proyecto de las bibliotecas? Escribe tu opinión aquí.

_____

_____

_____

1 el usuario / la usuaria *der Nutzer / die Nutzerin*
2 la web = Internet
3 desfavorecido/-a *benachteiligt*
4 el/la estudiante de secundaria *der Schüler / die Schülerin der Oberschule*
5 gratuito/-a *gratis*

LÖSUNGEN DER KOPIERVORLAGEN FÜR DIE DVD

1 ¡DESCUBRE ARGENTINA!

KV DVD1
1. 1. *La Ruta Nacional 40 tiene 5.140 kilómetros de largo.*
   2. *Cruza once provincias.*
   3. *Pasa por 236 puentes.*
   4. *Pasa al lado de 13 lagos y salares.*
   5. *A través de ella uno puede llegar a 20 parques y reservas nacionales.*
   6. *En el 1935 empezaron a construir la ruta.*
   7. *Desde el 2005 la ruta finalmente tiene su trazado actual.*

2. Lösungsvorschlag:
   lagos, la cordillera de los Andes, esquiar, ríos, glaciares, parques nacionales, diferentes ciudades, paisajes bonitos, lugares culturales

3. Lösungsvorschlag:
   Hola, Sara:
   Vais a viajar a Argentina, ¡genial! Mira, os recomiendo que toméis un coche y que viajéis por la Ruta Nacional 40. Es una calle que pasa por todo el país, desde el sur hasta el norte. Tiene 5.140 kilómetros y cruza once provincias, así que podéis ver muchas cosas diferentes, como parques nacionales (hay 20 en la ruta), varias ciudades y lugares culturales y paisajes muy bonitos con lagos, ríos y... ¡glaciares! También vais a pasar por la cordillera de los Andes, donde podéis esquiar. Después me cuentas del viaje, ¿vale?
   Abrazos,
   Johannes

KV DVD2
1. Señor: *Acá estamos donde todo empieza: Cabo Vírgenes. Acá, en esa <u>dirección</u> hacia allá, hacia el mar, están nuestras queridas <u>Islas</u> Malvinas. Estamos preparándonos para salir, rumbo al Chaltén con el helicóptero de Gendarmería. Estamos en el Calafate, en el <u>aeropuerto</u> del Calafate. La mañana es muy <u>fría</u>. Esperemos que todo vaya bien. Esperemos dos <u>días</u> para este vuelo.*
   Señora: *Sí, la experiencia, la <u>gente</u> que hemos conocido. Y sobre todo los <u>paisajes</u> porque yo no, no conocía todo lo que hemos hecho yo no lo conocía.*
   Señor: *Bueno, y así hemos llegado al fin de este hermoso <u>viaje</u>, de esta hermosa historia que seguramente se va a volver a repetir con más viajes, con más <u>fotos</u> y con una aventura más. Ahí está mi compañera que me dice que «hola». Hola, Ina. Me dice «hola». Y bueno, seguimos en la <u>ruta</u> 40.*

2. a), b) Lösung individuell
3. Lösungsvorschlag: *Las dos personas son directores de películas y han hecho ese viaje para hacer un documental sobre la ruta 40 en Argentina.*

KV DVD3
1. Lösungsvorschlag:
   1. *Es una familia y amigos de la familia.* – 2. *Primero están en un coche y después están en un aeropuerto.* – 3. *La familia lleva a uno de ellos al aeropuerto porque él se va del país.* – 4. *Están muy tristes porque el chico se va. Algunos lloran.*

2. a) 1. correcto – 2. falso – 3. no está en el texto – 4. correcto – 5. falso – 6. correcto
   b) 2. *César y su novia también se han ido. (Parece que César es el hermano de Frederick.)*
      5. *El padre dice que «el futuro es de ellos», así que él piensa que su hijo tiene que decidir si es mejor irse o no; a él no le parece mal.*

3. 1 b – 2 a – 3 c – 4 b
4. *la pobreza, el trabajo, el dinero, la edad, las dificultades en el país, la crisis política*

2 EL NUEVO MUNDO

KV DVD4
1. Lösungsvorschlag:
   El reportaje trata de las ruinas de Tenochtitlan en México. Los chicos explican cómo era el lugar antes y qué cosas se han encontrado allí.
2. 1. Ciudad de México / México D.F. – Tenochtitlan
   2. Están en las ruinas de la antigua Tenochtitlan, en el Templo Mayor.
   3. los aztecas – los mexicas
   4. palacios – templos – pirámides
   5. el dios sol de los aztecas/mexicas
   6. El lugar está en ruinas porque los españoles destruyeron Tenochtitlan en la época de la conquista para construir iglesias, etc.
   7. Empezó después de la mitad del siglo XX.

KV DVD5
1. Lösungsvorschlag:
   El reportaje trata de las ruinas de Tenochtitlan en México. Los chicos explican cómo era el lugar antes y qué cosas se han encontrado allí.
2. 1. Tenochtitlan
   2. Ciudad de México / México D.F.
   3. los aztecas/mexicas
   4. palacios, templos, pirámides
   5. Los españoles destruyeron Tenochtitlan en la época de la conquista para construir iglesias, etc.
   6. Empezaron los descubrimientos de la zona arqueológica, encontraron el Templo Mayor.
   7. Lösung individuell

KV DVD6
1. Lösungsvorschlag:
   Schmuck, Knochen, Masken, Gebrauchsgegenstände (Vasen, Schüsseln, Messer), Modelle von Tempeln und Pyramiden usw.
2. Lösung individuell
3. Lösungsvorschlag:
   1. Statuen/Figuren, Schädel/Knochen, Kunstgegenstände, Ruinen, Schmuck, Bilder und Informationen zu den Ausgrabungen, Masken, Modelle von Gebäuden usw.
   2. Außenbereich: Ruinen, Innenbereich: Ausstellungsstücke
   3. möglicherweise interessant für Personen, die sich für Kultur, Architektur, Archäologie, Geschichte, Ethnologie oder Mexiko interessieren
4. Lösung individuell

3 CONTRASTES ANDALUCES

KV DVD7
1. a) Lösungsvorschlag: 1. *una española en paro* – 2. *hace la maleta para irse* – 3. *va a otro país para buscar trabajo*
   b) Lösung individuell
2. Lösungsvorschlag:
   La situación de los jóvenes españoles es bastante difícil porque muchos están en paro y no encuentran trabajo. Otros tienen empleo, pero ganan muy poco dinero. Por eso, muchos jóvenes emigran a otros países para tener un futuro mejor.
3. 1. *correcto* – 2. *falso* – 3. *correcto* – 4. *correcto* – 5. *no está en el texto* – 6. *correcto* – 7. *falso* – 8. *falso* – 9. *falso* – 10. *no está en el texto*
4. 2. *Está en paro desde hace un año.*
   7. *Han emigrado más o menos 300.000 jóvenes.*
   8. *La mayoría están muy bien preparados.*
   9. *Tienen muchas ganas de trabajar.*

KV DVD8 1. a) Lösungsvorschlag: 1. *una española en paro* – 2. *hace la maleta para irse* – 3. *va a otro país para buscar trabajo*
b) Lösung individuell

2. Lösungsvorschlag:
La situación de los jóvenes españoles es bastante difícil porque muchos están en paro y no encuentran trabajo. Otros tienen empleo, pero ganan muy poco dinero. Por eso, muchos jóvenes emigran a otros países para tener un futuro mejor.

3. a) <u>Patricia:</u>
–tiene 27 años
–es de Sevilla
–es periodista
–tiene cinco años de experiencia laboral
–está en paro desde hace un año
–quiere irse a Inglaterra para buscar trabajo
–si no encuentra trabajo en Inglaterra va a volver a España o va a buscar en otros países
<u>la situación laboral en España:</u>
–Unos 300.000 jóvenes españoles han emigrado desde que empezó la crisis.
–La mayoría de los jóvenes tienen una buena formación y ganas de trabajar, pero no encuentran trabajo.
–La situación laboral en España no es segura.

4. a) Lösungsvorschlag:

emigrar (argumentos de Patricia)	*quedarse en España (posibles argumentos)*
–En Sevilla no tiene trabajo. –Está en paro desde hace un año. –Tiene una buena formación y cinco años de experiencia laboral. Con eso debería ser posible encontrar un buen trabajo. –En España la situación laboral es muy difícil; hay muchos jóvenes sin trabajo. –Tal vez en Inglaterra pueda encontrar empleo.	–Podría buscar trabajo en otra ciudad española que no quede tan lejos. –Podría esperar un poco más. –Tal vez en Inglaterra la situación también sea difícil. –En Inglaterra estaría lejos de su familia y de sus amigos. –El primer tiempo sería difícil porque tiene que hablar inglés y no conoce a nadie allí.

b) Lösung individuell

4 DESAFÍOS GLOBALES

KV DVD9 1. a) 1. *un grupo de españoles quiere hacer una película sobre la conquista de América; la película tiene lugar en Bolivia; ahí empieza la Guerra del agua; algunos de los actores indígenas participan en las manifestaciones*
2. *Sebastián: el director de la película que están rodando en Bolivia – Costa: un colega de Sebastián – Daniel: el actor principal de la película que quieren hacer, es indígena, dirige las protestas*
3. *tuvo lugar en Bolivia en el año 2000; el precio del agua había subido mucho; muchas personas no la podían pagar*

2. a) Lösungsvorschlag: *una manifestación, Agua de Bolivia, policía lleva al líder, chica con una cámara, ella quiere hacer un documental*
b) Lösungsvorschlag: *Hay una manifestación delante de las oficinas de Agua de Bolivia por los precios del agua. Al final de la manifestación la policía lleva al líder. Una chica lo está grabando todo con una cámara. Al final sube al coche con un hombre que parece ser su jefe y le pide que la deje hacer un documental sobre la manifestación, pero él dice que no.*

3. Daniel: d), g), h) – la chica: a), c), f), i) – Costa: b), e)

KV DVD10 1. Lösungsvorschlag:
1. *Primera parte: Se ven unos indígenas y fuego. Parece que se están quemando.*
2. *Segunda parte: Sebastián y Costa están muy contentos porque la escena ha quedado muy bien. Pero después llega un coche de la policía. Bajan tres policías y se llevan a Daniel, que es el protagonista de la película. Los españoles observan lo que pasa pero no hacen nada.*

2. Lösungsvorschlag:
Sí se puede decir que hay dos niveles de ficción porque la primera parte es una película dentro de la película: están rodando una escena sobre la conquista. La segunda parte es la «realidad» dentro de la película. Aunque lo que pasa en una película también es ficción.

3. Lösungsvorschlag:
Se llevan a Daniel porque él ha participado en la manifestación contra los precios del agua. El gobierno no quiere que haya manifestaciones.

4. Lösungsvorschlag:
La chica: ¿Pero qué hacen? ¡No pueden llevar a Daniel! Es nuestro actor principal. ¿Además, por qué lo llevan? No ha hecho nada. ¿Por la manifestación que organizó contra los precios del agua, tal vez? ¡Pero eso no está bien, él tiene el derecho a decir lo que piensa, la policía no puede llevarlo por eso! Esto del agua va a ser un gran problema para la gente de aquí. Tengo que hablar con Costa para que me deje hacer un documental. Si no, en Europa nadie va a enterarse de esto.

KV DVD11 1. Lösungsvorschlag: *en el campo / rural, hay montañas, hay gente con animales, parece ser una comunidad pobre, hay una pequeña escuela, podría ser una comunidad indígena*
2. 1. falso – 2. correcto – 3. correcto – 4. falso – 5. falso – 6. no se sabe – 7. no se sabe
3. 1. *Allí viven más o menos 500 personas.*
   4. *Los niños de la ciudad hablan más español.*
   5. *Los niños trabajan con libros en la escuela.*
4. –el tema: un programa, donde los jóvenes de barrios pobres pueden aprender cosas sobre fotografía, blogs etc.
   –el lugar: están en un barrio pobre
5. Lösungsvorschlag:
   1. *periodismo: fotografía, blogs*
   2. *Quiere contar lo que pasa en su barrio, para que no sea un barrio escondido. Quiere que la gente sepa también las cosas buenas que pasan en su barrio.*
   3. *En el barrio donde viven hay muchos problemas con jóvenes y con las drogas, por eso le parece importante que su hijo haga algo productivo.*

KV DVD12 1. 1c – 2b – 3b – 4c
2. 1c – 2b – 3f – 4a – 5e – 6d
3. Lösung individuell
4. Lösung individuell

TRANSKRIPT DER DVD-SEQUENZEN

1 ¡DESCUBRE ARGENTINA!

Escena 1: Ruta Nacional 40

La ruta 40 es la columna vertebral de la Argentina. La carretera más larga y espectacular del país es ya uno de los caminos míticos del mundo. A lo largo de 5.140 kilómetros une la Puna Jujeña con el Cabo Vírgenes, a orillas del mar argentino en Santa Cruz. Cruza 11 provincias. Atraviesa 236 puentes. Recorre 13 lagos y salares. Accede a 20 reservas y parques nacionales. Y conecta con 27 pasos cordilleranos. Es, sin dudas, el mejor balcón que ofrece el continente para contemplar la majestuosa Cordillera de los Andes.

La 40 es mucho más que un camino. Es un lazo que ata pueblos, historias, culturas y geografías. Su complejo trazado constituye el vínculo principal entre los argentinos de las distintas latitudes. La ruta fue creada en 1935 y por la complejidad de las zonas que atraviesa cambió varias veces de recorrido. Finalmente, en el 2005, se estableció su trazado actual, que nace en el faro de Cabo Vírgenes, al Sur de la provincia de Santa Cruz. Este cabo es el punto más austral de la costa atlántica del área continental de América. Luego de atravesar Río Gallegos la ruta se dirige hacia el oeste, hasta la localidad minera de Río Turbio. Desde aquí comienza su infatigable recorrido hacia el norte bajo la imponente custodia de los Andes. En pocos kilómetros la ruta lleva hacia El Calafate, el asombroso Parque Nacional Los Glaciares, en donde la helada muralla del Perito Moreno, a orillas del lago Argentino, cautiva a visitantes de todo el mundo. El parque alberga además a los glaciares Upsala, Spegazzini y Onelli. Y permite observar la esbelta silueta del Chaltén. Orilleando el lago Viedma y el lago Cardiel la ruta permite un viaje en el tiempo al acceder al paraje conocido como Cueva de las Manos. En este sitio los hombres de hace 10.000 años dejaron testimonios de sus rituales en los socavones del cañadón del Río Pinturas. Esta fascinante manifestación de la humanidad primitiva fue hallada por el Perito Francisco Moreno en el siglo XIX y su significado aún genera interrogantes en los investigadores que la han estudiado. Al cabo de algo más de 1.000 kilómetros desde su origen la 40 ya pisa territorio de Chubut. Los constantes trabajos de pavimentación y mejoramiento de calzada realizados por Vialidad Nacional han acortado en varias horas los viajes entre las localidades patagónicas cordilleranas y favorecen el turismo que año a año colabora con el desarrollo de la región. Luego de atravesar Río Mayo, Gobernador Costa y Tecka, la ruta permite el ingreso a la localidad de Esquel. Desde aquí se accede al centro de esquí de La Hoya y al Parque Nacional los Alerces, considerado uno de los más bellos del país, gracias a su riqueza florofaunística y al colorido marco ofrecido por los lagos Futalaufquen, Verde y Menéndez. Dos baluartes de la vinculación patagónica se encuentran en el cruce de la 40 y las Rías de la Trochita. El antiguo expreso que unía la meseta y la cordillera y hoy es un paseo inevitable de la región. Un poco más al norte, casi en el paralelo 42, la ruta se acerca a la localidad del Lago Puelo, puerta de entrada al Parque Nacional del mismo nombre. Ya en territorio rionegrino la 40 penetra en la mágica comarca de El Bolsón y en el mojón del kilómetro 2032 accede a San Carlos de Bariloche, desde la pintoresca Villa Mascardi. Toda la belleza del Parque Nacional Nahuel Huapi enmarca esta parte del trazado que continúa ascendiendo hacia el norte y luego de cruzar el Río Limay ingresa en la provincia de Neuquén. Las extrañas formas del valle encantado atraen la mirada de los conductores que surcan el asfalto de la ruta en este tramo que conduce al embalse de Alicurá. Las cónicas siluetas del volcán Lanín marcan el ingreso a Junín de los Andes. Serpenteando la caprichosa geografía neuquina la ruta llega a Zapala, punta de rieles del Ferrocarril Roca. Luego de cruzar Las Lajas y Chos Malal el camino inicia el final del tramo patagónico a través de los mágicos paisajes del poco explorado norte neuquino.

Otros recursos audiovisuales

Escena 2: Backstage Ruta 40

Señor: *Acá estamos donde todo empieza: Cabo Vírgenes. Acá, en esa dirección hacia allá, hacia el mar, están nuestras queridas Islas Malvinas. Estamos preparándonos para salir, rumbo al Chaltén con el helicóptero de Gendarmería. Estamos en el Calafate, en el aeropuerto del Calafate. La mañana es muy fría. Esperemos que todo vaya bien. Esperamos dos días para este vuelo.*

Señora: *Sí, la experiencia, la gente que hemos conocido. Y sobre todo los paisajes porque yo no, no conocía, todo lo que hemos hecho yo no lo conocía.*

Señor: *Bueno, y así hemos llegado al fin de este hermoso viaje, de esta hermosa historia que seguramente se va a volver a repetir con más viajes, con más fotos y con una aventura más. Ahí está mi compañera que me dice que «hola». Hola, Ina. Me dice «hola». Y bueno, seguimos en la ruta 40.*

Escena 3: Otro destino (tráiler 1)

Locutor: *Es la segunda vez que la familia Montes de Oca transita por esta dolorosa realidad. En marzo de 2002 César partió junto a su novia. Hoy despiden a Fréderic.*

Fréderic: *Acá está toda mi gente. Mi hijo, que acá no está. Bueno, pero que voy a extrañar un montón. Eso es lo es lo que más voy a extrañar, ¿no? Después muchas otras cosas pero, bueno, son secundarias.*

Padre: *Tenemos muchas vivencias juntos, ¿no? Siempre hemos estado juntos y lo vamos a extrañar mucho. Como lo extraño también a César.*

Sé que es el futuro de ellos y, bueno, tienen que probar esta suerte, ¿no? Como para mejorar en su vida en la parte económica, ¿no? Que es fundamental...

Fréderic: *Argentina es mi país. Argentina es mi país. En algún momento voy a volver y me voy a quedar acá.*

Escena 4: Otro destino (tráiler 2)

Fréderic: *Hoy en día somos jóvenes y podemos hacerlo. Tenemos las fuerzas, tenemos las ganas.*

Verónica: *¿Qué tenía que esperar? ¿A tener 30, 40, 50 años o nunca para poder crecer un poco más?*

Rosendo Fraga: *La decisión de migración se toma cuando, frente a unas dificultades del presente, el horizonte me dice que esto no va a mejorar o que incluso puede empeorar.*

Alejandra: *Estaba ahogada porque no teníamos dinero. Ahogada porque trabajando no nos alcanzaba el dinero.*

Alejandro: *Sabía que allá con el sueldo que tenía era imposible alquilarme algo.*

Leticia: *Yo en Argentina no veía un futuro.*

Ana María: *Los chicos tienen derecho a tener una oportunidad.*

Esteban: *Argentina indirectamente me expulsó a mí y nos está expulsando a un montón de compatriotas.*

Félix Luna: *Yo diría que es un capital valioso que se nos está yendo.*

Rosendo Fraga: *Nunca tuvo la Argentina simultáneamente una crisis de esta envergadura en el campo económico, social y político a la vez.*

Ana María: *Hoy los pobres nuestros no pueden comer cuando tenemos un país rico.*

Lisandro: *No es joda ver a un pibe buscando comida en la basura.*

Fréderic: *La pobreza que hay, la gente que está en la calle encontrando cartones, todo eso me duele.*

Magali: *Me vine antes de todo lo que pasó porque ya presentía algo. No económico, ni político, sino social.*

Lisandro: *La situación antes de venir para acá era caótica.*

Alejandro: *En ese momento como que dije: no, no doy más. Me quiero ir ya. O sea, lo primero que pensé: este país ya no da para más. Me quiero ir. Me quiero ir.*

Magali: *Es muy fuerte la sensación de subirte a un avión e irte sin llaves de ningún lugar.*

Mariano: *Era muy raro encontrar a un argentino en un subterráneo, en un metro, en un autobús. Y ahora es normal encontrarte a un argentino.*

Pablo: *Cuando llegué acá me encontré con un mundo muy diferente al que conocía, al que no entendía y al que no me era fácil adaptarme.*

Lisandro: *Hay cosas muy importantes que el dinero no las suple.*
Magali: *Hay personas que no se adaptan y no se adaptan.*
Verónica: *Yo no vengo a quitarle el espacio a nadie. Simplemente vengo a buscar un futuro.*
Leo: *Creo que un país que echa a sus hijos es un país que está enfermo.*
Diego Melamed: *Este exilio es el más grande que sucedió en Argentina. Estamos hablando del éxodo más grande que todavía no terminó, continúa.*
Esteban: *No dudaría en volver si la situación del país mejora.*

2 EL NUEVO MUNDO

Escena 5: Templo Mayor

Karen: *Hola, ¿qué tal, chavos? Bienvenidos a «Prepa Sí TV». Yo soy Karen Sandoval. Y el día de hoy estamos en un lugar muy interesante, ¿verdad, Carlos?*
Carlos: *Claro que sí. Yo soy Carlos Girón y nos encontramos aquí en el Templo Mayor, desde el Centro Histórico de la Ciudad de México. Bueno, estamos aquí en las ruinas de la antigua Tenochtitlan, lo que fue el pueblo de los mexicas o los aztecas. Claro que aquí pasaron muchas cosas interesantes porque era donde ellos tenían unos maravillosos palacios. Tenían grandes templos y era una zona para ellos de mucho refinamiento y de riquezas. Así que estamos ahora viendo lo que en aquella época fue, imaginando. ¿Te imaginas lo que era...?*
Karen: *Claro que sí. Y es precioso. Por favor, tomen un vistazo de lo que era esto. Se ve, se puede ver la grandeza de lo que fue este imperio mexica. Y bueno, todo esto gracias al poder honrar a sus dioses como lo que era Huitzilopochtli, que era el dios sol. Entonces, Carlos, sigue contándonos un poco más de lo que fue este gran imperio.*
Carlos: *Claro que sí. Bueno, los españoles después conquistaron y llegaron aquí, a estas tierras. Pero, bueno, fue un poco triste porque para ellos poder construir lo que es la ciudad de México hoy en día tuvieron que destruir un poco de esta parte para construir iglesias, palacios, y dañaron un poco lo que es esta gran Tenochtitlan. Entonces pues sí, fue un poco triste porque ellos llegaron a imponer sus pirámides y a imponer otro tipo de construcciones que ellos traían. Entonces para esto, la ventaja fue que se encontraron distintos objetos después, que son los que quedaron en estas grandes pirámides. Y fueron por ejemplo cuchillos de obsidiana. Fueron pelotas de hule, muchos objetos, ¿no?*
Karen: *Claro que sí. Vasijas de barro, máscaras de jade, joyas, oro que provenía de Oaxaca. Y bueno de esta forma, conforme pasó el tiempo se fueron encontrando grandes objetos arqueológicos que nos ayudan a saber un poco más de lo que fue este gran imperio mexica. Pero no es hasta después de la mitad del siglo XX que gracias a los trabajadores de Luz y Fuerza se encuentra el monolito de la Coyolxauhqui que, bueno, gracias a este se empieza el descubrimiento de lo que es esta zona arqueológica y así poder encontrar lo que es el Templo Mayor.*
Carlos: *Claro que sí. Lo que es ahora el Templo Mayor como lo conocemos. Qué bueno que se pudo rescatar una gran parte a pesar de que en su época pues fue un poco dañado. Pero vemos que se preserva tal y como lo dejaron los aztecas. Así que es un gran orgullo para nosotros. Y vamos a seguir, aquí ¿no? Aquí contando esta historia...*
Karen: *Claro que sí. Pero, ¿adónde vamos?*
Carlos: *Vamos a un reportaje del Foro para la Política Pública y esto es de los chavos que, pues, andan ahí de flojos, de baquetones, como ves.*
Karen: *Ay no, Carlos, ¡no les digas así! Vamos a ver...*
Carlos: *No, bueno.*
Karen: *Sí. Pero bueno, vamos a verlo con Odemaris.*
Carlos: *No se vayan.*

Otros recursos audiovisuales
Escena 6: Templo Mayor 1
(Ohne Text)

Escena 7: Templo Mayor 2
(Ohne Text)

3 CONTRASTES ANDALUCES

Escena 8: Los jóvenes andaluces, obligados a emigrar en busca de trabajo
Locutora: *Patricia tiene 27 años y es sevillana. Es periodista con más de cinco años de experiencia laboral y lleva algo más de un año en el paro. Esa es la razón por la que ha decidido coger la maleta y marcharse a Brighton, Inglaterra, en busca de un puesto de trabajo.*
Patricia: *No, si no encuentro trabajo me tendría, tendría que volverme a, tendría que volverme a España. Si veo que la situación está aquí igual, pues lo mismo me planteo irme a otro, a otro sitio.*
Locutora: *Unos 300.000 jóvenes españoles han abandonado nuestro país desde el inicio de la crisis. Así lo indican los datos del censo de Españoles residentes en el extranjero.*
El número de españoles que se ha marchado a Europa para encontrar oportunidades laborales casi se ha duplicado desde 2009. Como Patricia, la mayoría son profesionales cualificados.
Patricia: *La formación aquí en España se sabe, ¿no?, que es bastante buena. Los profesionales salimos muy bien preparados, con muchas ganas de trabajar. Y es una pena.*

4 DESAFÍOS GLOBALES

Escena 9: También la lluvia (escena 1)
Daniel: *Contra nuestra voluntad. Venden nuestros pozos, nuestros lagos. Y la lluvia que cae sobre nuestras cabezas. ¡Por una ley! Compañeros, es increíble: no nos permiten recoger el agua que cae de la lluvia, ¡por esa ley! ¿Y quién se queda también la lluvia?*
Una compañía cuyos propietarios están en Londres y en California.
Compañeros, ¿qué más nos van a robar ahora? ¿El vapor de nuestro aliento? ¿El sudor de nuestra frente?
¡Pues yo les digo que todo lo que van a conseguir de mí es una buena meada!
Compañeros, ¡tranquilos!
¡Tranquilos, compañeros!
Compañeros, compañeros, la próxima vez lo hacemos.
¡Tranquilos, compañeros! ¡Orden!
María: *Costa, dicen que quieren movilizar a miles de personas.*
Costa: *¿Y?*
María: *Del campo, de la ciudad, de los sindicatos…*
La gente está emputadísima. ¡Cómo no! ¡Les van a quitar el agua!
¡Les van a quitar el agua!
Costa: *Ya…*
María: *¿Te imaginas un documental sobre esto?*
Costa, déjame hacerlo.
Costa: *Ni de coño. No pienso gastar un duro más.*
María: *Costa, cabrón, estos la van a armar. Y si no lo contamos vamos a dejar escapar una oportunidad buenísima.*
Costa: *¡Pero que no, coño! ¡Que no soy una ONG, joder!*

Escena 10: También la lluvia (escena 2)
Actores: *¡Hatuey! ¡Hatuey! ¡Hatuey!*
Sebastián: *Ok. ¡Corte! ¡Corte! ¡Corte! Ok, chicos, muchísimas gracias. ¡Increíble! Gracias. ¡A huevo! … Hey, hey, hey.*
Policía: *¿Quién es Daniel Arabiri? Nos tiene que acompañar.*
Nos tiene que acompañar. Queda arrestado.
Daniel: *¡Eh! ¿Por qué me llevan? ¡No!*
Policía: *Nos tiene que acompañar, señor. ¡Nos tiene que acompañar!*

Otros recursos audiovisuales

Escena 11: Cambiando el cambio
Señor: *Somos unas 500 personas que vivimos en esta comunidad. ¿Familias? Unas 80 familias que somos. La gente vive trabajando, cultivando papas, habas, cebada, ocas, mellocos; con los animales: ovejas, chanchos, ganado.*
Señora: *¡Buenos días!*
Señor: *Tengo una esperanza: mis hijos que sigan estudiando. Que tengan algún trabajo para poder mantener en la vida.*
Director: *La diferencia dentro de la escuela rural y la escuela citadina es bastante grande. Los establecimientos de la ciudad, una institución un poquito más compleja. Se quiere decir con más profesores, los niños hablan más castellano. Así a su vez manejan más libros en español. Y ellos tienen más oportunidades. Sobre todo como es ciudad, los niños a diario practican el español, entonces tienen una facilidad de comunicación y entendimiento.*
Por otro lado, la lengua castellana siempre ha influido desde la Conquista en las comunidades. De manera que en el campo asimismo los niños también sí hablan el castellano. Pero muchas palabras hablan a veces sin entender. Es decir, sobre todo se acostumbran a hablar y a la larga, poco a poco van entendiendo su significado. En estos últimos años pues la Dirección Bilingüe ha tratado de que estandaricemos el quechua y que hablemos de una sola forma. Pero en vista de que hemos aprendido así desde muchos años atrás hasta el momento se nos hace difícil, pero estamos aprendiendo el quechua unificado.

Escena 12: Red de bibliotecas, Medellín
Yeisson: *Mi experiencia en este programa de la red de hiperbarrios en ese grupo «Villactivos» ha sido muy buena porque he aprendido muchas cosas: periodismo, de fotografía, tips, blog. Todo esto me sirve a mí para periodismo. Como en periodismo aquí en mi barrio las cosas de historias locales, todo lo que pase acá: yo sacarlo al público. Ser como un periodista local, que todas estas historias se sepan. Que no sea como un barrio escondido que nadie lo conoce, sino sacar lo bueno de lo que pasa acá.*
Madre: *Para mí es importante que Yeisson esté en este programa porque –como criados en este barrio– para uno como madre es difícil criar niños adolescentes que salgan adelante y que no entren a la droga porque el problema de este barrio es grande en cuanto a adolescentes. Y uno muchas veces no tiene las probabilidades de que a ellos se les abran puertas. Uno económicamente no puede ponerlos a estudiar eso. Entonces que él esté en «Villactivos» aprendiendo nuevos temas, para mí es demasiado importante que a un joven lo enfoquen desde esta edad a hacer algo productivo.*

Escena 13: Parque Biblioteca España
Una estrategia importante para la ampliación de las posibilidades educativas fue la construcción de los Parques Biblioteca. Cinco de estos se ubican en las pendientes del vértigo de la cordillera de los Andes que enmarcan la ciudad. Estos Parques construidos bajo la administración de Fajardo pronto estarán acompañados por cuatro construcciones más a ejecutarse dentro del Plan de Gobierno de Alonso Salazar. Es importante entender que la ubicación de estos Parques Biblioteca se hizo con el argumento de que las bibliotecas más bellas y dignas deben estar en las partes más pobres de la ciudad.

A

Los espacios públicos en América Latina eran usualmente mal diseñados y descuidados. Se da entonces en Medellín la participación de agentes tan importantes como las cajas de compensación. Estas asociaciones fueron esenciales tanto para el proceso de reinventar el concepto de lo que es una biblioteca como para garantizar que los espacios se mantengan con los más altos estándares de calidad. Estas alianzas han permitido a los Parques Biblioteca convertirse en actores claves en las comunidades.

Las bibliotecas están siendo utilizadas por gran cantidad de personas que han recuperado su espacio y mejorado su calidad de vida. El 50 % de los usuarios de los Parques Biblioteca son los estudiantes de secundaria y el 81 % de los usuarios pertenecen a los sectores económicamente menos favorecidos. Cada Parque Biblioteca fue dotado con más de 100 computadores, lo que les ha permitido posicionarse como centros de información y formación. De acuerdo con la última encuesta de uso, el 94 % de los usuarios ve los Parques Biblioteca como el mejor lugar para acceder a la web. El 75 % de los equipos utilizados son para las actividades educativas. Los usuarios de bibliotecas y en general los residentes de una ciudad en desarrollo no tienen los recursos económicos necesarios para acceder a los contenidos que se publican en la web ya que se requiere de una computadora, energía y acceso a Internet. Las bibliotecas han permitido que el público acceda al mundo de la web de forma gratuita.

BILDQUELLEN

Ficha de trabajo 1: 1. © picture-alliance/dpa – 2. © Getty Images/Frerck – 3. © iStockphoto/Michael Hieber – 4. © picture alliance/Arco Images GmbH – 5. © iStockphoto/T-Immagini – 6. © iStockphoto/diamirstudio – 7. © Alamy/WorldFoto – © 8. © iStockphoto/Zaharov – 9. © Alamy/Horizons WWP. **Ficha de trabajo 14:** oben © iStockphoto/Juan Facundo Mora Soria – Mitte © ullstein bild/AKG Images – unten © Fotofinder/UIG Images. **Ficha de trabajo 17:** oben links © Fotofinder/UIG Images – oben Mitte © Getty Images – oben rechts, mitte links © akg-images – Mitte Mitte © iStockphoto/Juan Facundo Mora Soria – Mitte rechts © ullstein bild/AKG Images – unten links © iStockphoto/Constance McGuire – unten Mitte © iStockphoto/Ralf Hettler. **Ficha de trabajo 25 (1):** oben links © iStockphoto/graham heywood – oben rechts © mauritius images/Trigger Image – 2. von oben, links © Cornelsen/Gebel – 2. von oben, rechts © iStockphoto/Ken Sorrie – 2. von unten, links © picture alliance/WILDLIFE – 2. von unten rechts © iStockphoto/Pauline Breijer – unten links © Fotolia.com/camophotographie – unten rechts © mauritius images/age. **Ficha de trabajo 25 (2):** 1. von oben, links © CORBIS/Michael Busselle – 1. von oben rechts © actionpress/ANATOMICA PRESS – 2. von oben links © Cornelsen/Gebel – 2. von oben rechts © iStockphoto/Martin Krammer – 2. von unten links © Getty Images/Look/Richter – 2. von unten rechts © Alamy/Peter Horree – unten links © Cornelsen/Gebel